刘宝存　主编

比较高等教育研究丛书

初编　第**12**册

芬兰"研究取向"的小学教师教育研究

郑 灵 臆 著

花木兰文化事业有限公司

国家图书馆出版品预行编目资料

芬兰"研究取向"的小学教师教育研究／郑灵臆 著 —— 初版
—— 新北市：花木兰文化事业有限公司，2022〔民111〕
目 4+254 面；19×26 公分
（比较高等教育研究丛书 初编 第12册）
ISBN 978-986-518-747-7（精装）
1.CST：高等教育 2.CST：师资培育 3.CST：小学教学
4.CST：芬兰
525.08   110022086

ISBN-978-986-518-747-7

比较高等教育研究丛书
初编　第十二册　　　　　ISBN：978-986-518-747-7

芬兰"研究取向"的小学教师教育研究

作　　　者　郑灵臆
主　　　编　刘宝存
企　　　划　北京师范大学国际与比较教育研究院
总 编 辑　杜洁祥
副总编辑　杨嘉乐
编辑主任　许郁翎
编　　　辑　张雅淋、潘玟静、刘子瑄　美术编辑　陈逸婷
出　　　版　花木兰文化事业有限公司
发 行 人　高小娟
联络地址　台湾235 新北市中和区中安街七二号十三楼
　　　　　　电话：02-2923-1455／传真：02-2923-1452
网　　　址　http://www.huamulan.tw 信箱 service@huamulans.com
印　　　刷　普罗文化出版广告事业
初　　　版　2022年3月
定　　　价　初编14册（精装）台币38,000元

芬兰"研究取向"的小学教师教育研究

郑灵臆 著

作者简介

郑灵臆，女，1988 年出生于江西修水，2005–2009 年就读于淮北师范大学外国语学院外语系英语专业，获文学学士学位，2010–2013 年就读于南昌大学教育学院高等教育学专业，获教育学硕士学位，2013–2019 年就读于北京师范大学教育学部比较教育学专业，获教育学博士学位，2014–2016 年，作为联合培养博士生，赴芬兰赫尔辛基大学教育学院学习和研究，现为中华女子学院儿童发展与教育学院讲师。主要研究领域：芬兰教师教育、学前比较教育。

提　　要

　　本研究共三个部分，分为五章。第一部分为导论，介绍了本研究的缘由、研究问题及研究意义，在对核心概念进行了界定之后，对中外已有文献进行了梳理，此外，还对理论、方法的选取，研究学校和研究过程进行了简要介绍。

　　第一章至第四章是研究的主体部分，即第二个部分。第一章主要梳理并阐述了芬兰小学教师教育发展与演变的历史。第二章包含四方面内容："研究取向"的小学教师教育的哲学基础，"研究取向"的小学教师教育项目的申请过程及特点，于韦斯屈莱大学新、旧两份小学教师教育课程大纲的呈现与分析，以及"研究取向"的小学教师教育项目中教学实习如何将理论与实践密切相联。第三章阐述"研究取向"的小学教师教育对芬兰初、高等教育的影响，并分析了两大利益主体：小学教师教育专业学生和小学教师教育者对"研究取向"的小学教师教育的看法与评价。第四章分析的是"研究取向"的小学教师教育面临的挑战和改革趋势。

　　最后一部分是结语，包含两方面内容：对第一至第四章的内容及结论进行分析，并提炼出本研究的主要结论：芬兰"研究取向"的小学教师教育的发展是一个不断学术化、科学化和专业化的过程；芬兰招募优秀学生获得"多专业学位"并使其在教师培训学校为全科授课做好准备；芬兰"研究取向"的小学教师教育坚持"以学生为中心"的教育理念并强调对教与学的研究和分析；致力于培养能够分析复杂教育现象且具有独立教学思维的专业人士；其新目标是多元文化主义下的全民优质教学。

《比较高等教育研究丛书》总序

刘宝存

20世纪80年代以来，科学技术突飞猛进，知识经济迅猛发展，国际竞争日趋激烈，经济全球化不断深入，文化多元化趋势增强……世界教育面临前所未有的新形势、新问题和新挑战。为了应对这些新形势、新问题和新挑战，以更好的姿态进入21世纪，世界各国无不把教育作为优先发展的战略领域，把教育改革与创新作为应对时代挑战和提高国际竞争力的重要举措，在全球范围内兴起了一场教育改革运动。在如火如荼的全球性教育改革中，世界各国都致力于建构世界一流的教育体系和教育标准，推动教育公平，提高教育质量，改进教学模式和方法，推动教育的国际化和信息化，促进教育治理体系和治理能力的现代化，提升教育为社会经济发展服务的能力，满足社会民众日益增长和个性化的教育需求。与以往的教育改革多聚焦于某一个层次或某一个领域的教育不同，世纪之交的教育改革运动涉及学前教育、基础教育、高等教育、职业教育、师范教育、教育管理、课程与教学等各级各类教育和教育的各个领域，是一场综合性的教育改革，而且迄今已经持续三十多年，但是仍然呈方兴未艾之势。

高等教育是一国教育体系中的最高层次，在培养高层次人才、开展科学研究和社会服务、推动国际合作与交流等方面发挥着至关重要的作用。从各国高等教育领域的教育改革看，新自由主义教育思潮成为占主导地位的教育思潮，新公共管理和治理理论被奉为圭臬，追求卓越和效率、倡导分权和扁平化管理、强调公民参与和公共责任，成为高等教育管理的价值取向。世界各国在高等教育中追求卓越，致力于创新人才的培养，特别是培养面向21世纪的教师、提高博士生培养的质量成为高等教育改革的重点。为了培养创新人才，各国高等学校在人才培养目标、课程设计、教学模式和方法、教学评价等方面进行改革，本科生科研、基于问题的学习、服务性学习、新生研讨课等以探究能力和实践能力为导向的教学模式和方法风行世界，建构高等教育质量保障体系成为各国的共同选择。在信息技术和全球经济一体化的推动下，各国致力于打造智能化校园，促进信息技术与教育教学、大学治理的融合；致力于发展跨境教育和学生流动，提升高等教育的国际竞争力和影响力。

北京师范大学国际与比较教育研究院是中国成立最早、规模和影响最大的比较教育研究机构，也是比较教育学科唯一的国家重点学科依托机构。该院 1999 年获批首批教育部普通高等学校人文社会科学重点研究基地，2012 年获批教育部国别和区域研究基地，2017 年成为教育部高校高端智库联盟成员单位。该院的使命是：（1）围绕世界和我国教育改革与发展的重大理论、政策和实践前沿问题开展研究，探索教育发展的规律，把握国际教育发展的趋势，为我国教育改革与发展提供理论支撑；（2）为文化教育部门和相关部门培养具有国际视野、通晓国际规则、能够参与国际事务与国际竞争的高层次国际化人才；（3）积极开展教育政策研究与咨询服务工作，为中央和地方政府的重大教育决策提供智力支撑，为区域教育创新和各级各类学校的改革试验提供咨询服务；（4）积极开展国际文化教育交流与合作，引进和传播国际先进理念和教育经验，把我国教育改革发展的先进经验和教育研究的新发现推向世界，成为中外文化教育交流的桥梁和平台。60 多年来，该院紧紧围绕国家战略，服务国家重大需求，密切跟踪国际学术前沿，着力进行学术创新，提升咨政建言水平，成为世界有重要影响的国际与比较教育理论创新中心和咨政服务基地；牢牢把握立德树人的育人方向，创新人才培养模式和方法，成为具有全球竞争力国际化人才的培养基地；充分发挥舆论引导和公共外交功能，深化国际交流与合作，成为中国教育经验国际传播中心和全球教育协同创新中心。

为了总结该院在比较高等教育领域的研究成果，我们以该院近年来的博士后报告和博士论文为基础，组织了这套《比较高等教育研究丛书》。《比较高等教育研究丛书》的各位作者现在已经在全国各地的高等学校工作，成为在比较教育领域崭露头角的新秀。首辑丛书包括十四部，具体如下：

黄海啸　美国大学治理的文化基础研究

陈　玥　中美研究型大学博士生教育质量保障体系的比较研究

翟　月　美国大学非营利管理教育课程设置研究

孙　珂　美国高校创新活动的风险治理机制研究

李丽洁　美国营利性高等教育机构的组织学分析

李　辉　美国联邦政府对外国留学生的监管研究

苏　洋　「一带一路」国家来华留学博士生教育质量监控体系研究

尤　铮　美国大学在亚洲的海外办学研究——基于对纽约大学的考察

肖　军　德国大学治理模式变迁研究

褚艾晶　荷兰高等教育质量保证政策研究

徐　娜　俄罗斯提升国家研究型大学国际竞争力的策略研究——以制度
　　　　变迁理论为视角

郑灵臆　芬兰「研究取向」的小学教师教育研究

朋　腾　俄罗斯高等师范教育人才培养模式变革研究

王　蓉　美国高校服务－学习实践的研究

根据我们的设想，《比较高等教育研究丛书》将不断推出新的著作。现在呈现在各位读者面前的只是丛书的第一辑，在条件成熟时我们陆续将推出第二辑、第三辑……。同时我们也希望在第二辑出版时不仅包括北京师范大学国际与比较教育研究院的研究成果，而且希望将国内外其他高等学校的研究成果纳入其中；不但出版基于博士后研究报告和博士论文修改而成的研究成果，而且希望出版高等学校和研究机构教学科研人员的研究成果，不断提高丛书的质量。同时，我们还希望聆听大家在选题方面的建议。

《比较高等教育研究丛书》的出版，得到花木兰文化事业有限公司的大力支持，特别是杨嘉乐女士为丛书的出版花费了许多心血，在此我谨代表各位作者向她们表示衷心的感谢。

刘宝存

2021 年 11 月 28 日

于北京师范大学国际与比较教育研究院

目次

表目次

前　言

　　自本世纪之初，成为国际学生评估项目中得分最高的经合组织国家以来，芬兰在国际教育舞台上声名鹊起。世界各国的政府官员、学者、研究人员纷纷涌入该国，研究所谓的"芬兰奇迹"。直至上世纪 80 年代，芬兰仍是一个教育体系平庸的国家，它是如何在短短几十年的时间里一跃成为世界教育强国的？许多已有研究都将重要原因之一指向芬兰良好的教师和教师培训体系。关于芬兰"研究取向"的教师教育的研究成果纷至沓来。然而，当前我国对芬兰教师教育的研究过于笼统，缺乏对芬兰不同类型的教师的培养体系的专门论述。尤其是 20 世纪 70 年代芬兰实施"研究取向"的教师教育改革中进行得最为彻底也是所受影响最大的群体——小学教师，没有引起学界的足够关注。本研究将关注点投注于芬兰为小学教师所提供的教育的过程，围绕核心关键词："研究取向"的小学教师教育，试图回答"为何实施"、"如何实施"以及"实施效果"等问题，并进一步探究其发展与改革趋势，希望能够印证"芬兰奇迹"的出现，对我国小学教师教育的发展与改革有所启发。

　　全文共三部分。第一部分为导论，介绍了本研究的缘由、研究问题及选题意义，在对四个核心概念进行了界定之后，对中外已有文献进行了梳理，此外，还对理论、方法的选取，研究学校和研究过程进行了简要介绍。

　　第一章至第四章是研究的主体部分。第一章主要梳理并阐述了芬兰小学教师教育发展与演变的历史。小学教师职前培养经历了从无到有、从低层次到高层次、从基于手工艺的学徒制到基于学术研究的专业化的发展过程。第一、第二节以培养机构为主线梳理了自 19 世纪 70 年代中期到 20 世纪 60 年代末期，芬兰小学教师培养体系的发展。20 世纪 70 年代是其改革发展的重要节点，第三节分析了"研究取向"的教师教育提出的背景与原因，阐释了其内涵与目标。"研究取向"的教师教育的实施之后，小学教师培养机构由培训班转移至大学，小学教师必须具有硕士学位，其学术地位得以大大提升，其培养过程也开始具备"重视研究"的特点，至此，芬兰迈入世界领先的教师专业发展之路。

第二章包含四方面内容："研究取向"的小学教师教育的哲学基础，"研究取向"的小学教师教育项目的申请过程及特点，于韦斯屈莱大学新、旧两份小学教师教育课程大纲的呈现与分析，以及"研究取向"的小学教师教育项目中教学实习如何将理论与实践密切相联。

第三章阐述"研究取向"的小学教师教育对芬兰初、高等教育的影响，并分析了两大利益主体：小学教师教育专业学生和小学教师教育者对"研究取向"的小学教师教育的看法与评价。"研究取向"的小学教师教育实施至今，学生的行为和教师的行为发生了变化，教师的自主性得到了极大的发挥，师生关系平等，同事之间进行同伴指导。小学教师教育者的学术地位大大提升，教师教育研究范式从实证主义转变为解释主义。小学教师教育专业学生对"研究取向"的教师教育表示赞赏，阿达和米勒尔两位学生肯定了"研究取向"的正面影响。小学教师教育者包括教师培训学校教师和大学讲师/教授两类，教师培训学校教师的看法和评价集中于实施过程中所遇到的问题和自身价值观、信念的变化两个方面，他们非常重视学生；大学讲师/教授则认为"研究取向"的小学教师教育最重要的是提供课程选择上的自由，帮助学生理解如何将理论作为练习的一部分。

第四章分析的是"研究取向"的小学教师教育面临的挑战和改革趋势。小学教师教育发展的重点依然是如何将理论与实践紧密联系在一起以及将学生培养为"学习环境的设计者"，鼓励学生通过自己的经验并借助各种科学的理论和概念来研究复杂的现实教育现象，成为具有独立教学思维的反思型专业人士。

最后一部分是结语，包含两方面内容：对第一至第四章的内容及结论进行分析，并提炼出本研究的主要结论。芬兰"研究取向"的小学教师教育的发展是一个不断学术化、科学化和专业化的过程；芬兰招募优秀学生获得"多专业学位"并使其在教师培训学校为全科授课做好准备；芬兰"研究取向"的小学教师教育坚持"以学生为中心"的教育理念并强调对教与学的研究和分析；致力于培养能够分析复杂教育现象且具有独立教学思维的专业人士；"研究取向"的小学教师教育受到学生和教师的广泛赞赏，同时也存在学生没有形成研究意识、理论不能总是与实践结合、课程繁杂分散等问题；芬兰"研究取向"的小学教师教育的新目标是多元文化主义下的全民优质教学。

導　論

一、問題的提出

（一）研究緣由

教師的工作是複雜的，不容易標準化，培養一名優秀教師是一件十分困難和複雜的事情。有好的教師，才能有好的教育。基礎教育階段是一個孩童學習興趣被培養、學習習慣養成，個人天賦被發掘並加以保護的關鍵時期，關注並深入研究這一階段的教師的培養問題對我國基礎教育的發展起著至關重要的作用。此外，小學教師的職前培養也是高等教育的一個重要組成部分，與我國高等教育的發展及其質量保障問題緊密相連。隨著我國高等教育大眾化進程不斷推進、教師教育體系的逐步開放，基礎教育學校師資的需求開始由數量轉向對質量的高訴求，提高小學教師培養的質量成為我國教師教育改革發展最核心、最緊迫的任務。據此，關於小學教師的培養問題在筆者心裡有了"生長"的土壤。

1. 職前教師教育是我國教師教育發展與改革的重中之重

2010 年我國頒布的《國家中長期教育改革和發展規劃綱要》（2010-2020年）第十一章（人才培養體制改革）和第十七章（加強教師隊伍建設）分別指出"更新人才培養觀念、創新人才培養模式"和"建設高素質教師隊伍、提高教師業務水平"。[1]2014 年 9 月 9 日，我國第三十個教師節來臨之際，習

1　國家中長期教育改革和發展規劃綱要（2010-2020 年）[EB/OL].
http://www.moe.edu.

近平总书记考察北京师范大学，同师生代表座谈时指出"教师重要，就在于教师的工作是塑造灵魂、塑造生命、塑造人的工作。一个人遇到好老师是人生的幸运，一个学校拥有好老师是学校的光荣，一个民族源源不断涌现出一批又一批好老师则是民族的希望。"[2]，"要加强教师教育体系建设，加大对师范院校的支持力度，找准教师教育中存在的主要问题，寻求深化教师教育改革的突破口和着力点，不断提高教师培养培训的质量。"[3]同年，教育部印发了《关于实施卓越教师培养计划的意见》（简称《意见》），决定全面启动实施卓越教师培养计划，《意见》中明确提出分类推进卓越教师培养模式改革，建立高校与地方政府、中小学"三位一体"协同培养新机制，强化招生就业环节等重大举措；卓越中学教师培养重点探索本科和硕士阶段整体设计、分段考核、连续培养的一体化模式；卓越小学教师培养重点探索小学全科教师培养模式。[4]

可以说，目前我国小学教师培养模式的改革已进入关键性的攻坚阶段。那么，经济快速发展、国力日益强盛的中国社会究竟需要什么样的教师以及如何培养这样的教师成为需要回应并加以解决的紧要问题，这是目前我国教师教育发展与改革的重中之重，也是世界教师教育研究问题中的主流和热点。

2. 我国小学教师培养现状中存在的问题亟待解决

在教师培养制度改革不断深化的今天，我们首先应该正视当前我国小学教师培养现状中实际存在的一些问题：

第一，关起门来办教师教育。我国职前教师教育的封闭性主要表现为以下四个方面：首先，大部分教师教育专业学生的培养过程与教学实践的环节相脱节、理论与实践分离，这直接导致学生在大学所学理论知识与小学教学实际结合不紧密，学生不能及时检验其在大学课堂所学能不能运用、有多少

---

cn/srcsite/A01/s7048/201007/t20100729_171904.html，2010-07-29。

2 做党和人民满意的好老师——同北京师范大学师生代表座谈时的讲话[EB/OL]. http://www.gov.cn/xinwen/2014-09/10/content_2747765.htm，2014-09-10.

3 加强师范生教育实践　着力培养"四有"好教师——教育部教师工作司负责人就加强师范生教育实践答记者问[EB/OL]. http://www.moe.edu.cn/jyb_xwfb/s271/201604/t20160411_237636.html，2016-04-11.

4 教育部关于实施卓越教师培养计划的意见[EB/OL]. http://old.moe.gov.cn//public files/business/htmlfiles/moe/s7011/201408/174307.html，2014-08-18.

能运用于未来真实的小学教学工作。学生的教育实习时间大多分布在大学四年级，实习内容基本上是进行所学专业的学科教学以及一些简单的班主任辅助工作，自己上课、参与学校日常管理及其他活动的机会少，教育实习很大程度上只是作为一种师范教育的"程序"和"形式"[5]，而不是在真实的教学场景中让学生获得实际有效的指导从而习得从事教学的实践能力、形成自己的教学风格，在教学技能、方法和策略上存在重理论轻实践的现象[6]。其次，同年级学生之间、不同年级学生之间，学生与在职教师之间，缺少交流与学习。这种情况在职前教育阶段尤甚，教师教育专业学生群体缺乏小组讨论和团队协作的解决问题意识，大部分学生在学习过程中都倾向于"单打独斗"而非团体作业。第三，小学（在职教师）与大学（大学教师）之间缺少沟通与协作，就读教师教育专业的学生本应是小学在职教师和大学教师之间的一座桥梁，后二者形成合力共同作用于这类学生，以实现训练有素的高质量教师的培养目标，但在实际培养过程中，这两类息息相关的"当局者"之间并没有及时商讨后共同为学生解决实际问题的平台。最后，"关门"还表现在教师教育专业学生培养机构之间的低频次交流和合作。2010年我国培养教师的师范类院校有483所[7]，非师范院校2411所[8]，这2894所分布在全国各个地区的不同类型不同层次的教师培养机构之间目前还没有搭建一个互通有无、互帮互助的资源共享及学习的平台。综上，我国教师教育专业学生的培养过程呈现的是单向、封闭且孤立的静态过程。

第二，教师教育专业的选拔程度不高，学生的报考或从教动机有待考量。教师教育专业的招生质量会影响教师教育的质量。当前我国师范生招生的录取分数线低于同层次学校的非师范专业学生，十多年前，我国师专的学生基本是专科段最优秀的学生（第一志愿和高分数线的学生很多），但高校扩招以来，师范专业招生分数下降最严重的是专科层次。[9]目前我国教师教育专业学

5 朱永新，杨树兵，部分发达国家师范生教育课程设置述析——兼谈我国师范教育课程设置存在的问题[J]，苏州大学学报（哲学社会科学版），2001（3）：130。
6 丁钢，李梅，中国高等师范院校师范生培养状况调查与政策分析报告[J]，教育研究，2014（11）：95。
7 朱旭东等编著，中国教师培养机构发展研究[M]，北京：北京师范大学出版社，2016：1。
8 朱旭东等编著，中国教师培养机构发展研究[M]，北京：北京师范大学出版社，2016：3。
9 胡艳，当前我国师范专业招生问题及对策探讨[J]，教师教育研究，2007（3）：29-33。

生的招生过程并非是一个优中选优的过程，跟以往的录取情况比，如何吸引更多优秀的学生学习教师教育专业是亟待解决的一个重要问题。此外，师范生免费教育政策之下，我国有一部分学生之所以选择就读师范院校、教师教育专业，很大程度不是出于个人兴趣或对教师这份职业的热爱，而是因为更低的接受高等教育的成本、稳定而体面的教师编制、后代接受基础教育的资源与平台等。怀着良好的道德目的选择教师职业的资优青年的数量还远远不能满足我国基础教育的需求。

第三，小学教师的学历水平参差不齐，有一部分小学教师的专业水平与其实际从事的教学工作不匹配。首先，由于我国不同地区经济发展水平不一，小学教师的学历出现两极分化。经济发达地区对小学师资的学历要求越来越高，而经济欠发达地区的情况则刚好相反。建国以来，我国"师范学校的建立、规模的扩大，甚至学制的缩短都是基于现实的需要，基本没有深入思考我们要建立一个什么样水平、模式的教师教育体系，为未来何种程度的基础教育服务；更没有研究师范教育自身的规律和专业性，进行师范教育本身的建设，从而使我国师范教育发展的程度，教育科学发展的水平远低于发达国家的水平，使我们中小学教师的合格学历远低于发达国家的师资水平"。[10]其次，有研究表明我国师范学院的教师培养在专业设置方面缺乏对学段的敏感性和适应性，除小学教育和学前教育专业外，师范学院对教师培养的学段划分不够敏感，开设的面向初中、高中学生不同特点的专业课程较少，同时师范学院学生就业方面的"错位"现象比较突出，面向中学培养的往往不熟悉小学学生特点的师资去小学从教。[11]这种所学与所教的不相匹配直接导致的后果是：学生的专业性被迫弱化。在大众的普遍意识里，面向中学培养的教师去教小学，其学科知识储备远超面向小学培养的教师，他们自然能够胜任小学教师的工作，但事实是不是如此？中学教师足够了解小学学生的特点和学习需求吗？就业"错位"也可能使得新教师在教学岗位上获得认同感及归属感的机率降低，无形中增加新教师产生职业倦怠或退出教师行业的可能性。

第四，师范院校提供的小学教育专业学习的学术性不高。这个问题可以从两个方面解读，一方面我国小学教师培养机构类型和层次参差不齐、没有

---

10 胡艳，建国以来师范教育发展的问题及原因分析[J]，教育学报，2005（10）：94。
11 赵萍，我国师范学院的机构转型与教师培养——对三所师范学院的个案考察[J]，教师教育研究，2017（1）：99。

统一，故而很难实现一致的学术性的培养目标；另一方面小学教师的培养过程（指具体的教学过程）缺乏科学的论证与指导，课程（学科）知识、教学方法、教育科学研究方法包括教师的职业情感素养的培养，都缺少足够的研究基础。从教师教育者的角度，以研究为基础的教师教育的实现需要教师教育者所开展的一切教学活动都基于研究：（1）教师教育者具有博士学位，（2）教师教育者需要做研究，（3）他们的教学基于自己的或他人的研究。不以研究为基础直接导致的结果是大学的教师教育者和小学的在职教师们开展的教学工作与研究相脱节。同时，还影响学生对教育科学研究方法的掌握程度，学生所学相关理论及其教学能力缺乏更新和提升的渠道、他们在将来的工作岗位上所做教学判断及决策无法进行科学层面的解释与证明，更谈不上进行及时的讨论和反馈、调整和完善。

第五，缺乏培养教师专业素养的情感教育课程。教育学、心理学和学科教学论"老三门"课程内容"空、繁、旧"的问题属于人们普遍知晓及认同的教师培养课程存在的问题。但本研究认为课程中最突出的问题是培养教师专业素养的情感教育课程的空白。相比具体的学科知识，小学生更需要独立思考的能力、共情能力、动手能力以及创新的能力等，而情感素养及其意识的培养旨在帮助未来的教师习得探索与解答世界真相和人生意义的教师的理解、宽容、鼓励、信任、关怀的能力，这些能力的合力与人的理性能力一起作用于人的成长与发展。然而，当教师缺失了对这些情感素养的意识、教师培养中缺失了对这些能力的系统培养，那么教师就只剩下对知识符号、技术操作方法的认知与理解，教师所教的学生通常会厌学或只会进行一些呆板、教条化的知识记忆，缺乏生动而深刻的感知能力、创造能力和表达素养。

基于上述问题，从教学环节看，教师培养过程中学生之间、教师与学生之间缺乏有效互动，而这种互动活动的目的是给学生机会在质疑和解决教学法问题时进行论证、决策和辩护，从而习得平衡将来作为教师的个人能力和专业能力的能力、合作解决问题的（Collaboration Problem Solving，简称CPS）能力、教学思维能力，并根据当下的教育知识和实践来自主管理教学过程；从选拔制度看，就读小学教育专业的生源质量有待提升，选拔过程中应对申请者未来从事教师职业的个人适合度进行重点考察；从小学教育的专业水平（学历水平和学术性）看，四年小学教育专业的学习是不是有效帮助学生为未来的小学教师岗位做好了充分的准备？同时，小学教育专业毕业的学生是否具备初、高中教育专业毕业学生所不具备的技能与素质？从课程设置的比例看，小学教育专业学科知识的学习和教育科学知识的学习比例并不适恰：学科知识的学习比重过大，教育科学知识、教学技能及关注小学生个人成长与发展的情感素养的培养严重不足。

3. 芬兰成功的小学教师教育发展与改革经验值得研究和借鉴

芬兰是欧洲最北端的一个人口稀少的议会民主国家，全国约 33.8 万平方公里，10% 是内陆水域，69% 是森林。虽然 550 万人口中有 2/3 生活在城市，但首都赫尔辛基周边就有 100 万人口，芬兰每平方公里 17 名居民的总体密度是世界上最低的。最北部的拉普兰地区占全芬的 1/3，人口只有 4%。芬兰在为分布广泛的人口组织和提供公共服务，特别是教育和医疗方面面临着巨大的挑战。然而，不论国土面积、人口、地理环境还是基本国情都与中国差别很大的芬兰，新世纪之初，由于在国际学生测试（Program for International Student Assessment，简称 PISA）中接连的优异表现，其教育和学校体系吸引了全世界的目光，来自世界各地的政治家、教育家纷纷去往实地进行考察和学习，希望找到这个教育制度的"神奇公式"，芬兰的中小学教师和他们的教师也被认为获得了极大的成功。

相关研究认为：芬兰在 PISA 中的成功归功于芬兰教师的高素质和芬兰师范教育的严谨性，"从被轻视的和弱势的公务员到成为学术精英的核心，教师群体在芬兰社会比在世界其他大多数国家更加光荣和成功"。[12]那么，真实的情况是什么？芬兰教育和教师教育蓝图是不是如中外学者在学术论文或著作中所勾勒的那么理想和完美？这是本研究最原始的出发点之一。除此之外，作为欧洲第一个将整个小学教师教育转移至大学并将学生的学习年限由三年延长至五年（最低年限）且必须获得硕士学位的国家，芬兰的教师教育走出了自己的道路，其小学教师培养经验是在坚持本国传统基础之上借鉴他国的先进果实，具有典型意义。

为什么研究芬兰小学教师培养问题？除了职业教育体系内的教师、大学讲师和教授外，芬兰的教师可以划分为幼儿园教师（kindergarten teachers）、小学预科教师（pre-primary teachers）、小学教师（primary school teachers）、初中教师（lower secondary school teachers）和高中教师（upper secondary school

---

12 Jennifer Chung. The（mis）use of the Finnish Teacher Education Model: 'policy-based Evidence-making'? [J]. Educational Research，2016，58（2），208-209.

teachers）共五类。芬兰九年制的综合学校（comprehensive school）除了为各年级配备的特殊教育教师（special education teachers）和指导顾问（guidance counsellors）之外，只有两类教师：小学教师（primary school teachers，又名班级教师 class teachers）和初中教师（lower secondary school teachers，又名学科教师 subject teachers），小学（班级）教师是本研究的对象。教师培养可分为职前、入职和职后共三个阶段，芬兰主要依托教师职前教育，通过高标准的职前教育培养出高度专业的教师队伍[13]，其见习教师规范化培训的很多内容都已经在师范教育阶段完成。所以，芬兰大学开发的至少五年的小学教师教育项目，是帮助学生成长为一名合格的"研究取向"的小学教师的关键，这也是本研究关注的重点。

（二）研究目的和研究问题

继芬兰之后，很多国家都提出了培养研究型教师的教育改革举措，我国目前也正处于如何提高教师教育专业学生的培养质量、加强小学教师队伍建设的重要阶段，其中不乏将小学教师培养成"创新型"、"专家型"、"研究型"教师的声音。所以，究竟什么样的教师才是研究型教师、怎样才能培养出一名合格的研究型小学教师成为人们普遍关注的问题。鉴于此，笔者尝试对芬兰的小学教师教育做一个比较深入而系统的研究，旨在还原芬兰小学教师教育的真实面貌，同时，进一步分析哪些做法是我们国家可以学习与借鉴的、哪些是在中国实现不了的。

结合我国小学教师培养现状中的问题，笔者在思考过程中主要围绕以下几个问题展开：什么是"研究取向"的教师教育？它和传统的教师教育有什么区别？为什么芬兰小学教师教育专业如此受欢迎？芬兰"研究取向"的教师教育实施后对小学教师的培养、对芬兰学校和社会产生了什么影响？其未来发展与改革的趋势是什么？

基于本研究的目的与上述思考过程，围绕"研究取向的小学教师教育"这一核心关键词，本研究试图回答的问题如下：

1. 芬兰"研究取向"的小学教师教育制度的历史演变过程及其本质是什么？

---

13 朱小虎，张民选，教师专业发展的可能路径——基于 TALIS 2013 上海和芬兰的比较分析[J]，中国教育学刊，2017（9）：7。

2. 芬兰如何实施"研究取向"的小学教师教育？

3. 芬兰"研究取向"的小学教师教育实施后的效果怎么样？存在什么问题？

二、研究意义

小学教师的培养既是提高我国基础学校教师质量的关键环节，也是我国创新型人才培养的重要组成部分，因此，对芬兰小学教师的职前与在职培养问题进行研究既有理论意义又有实践意义。

（一）理论意义

本研究希望能够丰富我国对教师教育制度的研究。目前我国关于国外教师培养问题的研究大多集中于英国、美国、加拿大等西方大国，缺乏对芬兰这一典型对象国的系统的专题研究。此外，从历史发展的角度探寻芬兰小学教师培养制度的变革及其影响也为教师教育制度研究提供了动态的研究视角。本研究还将通过对芬兰研究型大学、综合性大学教师培训学校的个案研究来挖掘小学教师培养过程中的具体细节，既可以丰富国内对芬兰教师教育进行研究的方法，又能够加深对这一研究主题的理论认识的深度。

（二）实践意义

本研究希望能在对芬兰小学教师教育展开深入研究的基础上，为我国小学教师教育的发展与改革提供更具体的参考。芬兰小学教师教育的演变和发展并不只是一些相关政策文本的出台，其在具体的操作过程中需要涉及许多细节。然而，目前我国对芬兰基础学校教师培养问题的研究多数停留于泛泛的介绍，对某一所或几所学校进行深入系统的实地调查研究不多。本研究希望通过对芬兰具有代表性的研究型大学和综合性大学的小学教师培养体系进行深入考察，力求真实、完整地呈现其培养过程，挖掘其在实施、发展中遇到的问题，旨在为我国小学教师教育改革和小学教师培养制度创新提供一些有益的参考。

三、核心概念界定

在开展任何一项研究工作之前，都有必要对与研究最直接相关的概念进行厘清与界定。对芬兰小学教师教育进行研究会涉及"小学教师"、"班级教师（class teacher）"、"学科教师（subject teacher）"、"研究取向的教师教育

（research-based teacher education）"、"教师培训学校（teacher training school）"和"教师专业化"这几个专门的概念和术语，对这些容易引起误会、混淆的概念和术语进行界定，有利于确定本研究的具体方向、内容和边界。

（一）小学教师

在芬兰基础教育阶段，小学教师通常被称为"班级教师（class teacher or classroom teacher）"，中学教师则称为"学科教师（subject teacher）"。本研究在多数情况下都使用我们所熟悉的"小学教师"一词以方便读者阅读。芬兰小学教师教授 1-6 年级学生（7-12 岁），其职责是教授一个班级的所有科目，包括母语与文学、另一种母语、数学、环境研究、宗教/道德、历史与社会研究、生物与地理、物理与化学、手工、视觉艺术、音乐、体育和健康教育共 13 个。此外，还有一门外语选修科目（可选语种有：英语、德语、法语）。在大一点的学校，有些教师只教一年级和二年级中的一个，但大部分教师都教授两个年级，比如 3 年级和 4 年级或 5 年级和 6 年级，也有一些教师教授 4-6 年级。最常见的情况是一部分教师教授 1-2 年级，其余教师教授 3-6 年级。通常情况下，教师会跟随他们的学生一起进入下一个年级。一般而言，一名专业的小学教师会非常熟悉并擅长一门外语或者成套艺术和体育学科。该类教师就读的教师教育项目是芬兰最受欢迎的大学申请项目，竞争十分激烈。申请者会尝试积累班级助理（classroom assistants）的经验，作为申请入学准备工作的一部分。

芬兰小学教师就读的教师教育项目也即所受的职前教育时间较长（至少五年）；芬兰培养的小学教师是全科型小学教师，十分强调教师的跨学科知识与能力，而不仅限于某一、两个学科的知识范畴；他们的专业是教育学，更多关注的是一个孩童成长与发展过程中的综合素质，致力于孩童的全面发展。

芬兰小学教师从事教学行业需要什么样的技巧、知识和能力？反思技巧——实践与理论——专业发展、职业技能——教育和教学技能——道德和社交技能、权利和义务意识——个人和社会责任这三组技巧、知识和能力之间相互作用构成小学教师所需知识与技能。那么这些知识与技能通过哪些工作内容来体现呢？

一位芬兰综合学校（comprehensive school）小学教师的日常工作包括 11 项内容（见图 1）：计划（planning）和准备（preparing）都基于国家核心课程与地方基础教育课程，重点在于有效实现班级作为一个整体的和每一个孩子的学习准备、知识、技能和学习策略的规划和筹备工作，在这个过程中，需要与同事和家长进行合作与互动。这项工作以每年/每周/每日为单位，且围绕不同主题制定和实施。教学（teaching）、提升（raising）和支持（supporting），主旨是帮助孩子学习新的知识和技能，养成学习和工作习惯。学习是一个积极的、面向目标的过程，其中包括独立和集体解决问题（教师自身、与学校其他教师的互动及与同伴群体的互动）的过程，如何积极地学习取决于学习者以前构建的知识、动机和学习与工作的习惯。观察（observing）、评估（evaluating）和评价（assessing）指通过观察进行每日评估，这又被称为即时反馈（instant feedback）；包括评估整个过程、由教师和学生分别进行评估和动态评估（dynamic evaluation）三项内容。评价包括两项内容：先进行指导并加以鼓励；之后，根据课程目标和良好表现的描述（descriptions of good performance）来评定学生的进步、工作技能和行为。这个过程所得结果会由小测试、报告、自我评价和评估讨论等形式来呈现。合作（cooperating）是一种义务，也是一种利益。合作的对象包括家庭成员，同事，大学，小学预科教育和基础教育其他阶段、其他方面，特殊需要教育，学生福利机构和社会等。发展（developing）包括教学、实践、课程、社会和专业知识与技能五个方面，这里不仅指教师作为个人的单独发展，还有与其他同事进行合作的技能发展。教师在芬兰社会是一个一直变化的角色，他们必须愿意改革和发展自己。

图1　芬兰综合学校小学教师日常工作内容示意图[14]

---

14 图 1 为笔者所绘，芬兰综合学校小学教师日常工作所包含的 11 项内容是根据笔者与赫尔辛基大学韦基（viikki）教师培训学校的一位教学实习督导教师的访谈录音整理所得。

（二）"研究取向"的教师教育

"研究取向"的教师教育是对"research-based teacher education"这一核心关键词的直译，我国学者曾先后使用"研究型教师教育"、"以研究为基础的教师教育"、"研究导向的教师教育"等名称来表述这个概念，笔者通过文献研读和向被访者提问，最终决定使用"研究取向的教师教育"为本研究的核心概念。

我国学者已经对芬兰"研究取向"的教师教育研究做了一些有益探索，其中最早出现对这一概念进行界定的文献是上海教育科学研究院普教所陆璟所做的编译《芬兰研究型教师教育述评》，发表于 2009 年；较新的一篇是香港中文大学博士生李佳丽写的《芬兰"研究为本"的教师教育课程设置探析》，发表于 2018 年。现将我国学者对"芬兰研究取向的教师教育"所做的概念界定整理如下：

表 1　中国学者对芬兰"研究取向"的教师教育这一概念的几种界定[15]

年　份	概念表述	概　念　界　定	作　者
2009	研究型教师教育	强调研究知识是教师教育的基础，目的是培养对教师工作的研究取向的态度并使之内化。	陆璟
2011	以研究为基础的教师教育	是指将研究要素贯穿于整个教师教育培养方案，教师教育全部课程都要和研究相统整，其终极目标是培养自主、反思与研究型的教师。	赵士果
2012	基于研究的教学实践模式	强调研究在教师教育中的作用，致力于建构以研究为本的专业文化，培养具有批判思维能力和研究能力的教师。教育研究和教学实践贯穿于教师职前教育的整个过程，并且交互作用、互相融合。基于研究的教学实践涵括两层意思： 1. 通过教学实践进行教育研究，强调师范生的研究根植于直观的教学场景，在实践过程中获得证据、得出相关结论； 2. 通过教育研究指导教学实践，强调教学实践是在　定的理论研究指导之下进行，研究的内容、方法和研究的结果可以运用到教学实践当中，使学生在教学实践活动中能在理性教育科学知识指导下做出教育决定。	胡旭红

15 表 1 是笔者根据几位学者论文中的观点进行整理后绘制而成。

2015	造就研究型专业人员	目的是培养具备特定素质能力的研究型专业人员，这种特定素质能力包括教学实践中的批判思维能力、研究态度及能力和问题解决能力，教育教学领域的研究知识及应用技能，学科专业领域研究知识及运用于教学的能力，方法论知识及独立开展科学研究的能力。	俞婷婕
2016	1. 研究本位教师教育 2. 研究取向教师教育 3. 研究取向的教师职前教育	1. 建立在教师教育研究成果的基础上，以培养教师的教学思维为目的，以教育理论、研究方法、学位论文等为主要内容的一种教师教育方式。 2. 整个教师教育计划以"证据为基础"；教学以研究为基础；研究方法的学习贯穿始终；多阶段的实习帮助形成对待教学的研究态度。 3. 受到行动研究的支持，指导原则就是"基于研究"，目标是培养自觉的有反思能力的教师，具备教学思维，能够在教学中运用研究并开展研究。	饶从满等；周钧、公辰；张晓光
2018	"研究为本"的教师教育	芬兰教师培养的核心是以"研究为本"的专业主义（research-based professionalism），认为教师既是教学的实践者，又是研究的消费者和生产者，目标是培养具有反思能力、具备教学思维，能够在教学过程中运用并从事研究的教师。	李佳丽

通过整理可以发现我国学者对芬兰"研究取向的教师教育"并没有一个统一的界定，大部分的界定都是从目标、特点、方式等角度对这一概念进行描述。

芬兰"研究取向"的教师教育有三项指导原则，这些原则由负责为欧洲教师教育制定共同的框架和质量标准的欧洲焦点小组（European Focus Group）提出。首先，教师需要深入了解他们教授的科目的最新进展。此外，他们需要熟悉关于"一些东西该如何被教和如何被学（how something can be taught and learnt）"的最新研究，而学科内容知识和教学内容知识的跨学科研究为开发适合不同学习者的教学方法提供了基础。其次，教师教育本身也应成为学习和研究的对象，这项研究应该提供有关教师教育在不同文化背景下实施的效果和质量的知识。最后，研究取向教师教育的目的是让教师内化研究导向的工作态度。这就意味着教师要学会持有分析和开放的态度对待他们的工作，根据自己的观察和经验得出结论，并有系统地发展他们的教学和学习的环境。[16]

　　笔者比较认同赵士果对芬兰"以研究为基础的教师教育"进行的界定。结合欧洲焦点小组提出的三项指导原则，本研究认为"research-based teacher education"不是一种具体的培养教师的方法，而是一种"orientation"，即倾向、目标。芬兰"研究取向"的教师教育是指学生进入教师行业之前，即开始新工作或者活动之前给予的以研究作为基础的信息、倾向和目标，目的是让学生在教师教育专业学习过程中习得寻找科学证据证明、支持自己教学决策及行为的科学思维。[17]芬兰"研究取向"的教师教育包含三方面内容：第一，整个教师教育环节（不论是教学，课程，学士、硕士论文的写作，还是教学实践）是以研究结论为基础的。第二，以研究结论作为基础的目的是培在教学及相关决策中使用研究和研究派生能力的教师，这类教师会质询（enquiring）并能证明自己的教学决策是合理的。第三，帮助教师将教学视为一种学术职业，教师内化科学的研究态度的同时在未来的工作中能自主地进行研究、发展自己，并生成新的教学知识。

（三）教师培训学校

　　教师培训学校是对"teacher training school"和"practice school"的直译，芬兰一共有11所这样的学校[18]，它们分别是：于韦斯屈莱大学教师培训学校（The University of Jyväskylä Teacher Training School）、奥卢大学教师培训学校（The University of Oulu Teacher Training School）、赫尔辛基师范高中（The Normal Lyceum of Helsinki）、赫尔辛基大学韦基教师培训学校（Viikki Teacher Training School of the University of Helsinki）、拉普兰大学教师培训学校（The Teacher Training School of the University of Lapland）、坦佩雷大学教师培训学校（The Teacher Training School of the University of Tampere）、图尔库大学教师培训学校（The Teacher Training School of the University of Turku）、劳马教师培训学校（The Teacher Training School, Rauma）、东芬兰大学约恩苏

---

16 Ritva Jakku-Sihvonen, Hannele Niemi. Research-based Teacher Education in Finland-Reflections by Finnish Teacher Educators[M], Finnish Educational Research Association, Turku, Painosalama Oy, 2006:40-41.

17 综合了芬兰三所大学教师教育者就"What is the meaning of the research-based teacher education in Finland?"这一问题所做的回答。

18 根据芬兰教师培训学校（Finnish Teacher Training Schools，简称 FTTS）主页上的信息整理而成。

校区教师培训学校（The University Teacher Training School in Joensuu[19]）、东芬兰大学萨翁林纳校区实践学校（Savonlinna University Practice School[20]）和奥布专科大学瓦萨实践学校（Vasa övningsskola at Åbo Akademi University）。其中，于韦斯屈莱、奥卢、拉普兰、坦佩雷、奥布专科[21]这五所大学各有 1 所，赫尔辛基大学 2 所[22]，东芬兰大学 2 所[23]，图尔库大学 2 所[24]。

在芬兰，教师培训学校（Teacher Training School）是大学的一部分，也是就读教师教育专业的学生进行教学实习的重要场所。自 19 世纪 60 年代第一所教师培训学校成立以来，这些学校虽然以不同的名称存在，但其主要目标（培训教师）始终没有改变，具有特殊的地位。一般而言，教师培训学校具有以下四个职能：第一，像任意一所普通学校一样，组织"普通"（ordinary）学生的教学；第二，培训实习生（trainee）；第三，开展教育研究；第四，与大学教师教育系合作，组织教师的在职教育。

教师培训学校的任职教师相较普通小学的教师与其从属的大学之间的互动及关联更为紧密，但他们的教学能力和水平与普通小学教师的无异。以赫尔辛基大学为例，就读赫尔辛基大学班级教师教育项目的学生会在大学第一年进入教师培训学校进行为期两周的教学见习，第三年可任意选择一所学校进行为期六周的教学实习，第五年又回到教师培训学校进行为期八周的教学实习；而就读学科教师教育专业的学生在就读该项目的第五年到教师培训学校进行为期八个月（从秋季到第二年春季）的教学实习。[25]从国际比较的角度

---

19 东芬兰大学由约恩苏大学和库奥皮奥大学于 2010 年合并而成，有约恩苏、库奥皮奥两个主校区以及萨翁林纳校区。The University Teacher Training School in Joensuu 隶属于东芬兰大学，是位于约恩苏校区的教师培训学校。

20 Savonlinna University Practice School 隶属于东芬兰大学，是位于萨翁林纳校区的实践（教师培训）学校。

21 奥布专科大学（Åbo Akademi University）是芬兰唯一的以瑞典语授课的综合性大学，成立于 1918 年，位于古都图尔库，于 1974 年在瓦萨设立了教育学院。奥布专科大学瓦萨实践学校（Vasa övningsskola at Åbo Akademi University）是芬兰唯一的以瑞典语授课的教师培训学校。

22 赫尔辛基大学的这两所教师培训学校实为一所，只是不同教育阶段分布在不同的校区，其高中部位于市中心（City center），小学部和初中部位于韦基（Viikki）。

23 东芬兰大学的两所教师培训学校分别位于约恩苏校区和萨翁林纳校区。

24 图尔库大学的两所教师培训学校分别位于图尔库校区和劳马校区。

25 芬兰一共有 8 所拥有教师教育系的大学，每所大学培养教师的目标和项目结构是高度一致的，只是不同的学校会有自己的侧重，这会体现在具体的课程与教学上，而教学实习的学分设计也会略有不同，所以学生进行教学实习的时间的分布不是

看，芬兰的学校制度并不重视制度性的和计划性的在职教师教育，教师的专业发展取决于个人的需求和愿望。根据与学校的合同，普通教师每年有 3 天时间的在职教育，刚入职的新教师头两年可申请比普通教师多两天的在职教育。[26]

（四）教师专业化

我国关于"教师专业化"这一专有名词的定义十分丰富。"化"的含义是"表示转变成某种性质或状态"，更多地具有内隐的特征，是内涵的变化。"专业化"一词在由我国教育部师范司组织编写的著作《教师专业化的理论与实践》中有过如下阐述："专业化是一个社会学概念，其含义是指一个普通职业群体在一定时期内，逐渐符合专业标准，成为专门职业并获得相应的专业地位的过程。"[27]郑秀英在其博士学位论文中总结"专业化"关注的是从事职业的人所应具备的能力结构，强调的是能力变化的过程，即从新手成为专家的过程。[28]《培格曼最新国际教师百科全书》对"教师专业化"进行了专门论述："它是职业专业化的一种类型，是指教师'个人成为教学专业的成员并且在教学中具有越来越成熟的作用这样一个转变过程'"。[29]学者张传燧认为：教师专业化既是教师成长发展的过程，更是教师成长发展的结果，包括教师职业专业化和教师教育专业化两个方面的内容。所谓教师职业专业化是指一个个体成为教师职业群体的合格成员并且素质越来越高技能越来越娴熟的转变过程；所谓教师教育专业化是指教师养成是一种专业化的过程，内容包括具有专门的机构和人员、专门的培养培训模式和课程计划、专门的教师教育评价标准。[30]

本研究中的教师专业化指的是教师职业专业化，关注的是小学教师教育专业学生进入一个"黑匣子"（就读小学教师教育专业）后发生变化的这一过程，即一个个体成为教师职业群体的合格成员并且素质越来越高技能越来越娴熟的转变过程。

硬性的，有的大学的教学实习分四个阶段（如分布在入学第一年、第三年、第四年和第五年），学生也可根据自己的学习进度进行选择和调整。

26 Hannu L. T., Heikkinen, Hannu Jokinen, Päivi Tynjälä. Peer-Group Mentoring for Teacher Development[M]. Routledge, 2012:13.

27 教育部师范教育司, 教育专业化的理论与实践[M], 北京: 人民教育出版社, 2001: 45。

28 郑秀英, 职业教育教师专业化问题研究[D], 天津: 天津大学, 2010: 11。

29 邓金, 培格曼最新国际教师百科全书[M], 北京: 学苑出版社, 1989: 553。

30 张传燧, 教师专业化: 传统智慧与现代实践[J], 教师教育研究, 2005（1）: 16。

四、文献综述

为了把握国内外研究现状，本研究主要通过以下两种方式完成了研究资料的查询与搜集工作。第一，中文文献的搜集主要依靠国内图书馆资源和电子资源数据库，它们分别是：国家图书馆、北京师范大学图书馆、北京大学图书馆，CNKI 学术期刊网、维普数据库、万方学位论文数据库；第二，外文文献的搜集主要依靠搜索引擎 GOOGLE SCHOLAR，PROQUEST、WEB OF SCIENCES、ERIC、SPRINERLINK 等外文电子资源数据库，芬兰国家图书馆资源，于韦斯屈莱大学、赫尔辛基大学、坦佩雷大学、奥卢大学等几所芬兰大学的图书馆资源，它们及它们所属的教师培训学校的官方网站，芬兰教育与文化部官方网站等一些专业网站。此外，调研过程中受访教师培训学校教师、大学讲师和教授的推荐也为本研究的文献基础增色不少。

（一）中外学者对芬兰教师教育的研究

通过在 CNKI 检索"篇名"一栏中输入"芬兰教师"显示 65 条结果、输入"芬兰教师教育"显示 38 条，剔除重合的和非学术性文献，共计 38＋20＝58 篇。为了防止遗漏，又在"主题"一栏中分别输入了以上两个关键词得到 241 条和 54 条结果，逐一排查后各增添了 1 条结果，并发现第一次检索所得 58 篇文献中有 1 篇一稿二投，最终得到关于"芬兰教师教育"的研究文献 58 篇。这 58 篇文献中，有 5 篇硕士论文，研究的问题有：中职学科教师培养模式、中小学教师教学方式、中小学教师教育政策、职前教师教育和教师教育课程设置；还有 1 篇博士论文，研究的是教师组织的角色，芬兰是研究者进行多国比较的案例之一。笔者将所得中文文献按研究内容进行了主题归类，这些研究的主题包括职前教师教育，教师教育模式或教师培养模式，教师教育课程，教师教育的发展和改革，职业教师教育，教师在职培训或学习，教师职业状况、吸引力和教师满意度，研究型教师教育，教师绩效评估和教师组织共计 52 篇，此外，还包括教师教学方式、教师教育的架构、教师教育信息化、教师教育政策、教师资格要求、师范生招生特点各 1 篇。由于这些文献研究主题之间有不同程度的交叉，研究的水平参差不齐，故只将其中比较重要的进行整理与分析。

关于"芬兰教师教育"的外文文献较为丰富，通过登录国内几所大学的图书馆外文数据库进行检索就已经获得近 40 篇，再通过搜索引擎 GOOGLE

SCHOLAR 输入 "Finnish teacher education"、"research-based teacher education" 等关键词得到海量检索结果，笔者根据题名的相关性、发表刊物的权威性，从中摘取了与本研究主题最为相关的文献 80 余篇，再加上数位受访者的推荐、芬兰大学及其教师培训学校主页上的相关资源，最终得到外文文献 140 余篇。其中大部分都出自芬兰学者、少部分出自英美学者。这里无法将所得外文文献全部进行主题归类，只对与本研究最直接相关的研究主题进行介绍。芬兰教师教育过程中的学生与教师是外国学者最感兴趣的研究主题，学生如何看待教学目的的作用、学生的学习模式（如何进行自主学习和协调学习）、对实践理论的掌握、对宗教教育的看法、就读教师教育专业的经验以及如何帮助学生成为高素质专业人士等问题都已拥有较为成熟的研究基础。关于教师的研究则多集中于教师教育者如何实现教学目标、教师教育者如何指导班级教师自主开展音乐研究和学科教师如何成为可持续发展教育者等。还有部分文献是对在职教师进行的研究，如芬兰小学教师退出情况调查、对特殊教师和班级教师咨询意见的定性研究、科学教师对教学创新的看法、小学教师如何在普通教室中满足资优学生的需求和学校气氛如何影响教师的工作满意度和倦怠状态等。除以上主题之外，还有一些文献研究的是芬兰教师教育的发展历史，教师教育中的跨文化，研究取向的教师教育经验，教师教育课程，教师专业发展，教师身份，教师的情绪、情感，信息和通信技术在教师教育中的使用等主题。

通过对文献检索所得结果进行整理与实地考察可以发现，中外学者对"芬兰教师教育"的关注点主要集中在以下五个方面：

1. 关于芬兰教师教育发展和改革的研究

在研究任何具体的问题之前，都应该首先了解这个问题所属领域的大的历史发展背景，所谓"知史以明鉴，查古以至今"。芬兰教师教育自十九世纪中期萌芽以来，经历了漫长的历史发展，不过其发展与改革的重点是二十世纪六十年代末至今这近 50 年里所发生的。我国学者对其于不同历史时期实施的重要改革举措进行了论述。而关于芬兰教师教育历史发展的外文文献中，有记录和描述其自身发展演变的文章，也有文章论述的是外部环境对其历史发展所产生的影响。

杨春红、郑友奇和谢晓宇都分析了博洛尼亚进程中芬兰中小学教师教育进行的改革。杨春红、郑友奇指出在博洛尼亚进程的影响下，芬兰高等教育进行了相应的调整和改革，受高等教育结构重组的影响，芬兰大学化的教师教育也在进行着改革，芬兰教师教育的结构和课程都发生了变化。以研究为导向、高质量的学科知识与教学知识、倡导积极学习和合作学习、高质量的教学技能和反思共同构成了教师教育课程改革的重要原则。[31]我国的师范教育体系应该重视教育学科课程的学习和实际教学能力的训练，加强师范生对研究课程的学习。谢晓宇分析了芬兰中小学教师教育在入学资格、培养目标和课程设置等方面进行的一系列改革，此改革还表现出扩大教师流动性、提升教师教学能力、提高教师研究水平以及改变课程的制定模式等若干动向，并以此为基础提出了实行严格的招生制度、提升专业教师学历层次、重视教师教育专业课程以及培养师范生的实际教学能力四点启示。[32]谌启标介绍了芬兰教师教育大学化的历史演进；重点说明了芬兰教师教育大学化的课程研制，包括幼儿园教师、班级教师和学科教师的课程结构；还论述了芬兰教师教育大学化的三个改革趋势：能力本位的教师教育课程、合作伙伴的教师教育模式、研究导向的教师教育改革。[33]刘涛、陶媛介绍了包括适切的教师教育目标、严格的入学筛选机制、整合的课程内容规划、规范的教育实习制度这几项芬兰中小学硕士化制度的内容，并认为我国借鉴芬兰中小学教师教育硕士化制度应提升中小学教师的学历层次、确立研究型教师的培养目标以及改革招生考试制度等。[34]

关于芬兰教师教育历史发展的主要外文书籍有两本，重要论文有 10 篇左右。由尤卡．兰塔拉（Jukka Rantala）和马蒂．劳蒂艾宁（Matti Rautiainen）合著的《为了一个硕士学位：1970-2010 年班级教师和学习导师的学术录取》（*For a Master's Degree: The Academic Admission of Class Teachers and Study Instructors from the 1970s to the 2010s*）是一本关于芬兰班级教师教育硕士化进程的芬兰语书籍，该书系统介绍了从 1970 年到 2010 年这三十年间芬兰班

---

31 杨春红，郑友奇，博洛尼亚进程中的芬兰教师教育改革及其启示[J]，高教探索，2011（1）：82-83。

32 谢晓宇，博洛尼亚进程中的芬兰中小学教师教育改革：现状与动向[J]，外国教育研究，2010（12）：70-76。

33 谌启标，芬兰教师教育大学化的传统与变革[J]，外国中小学教育，2007（3）：10-13。

34 刘涛，陶媛，芬兰中小学教师教育硕士化制度探析[J]，教育探索，2012（12）：148-150。

级教师的学术录取情况。[35]赛博．特利亚（Seppo Tella）等人于 1996 年编著的《芬兰教师教育现状与未来、趋势与挑战》（*Teacher Education in Finland Present and Future, Trends and Challenges*）则是一本比较全面的介绍当代芬兰教师教育发展与改革的书籍，较为详尽地阐述了芬兰八所拥有教师教育系的大学的教师教育制度及其发展与挑战。[36]

萨图．尤斯奥（Satu Uusiautt）作为研究芬兰教师教育颇具代表性的学者之一，与另外两位学者在文章《芬兰小学教育的根源——第一所芬兰小学如何培养儿童》（*At the Roots of Finnish Elementary Education-How Were Children Raised in the First Finnish Elementary Schools?*）中梳理了芬兰小学教育的历史以及 18 世纪芬兰教育在初始阶段培养儿童的原则和方式，分析了教师培训与芬兰学校培养孩童的目标之间的联系。[37]萨图．尤斯奥（Satu Uusiautti）与其科研伙伴在文章《芬兰教师教育项目发展的重大趋势（1860-2010）》（*Significant Trends in the Development of Finnish Teacher Education Programs（1860-2010）*）中指出芬兰教师培训的根源可追溯至十九世纪六十年代，教师培训的演变与小学教育史以及教育政策和芬兰社会的变化密切相关。此外，基于芬兰关于教师培训的研究文献和相关的当代发展报告及法律文本讨论了这个国家塑造教师培训方式的趋势和发展愿望。[38]文章最主要的目的是回顾芬兰教师培训的发展历史——期间的重大成果和最重要的转折点，然后讨论它们对现行制度教育成果的贡献。教师素质是解释教育制度质量最常被引用的因素之一。此外，基尔希．蒂里（Kirsi Tirri）的文章《芬兰教师教育过去 40 年》（*The Last 40 Years in Finnish Teacher Education*）阐述

35 Jukka Rantala, Matti Rautiainen. Salonkikelpoiseksi maisterikoulutukseksi: Luokanopettaja-ja opinto-ohjaajakoulutusten akatemisoitumiskenhitys 1970-luvulta 2010-luvulle（For a Master's Degree: The Academic Admission of Class Teachers and Study Instructors from the 1970s to the 2010s）[M]. Suomen Kasvatustieteellinen Seura, Kasvatusalan tutkimuksia 64, Taittopalvelu Yliveto Oy, 2013.

36 Seppo Tella, Teacher Education in Finland Present and Future Trends and Challenges[M].Studia Paedagogica 11, Hakapaino Oy, 1996.

37 Satu Uusiautti, Merja Paksuniemi, Kaarina Määttä. At the Roots of Finnish Education-How Were Children Raised in the First Finnish Elementary Schools? [J]. International Electronic Journal of Elementary Education, 2013, 5（2）, 171-184.

38 Satu Uusiautti, Kaarina Määttä. Significant Trends in the Development of Finnish Teacher Education Programs（1860-2010）[J]. Education Policy Analysis Archives, 2013, 21（59）, 1-22.

和讨论了芬兰教师教育在过去 40 年（1974-2014 年）中发生的变化。其中包括这样一个事实：芬兰的教师教育每一年都越来越多的以研究为基础。芬兰教师的伦理作用已经从宗教和道德的范例转变为在教学学习中需要道德能力的原则性专业人士。[39]教师还需要掌握快速发展与更新中的信息和通信技术，以便在与他们的学生相同的学习环境中发挥作用。

汉内莱．涅米（Hannele Niemi）和里特瓦．亚库-西赫沃宁（Ritva Jakku-Sihvonen）在文章《在博洛尼亚进程前面：芬兰三十年研究型教师教育》（*In the front of the Bologna Process: Thirty Years of Research-based Teacher Education in Finland*）中指出芬兰的教师教育于 2005 年 8 月 1 日进入了二级学位制：三年制学士学位和两年制硕士学位相结合。芬兰学术化教师教育是在二十世纪七十年代末期进行的。从那时起，芬兰师范教育的典型特征就是以研究为导向、持续的国家和国际评估、不断明确教师将来任职的要求，以及所有教师都必须完成一个基本的核心课程。[40]教师教育已被证明是对有才华的学生非常具有吸引力的选择。博洛尼亚进程更多的被视为是对国家项目分析和教师教育课程评估进行联合的一个阶段。奥利-佩卡．马里恩（Olli-Pekka Malinen）等人在《芬兰的教师教育：回顾国家为未来准备教师所做的努力》（*Teacher Education in Finland: A Review of a National Effort for Preparing Teachers for the Future*）这篇文章中讨论了教师教育作为芬兰教育体系一部分的性质和作用。芬兰的教师教育是一个非常有竞争力的大学硕士学位课程，并在全国各地的大学提供。学生通过两个阶段的入学考试进行选拔，除了学术资格外，还强调了候选人的个人合适度和对教师工作的动机。小学班级教师教育则更加详细地提出了一个强烈的实践和研究取向。芬兰学校系统应对不断提高的标准及要求的方法是对教师和地方教育当局给予良好的信任和自主，而不是集中规范和相应的问责制。[41]还有一篇文章比较有意思，出自芬兰著名教育学学者汉努．希莫拉（Hannu Simola）。他撰文《芬兰的

39 Kirsi Tirri. The last 40 years in Finnish Teacher Education[J]. Journal of Education for Teaching, 2014, 40（5），600-609.

40 Hannele Niemi, Ritva Jakku-sihvonen. In the front of the Bologna Process: Thirty Years of Research-based Teacher Education in Finland[J]. Izvirni znanstveni prispevek, 2006, 50-69.

41 Olli-Pekka Malinen, Pertti Väisänen, Hannu Savolainen. Teacher Education in Finland: A Review of a National Effort for Preparing Teachers for the Future[J]. The Curriculum Journal, 2012, 23（4），567-584.

PISA 奇迹：教学和教师教育的历史和社会学评论》（*The Finnish Miracle of PISA: Historical and Sociological Remarks on Teaching and Teacher Education*）分析了反映芬兰学校教育成功的 2000 年 PISA 测试报告，为了与教育领域相适应，其解释主要是教学性的，尤其是优秀教师和高素质的教师教育。这篇文献没有说明这些陈述的解释力，而是提出了芬兰综合学校教学成功背后的一些社会、文化和历史因素。从历史和教育社会学的角度，也揭示了一些叫能被成功掩盖了的讽刺的悖论和困境。[42]

2. 关于芬兰职前教师教育、教师教育模式和教师专业发展的研究

中国学者对芬兰教师教育的关注点之一是芬兰教师的职前培养问题。除此之外，关于"芬兰教师教育模式"这一主题的研究是所得中文文献中数目最多的，有数篇硕士学位论文，约 10 篇中文论文，还有 1 篇台湾学者撰写的关于芬兰教师教育制度及其特色的质性论文；而与这一主题相近的外文文献则主要围绕芬兰教师的专业发展、如何积极学习等展开，有十余篇。研究一国的教师教育模式可以更好地了解这个国家的教师教育全貌，而教师的专业发展则是贯穿教师教育始终的核心问题。

韩冬的硕士论文《芬兰教师职前教育研究》基于培养目标、招生制度、课程设置和教学实习四个方面的考察归纳出芬兰教师的职前教育具备招生方式人性化、课程设置注重科学性、教学实习强调合作性三个特点并针对我国师范教育存在的问题提出我们应该在师范生准入标准中增加面试环节、科学规范师范生课程以提升其研究能力、深化教育实习改革并进一步加强中小学之间的合作。[43]张晓光认为研究取向是芬兰中小学教师职前教育的突出特点，目标是培养教师的教学思维，以研究方法的学习为根基，以理论与实践的融合为培养方式，注重研究和探究之间的关系。[44]赖小琴将芬兰中小学教师职前教育的主要特点归纳为：教师资格要求高、学习内容宽泛而扎实、学习评价方式灵活、重视教学实习等，并基于这些特点提出了对我国当前的中小学教师教育改革的几点有益启示：在师范生的招录方面，注重吸引最优质

---

42 Hannu Simola. The Finnish Miracle of PISA: Historical and Sociological Remarks on Teaching and Teacher Education [J]. Comparative Education, 2005, 41（4）,455-470.

43 韩冬，芬兰教师职前教育研究[D]，淮北：淮北师范大学，2015。

44 张晓光，研究取向的中小学教师职前教育探析——以芬兰为例[J]，教育研究, 2016（10）: 143。

的生源填报教师志愿;在师范生的培养过程中将专业课与相关课程的学习兼顾,实现学科之间的融合与贯通;在对学生的学业评价方面采取另加灵活的评价与考核的方法,使学生拥有更多的学业自主性;在教学实习期间让学生有足够的时间去思考和体会教师的工作性质和特点。[45]胡旭红认为基于"研究"的教学实践是芬兰小学教师专业成长的有效模式之一,培养以研究为本的专家教师是芬兰教师教育的中心任务,教育研究和实践训练相结合是芬兰职前教师教育的重要特征;并介绍了该模式的背景、涵义、目的、途径与实施原则。[46]

何倩的硕士论文《芬兰中等职业学科教师培养模式研究》,是我国较早的关于芬兰教师培养模式研究主题的学位论文。这篇硕士论文从培养机构、招生制度、培养目标、课程设置、资格制度等几个方面对芬兰中等职业学科教师的职前培养模式进行了较为深入的分析,并结合我国中职教师教育的现状和存在的问题提出了以下四点启示:第一,鼓励综合性院校参与中职教师的培养,加强并拓宽职教高师之间的联系与合作;第二,职技高师应广开生源渠道,为潜在的"双师型"教师开通"绿色通道";第三,更新课程设置观念,以人为本,坚持从师范生的实际需要出发;第四,建立完善的职业教师资格制度。[47]此外,何倩还写了一篇文章专门介绍苏兰中小学教师职前培养制度的特点:严格的招生制度、重视课程的深度和广度、重视培养师范生的科研能力、有效结合教育理论并有针对性有步骤地指导师范生进行教育实践、灵活自主的教师资格制度,并认为我国应该提高师范生的入学标准,加强师范生研究课程的学习、真正提高其科研能力,从学生的需要出发、帮助学生在教学实践中不断提高教学能力,师范院校的课程应多着眼于学生在自然学科、社会学科、人文学科以及文化艺术修养方面打好宽厚的基础,建立完善的教师资格制度和教师培养制度。[48]

---

45 赖小琴,芬兰中小学教师职前教育的特点及启示[J],广西教育学院学报,2011(1): 27-31。

46 胡旭红,基于"研究"的教学实践模式——芬兰小学教师职前教育的经验[J],外国中小学教育,2012(5):30。

47 何倩,芬兰中等职业学科教师培养模式研究[D],武汉:华中师范大学,2010。

48 何倩,芬兰中小学教师职前培养制度的特点及启示——以赫尔辛基大学为例[J],外国教育研究,2009(10):45-49。

　　王钰巧、方征根据国际教学环境调查（Teaching and Learning International Survey，简称 TALIS）2013 的数据阐述了芬兰在职前层层筛选、夯实基础、进行及时指导、及早改进的入职训练及职后终身学习、持续发展的理念这样一套较为完善而连贯的教师教育一体化体系，指出我国应该选拔出最优秀且最合适的教师候选人，对新教师及时地指导并对其进行持续的入职培训，最后顺应终身学习的时代要求、不断促进教师持续的专业发展。[49]王丽云、徐铭璟探讨芬兰师资培育制度的特色及其根植的师资培育专业理念，介绍了包括师资培育制度的现状与发展、师资生甄选、师资培育课程和教育实习等方面所包含的具体内容和问题，发现芬兰师资培育的核心理念是专业导向、智慧问责导向、志业导向。[50]

　　有 4 篇文章论述的主题是研究取向的教师教育培养模式，自成一个研究系列。饶从满、李广平认为自 20 世纪 70 年代的教师教育改革基础上发展而来的芬兰教师教育，在目标上聚焦于培养基于研究的教学思维；在内容上以研究性学习为教师教育课程的重要要素；在方式上以研究本位的教学思维作为促进理论与实践融合的黏合剂。它在目标、内容和方式等几个主要维度上均体现了"研究本位"的特征，是名副其实的研究本位教师教育模式。[51]周钧、公辰则在文章中指出芬兰研究取向的教师教育把教学视为一种基于研究的思维活动，认为教师所做的研究是一种实践探究。这种教师教育模式将发展师范生的教学思维确定为培养目标，把实践设计为教学实践和研究实践两部分内容。在培养过程中具体采用理论学习——实践——研究的整合模式，师范生对研究方法的学习贯穿计划始终。[52]赵士果从芬兰以研究为基础教师教育实施的动因、涵义、理论模型及实施过程等层面，探讨了成就芬兰学生杰出表现背后的教师教育。[53]陆璟编译了 Jouni Välijärvi 写的一篇文章，介绍了了

49　王钰巧，方征，从 TALIS（2013）解密芬兰教师教育一体化的经验有启示[J]，外国中小学教育，2016（5）：44-48。

50　王丽云，徐铭璟，芬兰师资培育制度特色及其对台湾师资培育之启示[J]，教育实践与研究，2015（1）：167-206。

51　饶从满，李广平，芬兰研究本位教师教育模式：历史考察与特征解析[J]，外国教育研究，2016（12）：3-20。

52　周钧，公辰，培养反思——探究型教师：芬兰研究取向教师教育探析[J]，比较教育研究，2016（11）：34-39。

53　赵士果，培养研究型教师——芬兰以研究为基础的教师教育探析[J]，全球教育展望，2011（11）：31-36。

芬兰研究型教师教育发展的背景、基本特点，以及实施的主要环节。[54]

　　埃尔希．阿霍宁（Elsi Ahonen）等在文章《成为一名教师——教师教育中的学生教师学习模式》（*Becoming a Teacher-Student Teachers' Learning Patterns in Teacher Education*）中认为学生教师学习是进一步专业发展的关键问题。关于学生教师学习的文献表明，学生在教育过程中学习教学、进行专业转型。然而，研究往往侧重于某一时期，以及学生应该怎样学习而不是他们实际上怎么学习。在这项研究中，使用了与19位学生教师的访谈资料来分析他们在教师教育过程中的学习模式，归纳了四种质量不同的学生教师学习模式。这些模式在学生的学习动机、概念一致性、学习方法和所采取的行动策略方面各不相同。在观察到的不同部分之间这些模式也存在一些内部不一致。这可能表示学生教师缺乏对积极学习的理解、意愿或技能。结果表明，要更加注意促进学生教师在教师教育过程中的积极学习。[55]汉内莱．涅米（Hannele Niemi）等人的文章《积极学习提高芬兰和土耳其学生教师的专业能力》（*Active Learning Promoting Student Teachers' Professional Competences in Finland and Turkey*）介绍了学生教师在芬兰和土耳其教师教育项目中积极学习的经验，并试图确定积极学习的方法如何影响学生教师的专业能力。学生教师评估了他们积极学习的经验和他们在就读教师教育项目期间取得的专业能力。自我调节和合作学习为积极学习的测量提供了理论框架。专业能力包括在学校和社会中广泛的教师责任。数据是通过调查收集的，使用回归分析这一定量分析方法提供了积极学习对专业能力有影响的有力证据。定性分析进一步表明：积极的知识创造，高度参与学习任务和合作学习文化是积极学习的重要模式。虽然研究集中于两种不同的教师教育体系，但是积极学习在两个国家都对学生教师的专业发展至关重要。[56]汉内莱．涅米（Hannele Niemi）等人的文章《积极学习——教师教育和学校需要的一场文化变革》（*Active Learning-A Cultural Change Needed in Teacher Education and Schools*）评估教

---

54 Jouni Välijärvi, 陆璟编译，芬兰研究型教师教育述评[J]，上海教育科研，2009（1）: 1-25。

55 Elsi Ahonen, Kirsi Pyhältö, Janne Pietarinen, Tiina Soini. Becoming A Teacher-Student Teachers' Learning Patterns in Teacher Education[J]. Journal of Education and Training Studies, 2015, 3（5）,89-101.

56 Hannele Niemi, Anne Nevgi, Fisun Aksit. Active Learning Promoting Student Teachers' Professional Competences in Finland and Turkey[J]. European Journal of Teacher Education, 2016, 39（4）,471-490.

师教育如何促进积极学习以及实现这一目标的主要障碍是什么。这个问题从学生教师、教师教育者和在职教师的角度展开了调查。所有这些不同主体小组评估了该如何进行积极学习，以及什么是积极学习的障碍。结果表明：学校和教师教育部门正在进行文化变革。许多积极学习的迹象可以被看到，但也存在许多需要被克服的障碍。[57]

塔皮奥．科苏恩（Tapio Kosunen）等人在《建立一门教学的科学：芬兰教师教育中的目标与现实如何相遇》（*Building a Science of Teaching: How Objectives and Reality Meet in Finnish Teacher Education*）一文指出教师在学校改革中发挥重要作用。他们所具备的实践知识和内在的良好教学观念，指导他们的工作和他们与学生及同事进行互动。这种知识和能力的基础是教师教育。教师持续的专业发展也得到在职培训的支持，这应该与初始教师教育更紧密地联系起来。基于国家和国际评估的结果，文章讨论了在芬兰教师教育中的目标和现实在多大程度上相遇。文章指出，教师研究提供支持教师教育的重要信息。教师教育不仅应该坚持以研究为基础的教育也要考虑教师工作的现实情况。更多的研究数据需要被用来了解在实地工作的教师的日常实际和实践知识。[58]Päivi Tynjälä 等人的文章《发展教师教育中的社会能力和其他通用技能：运用综合教学模式》（*Developing Social Competence and Other Generic Skills in Teacher Education: Applying the Model of Integrative Pedagogy*）考察如何在教师教育中使用一种称为综合教学的教学模式来发展社会能力和其他通用技能。这种模式是基于将理论知识、实践知识、自我管理知识和社会文化知识这四个知识的基本组成部分整合的想法。研究对象为 95 名学生教师。数据通过发放问卷收集。除了社会技能外，学生教师还报告了如何学习自身领域专门技能，通用学术技能，创造性地在不同情况下发挥的技能和独立性发展。研究结论表明：综合教学模式在教师教育中是可行的。[59]帕斯．萨

57 Hannele Niemi. Active Learning-A Cultural Change Needed in Teacher Education and Schools[J]. Teaching and Teacher Education, 2002, 18, 763-780.

58 Tapio Kosunen, Armi Mikkola. Building a Science of Teaching: How Objectives and Reality Meet in Finnish Teacher Education [J]. European Journal of Teacher Education, 2002, 25（2-3）, 135-150.

59 Päivi Tynjälä, Anne Virtanen, Ulla Klemola, Emma Kostiainen, Helena Rasku-Puttonen. Developing Social Competence and Other Generic Skills in Teacher Education: Applying the Model of Integrative Pedagogy[J]. European Journal of Teacher Education, 2016, 39（3）, 368-387.

尔伯格(Pasi Sahlberg)的文章《提高学生学习的教育政策：芬兰方法》(*Education Policies for Raising Student Learning: The Finnish Approach*)指出：使用和许多其他国家普遍存在的与传统市场化改革战略不同的教育政策，系统而优秀的学习是可以以合理的成本实现的。在这方面，芬兰是一个从 20 世纪 50 年代偏远的农业国家发展到知识型经济模式的国家，以教育作为经济和社会发展的关键。本文根据国际学生评估资料和较早的政策分析，介绍了芬兰基于公平、灵活性、创造力、教师专业发展和信任度的教育政策，实现了学生学习的稳步提高。与许多其他伴随着高风险测试和外部确定的学习标准的问责的教育系统不同，它们并不是芬兰教育政策的一部分。旨在提高学生成就的芬兰教育政策，建立在可持续领导思想的基础上，重点强调教学和学习、智慧问责、鼓励学校创造最佳学习环境，实施最有助于学生实现教育总体目标的教育内容。[60]

汉内莱．涅米(Hannele Niemi)的文章《芬兰教师专业发展：走向更加全面的方法》(*Teacher Professional Development in Finland: Towards a More Holistic Approach*)反映了教师专业发展作为一个连续整体始于职前，持续至新合格教师入职的头几年，并跨越了教师整个教学职业生涯。芬兰教师在工作中具有高度的专业自主权。职前教师教育使他们为成为这样一个负责任的角色而做好准备。在教师教育发展早期，在职培训以"培训日"和短期课程的形式出现。新的趋势将教师视为整个学校社区的开发者。教师教育改革在职前教师教育方面进行了有针对性的突破，使教师有能力设计学校项目和促进与学校发展有关的自身发展。本文介绍了四个已经实施新改革的案例。这些实践是关于如何：1. 支持学校社区跨越多专业合作的边界，2. 使用设计方法与许多合作伙伴一起设计一个创新的学校社区，3. 在科学、技术和数学(STEM)教学中连接职前和在职研究型教师教育，4. 支持与促进新教师的入门。[61]伊恩．韦斯特伯里(Ian Westbury)等人在文章《扩展角色的基于研究的教师教育的实践：芬兰的经验》(*Teacher Education for Research-based Practice in Expanded Roles: Finland's Experience*)中阐述了自二十世纪七十年

---

60 Pasi Sahlberg. Education Policies for Raising Student Learning: The Finnish Approach[J]. Journal of Education Policy, 2007, 22（2）, 147-171.

61 Hannele Niemi. Teacher Professional Development in Finland: Towards a More Holistic Approach[J]. Psychology, Society and Education, 2015, 7（3）, 278-294.

代中期以来，为教师提供以研究为基础的精神一直是芬兰教师教育的核心任务。最近，由于类似校本课程发展这样的国家政策的发展和地方决策，教师工作和专业精神的概念已经扩展。根据赫尔辛基大学和奥布专科大学教师教育课程的经验，本研究讨论了针对班级教师的一些方案，即班级教师教育项目。我们特别关注作为芬兰班级教师教育项目一部分的研究论文，以及以研究为基础的专业理念和标志；其次是新出现的问题，这些问题源于需要将对教师角色的扩展的理解纳入教师教育课程。[62]埃尔希．阿霍宁（Elsi Ahonen）等人的文章《教师有关自身和学生角色的职业信念》（*Teachers' Professional Beliefs about Their Roles and the Pupils' Roles in the School*）指出芬兰近几十年来，旨在通过促进有意义的学习来改变教师和学生的角色的许多教育改革被实行。然而，关于教师如何将这些角色视为职业信仰的一部分，人们知之甚少。在这项研究中，有 68 名芬兰综合学校教师受访。研究对数据进行了内容分析。结果表明，教师意识到促进学生在学习中的积极作用的重要性，但仍然认为学生在学校的学习行为是被动的。教师在非正式的学校环境中将学生视为积极的教育参与者。相应地，教师主要将自己描述为学生学习中的知识传播者。在他们的专业社区，教师们主要认为自己是知识的再现者，而不是学习的辅导者。教师之间的这种信仰有所变化，这种变化也存在于单个教师的信仰之中。[63]

3. 关于芬兰教师教育中学生主体和教师主体的研究

这部分的研究文献都是外文文献，该主题的划分依据有些粗略（因其涵盖的文献非常丰富），笔者摘出了 15 篇文章，其中以教师为研究对象中的"教师"包括教师教育者和中小学在职教师两类，而以学生为研究对象中的"学生"均指就读教师教育专业的学生，这些文章中有超过半数研究的都是就读教师教育专业的学生在教师教育过程中的学习情况、经验，及对这一过程的看法等。而针对教师主体的研究大多集中于教师如何实现教学目标、教师如何构建自己的身份、教师如何帮助学生进行自主研究等问题。现将这部分文

62　Ian Westbury, Sven-Erik Hansén, Pertti Kansanen, Ole Björkvist. Teacher Education for Research-based Practice in Expanded Roles: Finland's Experience[J]. Scandinavian Journal of Educational Research, 2005, 49（5），475-485.

63　Elsi Ahonen, Kirsi Pyhältö, Janne Pietarinen, Tiina Soini. Teachers' Professional Beliefs about Their Roles and the Pupils' Roles in the School[J]. Teacher Development, 2014, 18（2），177-197.

献分析、归纳如下：

　　以学生为研究对象的文章非常多，这一群体是芬兰学者关注的重点。汉内莱．涅米（Hannele Niemi）在文章《培养学生教师成为高素质的专业人士——芬兰案例》（*Educating Student Teachers to Become High Quality Professionals-A Finnish Case*）中指出：几十年来，芬兰对教师教育的定位致力于发展以探究为导向，以研究为主的专业文化。教师教育的目的是培养学生查找和分析他们未来工作中可能会遇到的问题。这项研究包括芬兰两所大学的学生教师调查（N=545）。2010 年 5 月初，向这些学生教师发送了网络定量和定性问卷调查。学生们评估了教师教育如何为他们提供高标准职业所需的能力，他们在教师教育研究中所积累的学习经验，以及教师教育研究如何有助于他们的专业发展。这项研究的参与者认为他们在规划教学和课程方面习得了很好的技能。他们有能力使用不同的教学方法。他们意识到自己的教学理念和他们作为专业人士和终身学习者的责任。他们认为教师教育中的研究部分对其独立和批判性的思考有价值。他们投身于学习。芬兰职前教师教育运作良好，能有效提供教师独立工作所需的专业技能。研究结果表明，在了解如何与家长和学校以外的其他利益相关者进行合作（如工作生活的代表以及商业生活和文化中的合作伙伴），学生教师还需要更多的监督和指导。[64]瑞塔．于哈马（Riitta Jyrhämä）与其他人合写的论文《研究取向的教师教育的赞赏与实现：芬兰学生的教师教育经验》（*The Appreciation and Realisation of Research-based Teacher Education: Finnish Students' Experiences of Teacher Education*）中指出芬兰学生在国际比较的学业测试中取得了很好的成绩，使得芬兰教师教育制度及其研究取向的范式引起广泛的国际兴趣。文章的目的是描述学生教师对基于研究的方法的观点。文中会呈现他们对这种做法的态度，以及他们在研究中实现基于研究的方法方面的经验。这项研究课题涉及的是特殊学生群体的一部分，他们在进入教师教育之前都没有正式参加过教师培训。这项研究是作为网络调查进行的（n＝113）。问卷是根据教师教育课程的课程结构，包括课程各部分的内容设计的。受访者会被问到有关态度和经验的问题。根据研究结果，学生们以基于研究的方法，将其作为教师教育的主要组织主题。他们认为，在大部分课程中，这种方法在他们学习的每一个环节都是可以检

64 Niemi, Hannele. Educating Student Teachers to become High Quality Professionals-A Finnish Case[J]. C-E-P-S Journal, 2011, 1（1），43-66.

测到的。[65]

　　玛利亚．拉纳斯（Maija Lanas）在文章《"与我的技能比，我是谁更重要"——芬兰教师教育中的学生教师主体化》（*"This has more to do with who I am than with my skills"-Student Teacher Subjectification in Finnish Teacher Education*）中论述了为了提供灵活的教师教育，学生教师作为教育过程中的积极成员，教师教育者需要更多地了解学生教师是谁。研究的背景是芬兰教师教育具有高度的选择性。文章作者的兴趣在于对学生教师自身的形成和重塑过程，以响应周围隐含的规范学生教师主体化过程。通过有意识地构建叙事数据和专题分析，确定学生如何讲述对教师隐含的社会和文化期望。[66]雷约．比曼（Reijo Byman）等人在文章《培养探究型教师：学生对研究型教师教育的态度和经验》（*Educating Inquiry-oriented Teachers: Students' Attitudes and Experiences towards Research-based Teacher Education*）中讨论以研究为基础的教师教育作为教师教育的组织方式，并报告两次调查结果，其中学生们表达了对基于研究的方法的态度以及他们以研究为基础的教师教育的经验。相关因素的比较与分析表明，考虑到班级教师在课堂上教授的那些科目的教学知识的因素，多模式教师教育组的平均成绩高于传统班级教师教育组。[67]基于研究的方法是教师教育中受到普遍赞赏的方法。艾米．萨里亚霍（Emmi Saariaho）的文章《学生教师在教师教育过程中学习方面的自制和共制》（*Student Teachers' Self-regulative and Co-regulation of Learning during Teacher Education*）认为自我调节和共同调节技能是学生教师教育学习中非常重要的技能。在过去十年中，芬兰在如何使学生作为自律能力协调者并帮助其养成自我调节兴趣和学习如何进行并规范共同调节的能力方面有了显著提高。不过，对学生教师在学习过程中的协调和自我调节的学习能力的理解尚浅。这

65　Riitta Jyrhämä, Heikki Kynäslahti, Leena Krokfors, Reijo Byman, Katriina Maaranen, Auli Toom, Pertti Kansanen. The Appreciation and Realisation of Research-based Teacher Education: Finnish Students' Experiences of Teacher Education[J]. European Journal of Teacher Education, 2008, 31（1）, 1-16.

66　Maija Lanas, Geert Kelchtermans. "This has more to do with who I am than with my skills"-Student Teacher Subjectification in Finnish Teacher Education[J]. Teaching and Teacher Education, 2015, 47, 22-29.

67　Reijo Byman, Leena Krokfors, Auli Toom, Katriina Maaranen, Riitta Jyrhämä, Heikki Kynäslahti, Pertti Kansanen. Educating Inquiry-oriented Teachers: Students' Attitudes and Experiences Towards Research-based Teacher Education[J]. Educational Research and Evaluation,2009,15（1）,79-92.

篇文章重点探索学生教师对学习的自我和共同监管，包括其在教师教育各个环节中的要素和所需素质。在这项研究中，研究者对来自芬兰的一所研究型大学的 19 名小学学生教师进行了半结构式访谈。通过应用一种诱导策略对数据进行了内容分析。结果表明，学生教师运用自我调节的学习能力比共同监管的学习更频繁，而且教学实践为调节学习提供了一个主要的舞台。进一步调查显示，虽然自律和共同监管有相同的组成部分，但在监管质量方面却有差异。学生在学习成为教师时，涉及同伴和教师教育者的共同监管的学习活动相较涉及自律活动的学习活动，达到了更为深刻和更有意义的水平。[68]

汉纳.科尔霍宁（Hanna Korhonen）在《学生教师参加芬兰在职和职前教师混合同伴指导小组的经验》（*Student Teachers' Experiences of Participating in Mixed Peer Mentoring Groups of In-service and Pre-service Teachers in Finland*）一文中对学生教师进行了调查，探讨了一种新的芬兰教师发展模式，它使用同伴小组指导（Peer Groups Mentoring，简称 PGM）的方法来整合职前和在职教师教育，并使用现象方法分析参与 PGM 的学生教师（N＝19）的反馈报告。结果表明，学生的经验根据活动的不同而异，如（1）茶歇，（2）同伴支持，（3）将其视为身份建构，（4）将其视为一种参与专业社区的方式。这四种不同的活动，都能积累不同的学习经验。在进一步发展的教师教育模式中，应更加重视理论与实践的整合。[69]基尔希.蒂里（Kirsi Tirri）等在文章《芬兰学生教师对教学目的作用的看法》（*Finnish Student Teachers' Perceptions on the Role of Purpose in Teaching*）中确定了不同科目（N＝372）的芬兰学生教师在教学中目的的性质，以及这些观念如何影响教师教育。早期的研究表明，美国和芬兰的学生都发现他们的教师在教学和学习方面的作用非常重要。芬兰的学生教师也被发现在教学中有目的性。这项研究的数据于 2013 年收集，定量问卷调查用于确定目的识别、目标导向、超自我导向和达到教学目标的能力等不同目的。使用 K-Cluster 分析，在学生教师中确定了四个目的：有目的的、涉猎者、梦想家和闲散的。研究发现学习宗教教育的学生教师在他们

---

68 Emmi Saariaho, Kirsi Pyhältö, Auli Toom, Janne Pietarinen, Tiina Soini. Student Teachers' Self- and Co-regulation of Learning during Teacher Education[J]. Learning: Research and Practice,2016,2（1）,44-63.

69 Hanna Korhonen, Hannu L.T. Heikkinen, Ulla Kiviniemi, Päivi Tynjälä. Student Teachers' Experiences of Participating in Mixed Peer Mentoring Groups of In-service and Pre-service Teachers in Finland[J]. Teaching and Teacher Education,2017,61,153-163.

的个人资料中是最有目的的，而数学学科的学生教师与其他教师不同，其中超过 40%的学生呈现闲散的状态。结果表明，数学学生教师需要特别支持他们的目的发展，以及有针对性的教学。[70]桑纳．瓦依萨恩（Sanna Väisänen）等人合写了一篇文章《社会支持作为丰富学生教师经验的贡献者》（*Social Support as a Contributor to Student Teachers' Experienced Well-being*），目的是为了更好地了解教师教育中采用的社会支持制度的过程及其丰富学生教师经验的意义。文章重点探索在学生教师学习期间为他们提供赋予情感、信息或工具支持的程度。一共有 40 名学生教师被访谈，并对数据进行了内容分析。结果表明：学生教师缺乏社会支持。为积极发展更有利的社会环境（即为他人提供或给予社会支持）而做出的努力很少被描述。[71]

奥利．图姆（Auli Toom）是笔者在整理、阅读外文文献过程中，经常能遇到的学者姓名。奥利在文章《教师教育学习环境如何培养一年级学生教师在专业共同体中的专业机构意识？》（*How Does the Learning Environment in Teacher Education Cultivate First Year Student Teachers' Sense of Professional Agency in the Professional Community?*）中调查了芬兰第一年的学生教师（N=244）专业共同体的专业意识，他们对教师教育作为学习环境的看法，以及这两者之间的相互关系。学生教师在专业共同体的专业机构包括学习动机、学习效能信念、促进学校发展和学生学习的策略。结果表明，学生教师在专业共同体的专业意识，包括利用反馈意见、集体效能感、共同体意识、积极发展、积极寻求帮助等辅助内容。作为学习环境的特点，强调社会支持、平等和认同。[72]

以芬兰教师教育者为研究对象的文章也十分丰富，这一群体的典范作用不容小觑。马尔扎-泰尔图．特里格瓦松（Marja-Terttu Tryggvason）的文章《为什么芬兰教师教育成功了？芬兰教师教育者在他们教学上的一些目标》（*Why*

70 Kirsi Tirri, Elina Kuusisto. Finnish Student Teachers' Perceptions on the Role of Purpose in Teaching[J]. Journal of Education for Teaching,2016,42（5）,532-540.

71 Sanna Väisänen, Janne Pietarinen, Kirsi Pyhältö, Auli Toom, Tiina Soini. Social Support as a Contributor to Student Teachers' Experienced Well-being[J]. Research Papers in Education,2017,32（1）,41-55.

72 Auli Toom, Janne Pietarinen, Tiina Soini, Kirsi Pyhältö. How does the Learning Environment in Teacher Education Cultivate First Year Student Teachers' Sense of Professional Agency in the Professional Community?[J]. Teaching and Teacher Education,2017,63,126-136.

is Finnish Teacher Education Successful? Some Goals Finnish Teacher Educators Have for Their Teaching）指出以前的研究表明，教师教育往往难以将理论纳入实践中，教师教育对学生教师教学观念和意见的影响一直很弱。这项定性研究的目的是通过调查芬兰教师教育工作者在自己的理论课程中开展的教学，了解芬兰的教师教育制度如何处理这些问题。研究者从来自芬兰不同教师教育项目的五个重点小组中访谈了 18 名教师教育工作者。访谈结果显示：芬兰教师教育工作者通过在自己的教学中传递理论和教学方法，这是以研究为基础的。他们还通过在自己的教学法中使用各种方法来培养反思-探索型教师。芬兰教师教育者的典范作用可以影响未来教师的行为和思维。[73]利娜．克鲁克福什（Leena Krokfors）等人的文章《教师教育者对研究取向教师教育的看法调查》（*Investigating Finnish Teacher Educators' Views on Research-based Teacher Education*）研究了教师教育者对研究取向教师教育的看法。芬兰研究取向教师教育有四个特点：（1）教师教育学习项目是结构化的，（2）所有的教学都基于研究，（3）活动的组织方式使学生在询问和解决教学问题时能够进行论证、决策和辩护的练习，（4）学生在学习期间学习正规的研究技能。研究结果表明，教师教育工作者赞赏以研究为基础的方法，尽管他们也会怀疑将这一愿景转移给学生的实际操作的情况。[74]萨图．尤斯奥（Satu Uusiautti）等撰写的文章《如何在芬兰大学培养好的教师？学生教师的学习过程和教师教育者的作用》（*How to Train Good Teachers in Finnish Universities? Student Teachers' Study Process and Teacher Educators' Role in It*）指出由于芬兰学生在国际学生测试中的成就，芬兰的教师培训也得到了广泛的认可。今天的教育政策旨在使教师培训在芬兰更有效。但是，为了在实践中实现这一点，不仅教育政策或制度改革不够，应该更加重视学生教师的整体学习过程。在这篇文章中，作者介绍了影响学生教师在大学的学习过程的因素。同时，将进一步讨论什么使学习过程形成教师的学术成就，以及教师如何使学生在学习路径上充满动力和富有成效。研究认为，教师教育工作者应该更加周到和乐意

73 Marja-Terttu Tryggvason. Why is Finnish Teacher Education Successful? Some Goals Finnish Teacher Educators Have for Their Teaching[J]. European Journal of Teacher Education,2009,32（4）,369-382.

74 Leena Krokfors, Heikki Kynäslahti, Katariina Stenberg, Auli Toom, Katriina Maaranen, Riitta Jyrhämä, Reijo Byman, Pertti Kansanen. Investigating Finnish Teacher Educators' Views on Research-based Teacher Education[J]. Teaching Education,2011,22（1）,1-13.

真正地面对和帮助作为个体的学生：教师教育工作者应该成为进一步让学生参与学习的导师。[75]

　　还有 4 篇文章研究的是芬兰教师的资优理念以及他们如何满足资优生的学习需求，新手教师如何看待他们的专业机构以及教师对信息和通信技术在教育中的使用的看法。索尼娅．莱恩（Sonja Laine）等人合写的文章《芬兰教师的资优理念》（*Finnish Teachers' Conceptions of Giftedness*）介绍了芬兰教师对天才观念的两项独立研究。第一个定性研究通过感应式内容分析考察了小学教师的概念，而第二项研究通过定量方法测量了教师的概念。根据教师的开放式定义，天才被认为是多维度的，是将人与其他人区分开来的特征。资格也通过资优的认知、创造力和动机特征来形容。此外，这两项独立研究提出了芬兰教师如何理解资格的发展性质的不同观点：第一项研究表明，天才的发展并不经常被提及，而第二项则发现，有天赋的可塑性观点（即增长心态）占主导地位。这篇文章强调需要使用深入的混合的方法来研究教师如何看待天赋的发展本质。[76]以索尼娅．莱恩（Sonja Laine）为第一作者的另一篇文章《芬兰小学教师如何满足其资优生的需求》（*How Finnish Elementary School Teachers Meet the Needs of Their Gifted Students*）研究的问题是芬兰小学教师如何在普通教室中满足资优生的需求。在 202 名教师的调查中，被调查者介绍了他们的资优教育实践。在资优生中，教师主要区分作业和材料，并促进了他们的独立学习。研究强调，资优生的需求是否得到满足以及如何满足依赖于教师。教师需要接受更多关于如何更有效地支持资优生并且有助于区分资优的教育。在这个过程中，教师教育和在职教育具有至关重要的作用。[77]安娜利．俄特拉佩图（Anneli Eteläpelto）等人的文章《芬兰的新手教师如何看待他们的专业机构？》（*How do Novice Teachers in Finland Perceive Their Professional Agency?*）调查了新手教师在学校工作初期对其专业机构的看法。研究问题是：（1）新手教师如何在工作中感受到专业机构，他们认为影响该机构的主要限制和资源是什么？（2）新手教师如何看待专业机构在建设和重

75 Satu Uusiautti, Kaarina Määttä. How to Train Good Teachers in Finnish Universities? Student Teachers' Study Process and Teacher Educators' Role in It[J]. European Journal of Educational Research,2012,1（4）,339-352.

76 Sonja Laine, Elina Kuusisto, Kirsi Tirri. Finnish Teachers' Conceptions of Giftedness[J]. Journal for the Education of the Gifted,2016,39（2）,151-167.

77 Sonja Laine, Kirsi Tirri. How Finnish Elementary School Teachers Meet the Needs of Their Gifted Students[J]. High Ability Studies,2016,27（2）,149-164.

新谈判他们的专业身份，他们认为影响他们的代理感的主要限制和资源？从理论上说，我们坚持以学科为中心的社会文化方法。这意味着从发展的角度将主体理解为积极的代理人，同时也要注意专业身份。本研究的对象是 13 位合格的初级阶段班级教师，他们担任过 1-5 年级的班级教师。使用主题分析对与新手教师进行开放式访谈所收集的数据进行了分析。结果表明，所有新手教师都认为强大的机构使自己有机会在课堂上应用和发展教学实践。但是，对课堂的社会管理来说，他们的代理感更弱。当教师进入实际的学校背景时，大多数人意识到他们必须重新谈判他们的专业身份。这涉及重新评估他们的职业理想和道德标准。主要的局限性来自于他们缺乏对儿童心理健康的支持能力。学校校长的作用对于新手教师在学校的工作至关重要：校长被认为是资源，也是对个人和学校层面的教师的专业机构意识的限制。另外，在日常的各种困难下，其他教师的密切合作和支持被认为是教师在实际学习环境中生存的关键。该研究提供了新手教师对专业机构及其限制的了解，以及他们在工作第一年所需的资源和支持。[78]凯约．希皮拉（Keijo Sipilä）的文章《信息和通信技术在教育中的使用：教师的观点》（*Educational Use of Information and Communications Technology: Teachers' Perspective*）调查了教师对信息和通信技术（ICT）如何纳入教学和学习的看法，教师的数字能力水平以及他们的看法中哪些因素可能阻碍了在学校中使用 ICT。一共有 292 名芬兰教师参加了调查，作者使用描述性统计、频率分布、交叉表和专题分析对数据进行统计学分析。结论显示具有先进 ICT 能力的教师在教学中频繁使用 ICT。大多数教师没有足够的手段或知识充分利用 ICT 以促进教学。教育机构的信息技术传播和日常课堂实践之间仍然存在着矛盾。[79]

4. 关于芬兰教师教育中跨文化、全纳性和情感素养的研究

芬兰是一个教育质优且公平的国家，而拥有这样的教育，需要芬兰大学在开发的教师教育项目中更多注意到对跨文化、全纳性与情感素养等问题的应对。

爱莲娜．库斯图（Elina Kuusisto）与她的同事合作撰写的文章《芬兰教师

78 Anneli Eteläpelto, Katja Vähäsantanen, Päivi Hökkä. How do Novice Teachers in Finland Perceive Their Professional Agency?[J]. Teachers and Teaching, 2015,21（6）,660-680.

79 Keijo Sipilä. Educational Use of Information and Communications Technology: Teachers' Perspective[J]. Technology, Pedagogy and Education,2014,23（2）,225-241.

和学生的跨文化敏感性》(*Finnish Teachers' and Students' Intercultural Sensitivity*) 研究了芬兰教师(N＝1008)和学生(N＝1000)的跨文化敏感性。这项研究包含 23 项跨文化敏感性量表问卷(ICSSQ),目的在于调查教师和学生在跨文化敏感性方面存在的差异。研究结果表明芬兰教师和学生的跨文化敏感性主要包括以下三个方向:民族中心主义、民族过渡主义和民族相对主义。研究结果显示:芬兰的教师和学生在跨文化敏感性方面存在显著差异,其中最大的差异在于:教师群体评估他们的跨文化敏感性高于学生群体评估他们的跨文化敏感性。[80]卡特瑞．尤戈克(Katri Jokikokko)等人撰写的文章《情感在芬兰教师跨文化学习故事中的意义》(*The Significance of Emotions in Finnish Teachers' Stories about Their Intercultural Learning*)指出应该提高教师应对不同学生需求的能力。为了获得这些能力,教师需要不断的反思和在各种实践中学习的机会。然而,早期的研究并没有将教师的跨文化学习作为一个整体的终身学习过程进行广泛的理论研究。这篇文章讨论了教师的跨文化学习作为一种终身过程,其中情感发挥着重要作用。研究结论是基于 10 位芬兰教师的传记访谈的分析结果。这里提出的研究问题是:情感对于教师跨文化学习的意义如何出现在教师的故事中?研究结果呈现出四种跨文化学习的情感层面出现在教师的故事中的方式:情感撼动了教师的价值观和观点、情感触发了行为、教师自身的感受使他们对他人的敏感性和情感氛围支持教师的跨文化学习。最后,文章讨论了作为情感过程的教师跨文化学习的教学条件。[81]

弗莱德．德文(Fred Dervin)在《走向后跨文化教师教育:分析"极端"的跨文化对话以重构跨文化性》(*Towards Post-intercultural Teacher Education: Analysing 'extreme' Intercultural Dialogue to Reconstruct Interculturality*)一文中指出"跨文化"在欧洲及其他地方的大多数教师教育系都普遍存在。它可以以多元文化、跨文化、全球化教育发展的形式来实现。在这篇文章中,作者研究的是后期跨文化教师教育问题。芬兰以"神奇"的教育体系而闻名全球,

80　Elina Kuusisto, Antti Kuusisto, Inkeri Rissanen, Kristiina Holm, Kirsi Tirri. Finnish Teachers' and Students' Intercultural Sensitivity[J]. Journal of Religious Education, 2016,63(2-3),1-13.

81　Katri Jokikokko, Minna Uitto. The Significance of Emotions in Finnish Teachers' Stories about Their Intercultural Learning[J]. Pedagogy, Culture and Society,2017,25(1),15-29.

很少涉及到处理教育多元化的问题。在这篇文章中，作者探讨了一项课程对"多元文化教育"的影响，在这一课程下让一群"本地"和国际学生教师学习成为新的资格教师。作者自己教授课程，由于只有 8 个小时被用于跨文化问题，该课程将不得不帮助学生学习快速地开发关键能力，以实现"市场上可获得的"多种多样的方法。这种方法论依赖于学生在课程结束时讨论的"极端"跨文化对话纪录片。这部纪录片记录的是 2008 至 2009 年，在以色列举行的第二次加沙战争期间，特拉维夫的一个多元文化课堂。这将有助于任课教师评估学生的学习，以及他们如何讨论和解决这种教育中的"跨文化对话"，并将其与他们未来的实践联系起来。[82]英吉利. 里萨宁（Inkeri Rissanen）等人在《培养教师的跨文化敏感性：芬兰教师教育试点课程个案研究》（*Developing Teachers' Intercultural Sensitivity: Case Study on a Pilot Course in Finnish Teacher Education*）一文指出以跨文化敏感为核心发展跨文化竞争力是教师教育的一项公认的目标。宗教是许多文化的基础，在公共领域的地位也在提升。然而，教育研究和实践在很大程度上忽视了宗教的多样性。这篇文章探讨了芬兰学生教师如何在文化和教育试点课程中通过自我反思学习发展跨文化敏感性。结果表明，学生有意愿参与自我反思，作为发展种族相关方向多样性和宗教身份的敏感性的一个必要的出发点。[83]

苏维. 拉卡拉（Suvi Lakkala）等人在《如何使邻里学校成为一所面向所有学生的学校？芬兰教师对旨在全纳的教育改革的看法》（*How to Make the Neighbourhood School a School for all? Finnish Teachers' Perceptions of Educational Reform Aiming towards Inclusion*）中介绍芬兰教育部于 2007 年推出了一项新的特殊教育战略。2010 年颁布了新的基本法，2011 年出台了涉及针对学生三层支持的新的国家核心课程。自 20 世纪 90 年代以来，芬兰的教师参与了发展芬兰的基础教育，使其更加包容。这篇文章的目的是增进对芬兰教育改革实施情况的了解。这项研究对教师对良好的全纳教育的看法进行了调查和分析，并与全纳教育理论进行了比较。但仍然缺乏关于实施全纳教

82 Fred Dervin. Towards Post-Intercultural Teacher Education: Analysing 'extreme' Intercultural Dialogue to Reconstruct Interculturality[J]. European Journal of Teacher Education,2015,38（1）,71-86.

83 Inkeri Rissanen, Elina Kuusisto, Arniika Kuusisto. Developing Teachers' Intercultural Sensitivity: Case Study on a Pilot Course in Finnish Teacher Education[J]. Teaching and Teacher Education,2016,59,446-456.

育做法的资料，特别是关于教师在全纳课堂中具体开展教学的经验。2010 年，芬兰拉普兰地区的基础教育教师（N＝327）被要求描述他们对全纳教育的经验和看法。结果表明，教师们认为教学实践变得更加多样化、灵活、差异化，实现了针对不同群体的教学。越来越多的教师喜欢团队合作教学，并共同规划他们的工作，这表明学校的变化也改变了教师的职业。此外，研究还通过实施布斯（Boothe）和安斯科（Ainscow）创建的全纳指标，构建了全纳学校的框架。[84]汉努．萨沃莱宁（Hannu Savolainen）等人在《理解教师在全纳教育中的态度和自我效能：对职前和在职教师教育的影响》（*Understanding Teachers' Attitudes and Self-efficacy in Inclusive Education: Implications for Preservice and In-service Teacher Education*）一文指出虽然不同国家有关全纳教育的政策存在明显差异，但国际辩论尚未充分考虑到其对不同国家实施的影响。这篇文章对南非和芬兰在职教师全纳做法中的态度和自我效能进行比较研究并阐述了全纳做法对这些国家教师教育的影响。319 名南非和 822 名芬兰中小学教师完成了一份调查表，包含衡量对全纳教育的观点、态度和关切的量表，以及衡量教师在实施全纳做法方面的自我效能的量表。通过比较分析可知，尽管两国对残疾的情绪总体上都是积极的，但教师对于将残疾儿童纳入教室的后果也有许多担忧。南非教师之间的自我效能最积极的一面是管理行为的自我效能，芬兰教师则认为这是最弱点。[85]蒂莫．萨罗维塔（Timo Saloviita）和蒂娜．斯切福斯（Tina Schaffus）的文章《教师对芬兰和德国勃兰登堡的全纳教育与额外工作问题的态度》（*Teacher Attitudes Towards Inclusive Education in Finland and Brandenburg, Germany and the Issue of Extra Work*）指出积极的教师态度被认为是成功将具有特殊教育需求的学生纳入主流教室的重要先决条件。这项研究调查了芬兰（N＝298）和德国勃兰登堡（N＝163）的教师观点，通过国际比较，这两种教育制度下接受特殊教育的学生人数都很高。对于态度的衡量，使用 10 分的范围，考察教师对全纳教育的态度。结果显示，芬兰教师比勃兰登堡教师更积极地参与全纳教育工作。勃兰登堡教师则特别

84 Suvi Lakkala, Satu Uusiautti, Kaarina Määttä. How to Make the Neighbourhood School a School for all? Finnish Teachers' Perceptions of Educational Reform Aiming Towards Inclusion[J]. Journal of Research in Special Educational Needs,2016,16（1）,46-56.

85 Hannu Savolainen, Petra Engelbrecht, Mirna Nel, Olli-Pekka Malinen. Understanding Teachers' Attitudes and Self-efficacy in Inclusive Education: Implications for Preservice and In-service Teacher Education[J]. European Journal of Special Needs Education,2012,27（1）,51-68.

担心全纳引起的额外工作。这种担心可能与教育组织的不同结构有关。对于芬兰教师而言，额外的支持服务比勃兰登堡同行更容易获得。许多教师都认为教师们所关心的问题应该加以解决，以促进学校的全纳。[86]

明娜．尤依图（Minna Uitto）等人在文章《沉默的真理：作为学校微观政治语境一部分的初始教师身份的关系和情感维度》（*Silenced Truths: Relational and Emotional Dimensions of a Beginning Teacher's Identity as Part of the Micropolitical Context of School*）中关注的是芬兰新手教师的身份问题。根据一位新手教师在同行组中讲述的两个小故事，我们发问：新手教师如何将他／她的身份作为学校的微观政治环境的一部分？从理论和方法论上，本研究致力于运用叙述的方法理解教师身份。该材料由 11 名芬兰教师进行同行小组讨论时讲述小故事的录像组成。研究结果显示微观政治背景如何通过不同的重要情感关系构建新手教师身份的核心。叙述性的工作方式，例如小组讨论，可以为教师提供识别其身份的不同维度的机会。[87]

丽萨．泰尼奥（Liisa Tainio）和欧尤．莱恩（Anu Laine）的文章《数学课堂中的情绪工作与情感态度——以芬兰课堂互动中的 IRE 序列为例》（*Emotion Work and Affective Stance in the Mathematics Classroom: the Case of IRE Sequences in Finnish Classroom Interaction*）指出虽然根据芬兰课程大纲，数学课程中的学习环境应该促进支持性的互动，但芬兰学生对数学的态度和自信在基础教育阶段恶化。文章研究芬兰数学课堂的师生互动情绪问题，目的是确定在芬兰学生中普遍存在的消极情感立场的情境来源。对于具体主题的分析，本研究选择 IRE 序列，关注的重点是教师对学生错误答案的回应。研究数据包含 10 节六年级的数学课程视频。此外，使用对话分析的方法，对语言和非口头实践中显示的参与者的情感工作进行分析。研究建议：错误答案是一种适当的学生贡献，而在分析数学教育中的互动时，更重要的是要注意互动的情感部分。[88]以明娜．尤依图（Minna Uitto）为第一作者的另一篇文

86 Timo Saloviita, Tina Schaffus. Teacher Attitudes Towards Inclusive Education in Finland and Brandenburg, Germany and the Issue of Extra Work[J]. European Journal of Special Needs Education,2016,31（4）,458-471.

87 Minna Uitto, Saara-Leena Kaunisto, Leena Syrjälä, Eila Estola. Silenced Truths: Relational and Emotional Dimensions of a Beginning Teacher's Identity as Part of the Micropolitical Context of School[J]. Scandinavian Journal of Educational Research,2015,59（2）,162-176.

88 Liisa Tainio, Anu Laine. Emotion Work and Affective Stance in the Mathematics

章《1985-2014 年在教学和教师教育领域关于教师情绪的专题研究》(*Virtual Special Issue on Teachers and Emotions in Teaching and Teacher Education (TATE) in 1985-2014*)指出过去十年,教学和教师教育(TATE)上发表的关于教师和情绪的文章数量有所增加。对 TATE 上 1985-2014 年发表的教师及其情绪主题的文章进行搜索,得到 70 条结果。这些文章被分为七个主题:(1)教师身份和专业学习情绪,(2)教师之间的情绪疲惫,(3)教师、情感和二者之间的关系,(4)教师在历史、政治和社会背景下的情绪和教育改革,(5)教师对学生情绪的影响,(6)教师的情感智力、技能和知识,(7)教师的情绪和情绪调节。70 篇文章中有 9 篇被选中进行仔细研读。文章分析了 TATE 上教师和情绪主题文章发表的多样性和重要性以及该项研究的未来发展趋势。[89]

5. 关于芬兰教师教育课程、教师在职培训和职业发展状况的研究

这部分的文献都是中文文献。教师教育课程是教师教育至关重要的部分。虽然我国的教师教育课程已经形成了一定的结构和体系,但是,也仍然存在重学术、轻师范,备课、教育实习流于形式,被动和敷衍地开展课题研究等问题,芬兰的教师教育课程设置问题是我国学者关注的重点。

陈蓉的硕士论文《中国与芬兰教师教育课程设置比较研究》对中、芬两国教师教育课程设置发展演变的历史做了简要梳理,对比分析了两国的培养目标和课程结构,并对两国教师教育课程的具体内容进行了较为详细的论述,提出了针对我国教师教育课程设置存在的问题,并针对问题提出了以下四个方面的启示:完善通识课程的结构与内容、革新学科专业知识的结构与内容、加强教育类课程的学习和重视教育实习与实践。[90]俞婷婕通过对包括教学实习在内的职前教师教育课程结构及内容进行分析与阐释发现,芬兰大学尤为注重培养师范生的研究思维、态度及能力并致力于将其打造为具备一定素质能力的研究型专业人员。[91]何蕾认为去情境化的教师知识是教师教育课程的核心支撑之一,也被视为现代学术性课堂教师教育课程中的必备要素。文章

Classroom: The Case of IRE Sequences in Finnish Classroom Interaction[J]. Educ Stud Math,2015,89,67-87.

89 Minna Uitto, Katri Jokikokko, Eila Estola. Virtual Special Issue on Teachers and Emotions in Teaching and Teacher Education(TATE)in 1985-2014[J]. Teaching and Teacher Education,2015,50,124-135.

90 陈蓉,中国与芬兰教师教育课程设置比较研究[D],上海:华东师范大学,2012。

91 俞婷婕,造就研究型专业人员:教师教育课程设置的芬兰经验[J],教师教育研究,2015(6):99。

介绍了芬兰去情境化的教师知识的内容与目标、发展背景、基本特点以及具体的课堂实施。[92]张妮妮等人指出芬兰政府十分重视师资培养质量，在学前师资培养课程中，理念上强调互助、合作的教师文化，以研究为取向，重视教师的研究能力以及关注教师的终身学习与持续专业发展；在实践中，无论是课程设置，还是教学方法、教育实习，都体现了鲜明的芬兰特色。[93]虞庚伟介绍了于韦斯屈莱大学对小学教师全纳教育课程的改革：课程设置上秉持"能力本位"、"研究本位"、"学生中心"的三大基本理念，采用支架式方法组织课程内容，课程实施上采用"合作型"模式。同时指出有三个问题值得我们注意：一是课程的一致性与知识的深度问题；二是规定性课程与开放性课程的平衡问题；三是如何将全纳教育的理念有效融入所有学科的问题。[94]孙德芳指出研究与实践是芬兰教师教育课程的设置原则，具体包括研究能力为基础、知识与元知识并重、教学蕴含伦理价值和实践与反思兼顾四个方面。[95]

除了前面归纳的四部分内容和关于芬兰教师教育课程的研究，芬兰教师的在职培训也是我国学者十分关注的问题之一，此外，关于芬兰教师的职业状况、职业吸引力、满意度，教师资格要求、绩效评估，教师教育专业的招生特点等问题已有研究也有所涉及。

李俐、陈时见认为芬兰中小学教师在职培训在学生日益增长的多样化需求、教师不断提升的专业发展需要及中小学绩效考核与评估的外部压力三个因素作用之下有了开展的必要，并分别介绍了芬兰中小学教师在职培训的机构、形式、课程及评估体系，最后提出了对我国中小学教师在职培训的三点启示：开发多元的在职培训形式、创设适宜的在职培训课程、加强教师在职培训的质量评估。[96]虞伟庚和李姗泽等都对芬兰"合作行动计划"教师在职实践模式进行了研究，虞伟庚指出"合作行动计划"旨在让教师通过合作沟通和教学经验的积累，改进教学观，促进专业发展，该模式包括以情境认知、文化

---

92 何蕾，去情境化的教师知识：芬兰教师教育课程的演进[J]，中国大学教学，2014
  （8）：94-96。
93 张妮妮，赵慧君，刘仲丽，芬兰学前师资培养课程的理念与实践[J]，外国教育研
  究，2015（4）：45-54。
94 虞庚伟，芬兰小学教师全纳教育课程审视[J]，外国中小学教育，2013（3）：33-37。
95 孙德芳，芬兰教师教育课程结构、内容与设计原则[J]，世界教育信息，2011（1）：
  46-48。
96 李俐，陈时见，芬兰中小学教师的在职培训及启示[J]，当代教育科学，2013（8）：
  45-48.。

适应、团队讨论和知识解释四个实施要点，丰富了教师的教学经历、开拓了重建教学观的新途径、践行了新型的学徒模式、创建了互动的实践社群，这种在职教师教育实践模式的理念和操作过程值得我们借鉴。[97]李姗泽等认为在终身教育的思潮下，芬兰对在职教师的学习与培训越来越重视，且强调有效的教师学习是在工作中实现的。文章基于扩展学习理论，以芬兰"合作行动计划"这一实践模式为例，对教师学习活动系统中的各个要素进行分析，探求芬兰教学工作中教师学习的特点：教师学习是一个跨越最近发展区、螺旋上升的过程；该模式促进了学习主体的多元化，促使教师身份的转变以及加强了教师经验的表达，为工作中的教师学习提供了一个新的视野。[98]汪波介绍了芬兰为教师在职培训制定的另一项长期发展计划 ITT（In-service Training for Teachers Project），这一计划旨在丰富教师的教学主题和教育学学科知识，加强教师的合作与反思，进而促进教师的专业发展。文章以物理教师在职培训为例对该计划的目标、内容、方式、成效进行了分析。[99]王莉颖指出芬兰的双语教育是在借鉴加拿大"浸入式双语教育"模式经验的基础上展开的，所以芬兰双语教师的培训模式也基本类似于加拿大。芬兰双语教师培训主要通过参观国外双语教育实况、开发与国外双语教师培训中心合作的双语教师培训项目以及大学开展双语教师继续教育项目三种方式提高在职双语教师的质量。[100]

此外，还有一些文献研究的是芬兰教师的职业状况。如石佳巍指出尊师重教的历史文化传统、高质量的教师培养体系、高度的职业认同感和专业自主性是教师职业在芬兰青年人中吸引力巨大的三个主要原因。[101]贺慧敏认为研究为本的职前教育、宽松和谐的工作环境、积极的从教热情和有效的在职培训是当前芬兰中小学教师的职业状况，也是芬兰"奇迹教育"产生的重要原因。[102]季旭峰提出芬兰教师教育成功的关键原因之一是重视教师绩效评估，

97　虞伟庚，合作行动计划——芬兰在职教师教育实践模式[J]，外国中小学教育，2011（5）：17-18。

98　李姗泽，蒋华青，孙亚娟，芬兰"合作行动计划"教师学习模式探析——基于扩展学习理论的实践探索[J]，外国中小学教育，2016（8）：46-51。

99　汪波，ITT：芬兰教师在职培训计划述评——以物理教师为例[J]，外国中小学教育，2013（5）：37-41。

100　王莉颖，国外双语教师在职培训模式探析——美国、加拿大、芬兰案例[J]，教育发展研究，2005（11）：81。

101　石佳巍，芬兰教师职业吸引力探析[J]，西北成人教育学院学报，2016（2）：86-90。

102　贺慧敏，芬兰中小学教师的职业状况[J]，中国教师，2009（82）：53-54。

并将教师绩效评估看作是教师专业发展的重要手段之一。其绩效评估的内容分别从文化、社会、个人三个层面进行确定，并由专业化的评估机构实施评估工作，在具体评估时重视各评估机构间的交流合作、教师积极工作文化的构建、教师角色的转变和研究型教师培养等。我国应该重视权威评估机构的建立与合作、完善教师绩效评估体系、健全绩效评估制度，而评估的内容不仅局限于教学、科研的最终结果，而应该加强对过程中不易量化的能力进行评估。[103]

（二）国内外已有研究述评

通过梳理中外学者对芬兰教师教育进行研究的文献不难发现，从研究主题上看，中外学者所关注的问题有重合之处，也有较大差异。例如，中外学者都对芬兰教师教育历史发展、教师教育课程和教师在职培训等内容进行了研究，我国学者研究的芬兰职前教师教育、教师教育模式，在外国学者所做研究中多以"教师教育经验"、"教师专业发展"这样的词组呈现。国内很少有文献对芬兰教师教育中的学生主体和教师主体，跨文化、全纳性和情感素养问题，包括信息技术在教师教育中的使用这些内容进行研究。通过系统梳理国内的相关研究成果，笔者认为尽管中国学者对芬兰基础学校教师的培养问题已经做了一些有益的探索，也为本研究的开展奠定了一些基础，但是，我国芬兰教师教育研究的主题不够集中、不够全面。同一主题的文献内容大同小异，就某一主题深入、系统的论述少，对事实进行简要介绍和翻译整理的居多，只探究并呈现了芬兰教师教育的"形"而没有体味和把握其中的"神"。针对芬兰班级教师培养问题进行研究的文献寥寥无几。从使用的研究方法上，国内已有研究使用的方法很单薄也很单一。近60篇文章中，大多数为文献研究，少定性研究，没有定量研究。

国外关于芬兰教师教育的研究成果十分丰富，如果按主题进行细致的分类能分为十余类。如教师教育如何促进主动学习、教师教育如何满足不同学习个体的学习需求、芬兰大学如何培养好的教师、教师教育过程中教师教育者的作用、就读芬兰班级教师教育专业的学生对宗教教育的看法、教师教育中实行的社会支持制度的动态发展及其对丰富学生教师经验的意义、基于研究的教学方法、教师教育者对研究型教师教育的看法、学生对基于研究的方法的态度以及

---

103 季旭峰，教师绩效评估：芬兰经验[J]，外国中小学教育，2013（3）：38-42。

他们以研究为基础的教师教育的经验、在教师教育过程中发展社会能力和其他通用技能、芬兰教师专业发展的新模式——同伴指导（PGM）、芬兰教师对旨在全纳的教育改革的看法、芬兰东部大学提供的数学教师教育的定性评估结果、芬兰数学课堂的师生互动情绪研究、芬兰学生对教师课堂管理策略的叙述研究等。总而言之，芬兰学者关注芬兰教师教育如何应对学习者的不同学习需求、如何促进积极学习、如何进行自我调节和共同调节、如何发挥教师教育者的典范作用、如何通过不同的重要情感关系构建新手教师身份的核心、如何让 ICT 促进教学等一系列具象的教师教育过程中的细节问题。而非芬兰籍学者关注的是芬兰教师教育成果背后的原因，更多从教师教育者的角度出发。近两年，开始出现专门研究芬兰研究取向的教师教育经验的硕博论文，也有单篇文章论述的是芬兰 2016 年 8 月颁布《2014 版基础教育国家核心课程大纲》之后教师教育所发生的相应的调整与改变。外国学者都倾向于用数据论证研究结论，研究方法的使用上，多定性与定量的混合研究、定量研究，少部分纯质性研究。

根据以上分析，中文文献没有针对芬兰小学（班级）教师这一群体的系统的、深入的研究，外文文献有部分学位论文、期刊论文的研究对象是小学教师，但并未聚焦于小学教师的培养过程、"研究取向"的小学教师教育的实施及其效果等问题，现有文献为本研究的开展提供充分的理论与实践基础的同时也提供了进一步深入的空间。

五、研究设计

在提出研究问题与综述已有研究的基础之上，这部分集中讨论研究中的不同步骤，即研究设计，具体包括研究的理论基础、研究方法的选择、研究学校的简要情况、研究过程（接近被研究者、进入研究实地、收集资料之前的准备工作）及研究伦理。

（一）研究的理论基础

本研究聚焦的研究问题是芬兰小学教师教育转型为"研究取向"的小学教师教育后，它自身的变化及它的变化所产生的影响，那么，芬兰"研究取向"的教师教育与传统的教师教育之间的区别成为本研究的重点。芬兰"研究取向"的教师教育的一项具体的实施策略是将文本理论（textual theories）转化为现实生活中的教学法（real-life pedagogy），师生在真实的生活情境中共同创造新知识。具体落实至小学教师培养问题时，呈现的是一种全新的以研究为导向的教师教育理念，也标志着一套全新的小学教师教育制度的形成与建立。本研究需要一个比较适切的理论框架来分析芬兰的小学教师教育为什么是这样、产生了哪些影响、以及有哪些改进的方向。笔者选择新制度主义（new institutionalism）作为本研究的分析框架。

"新制度主义"并不是一个新兴的理论，而是被广泛应用于经济学、社会学、政治学等多个学科领域的分析框架。目前学界对于"什么是新制度主义"，并没有一个统一的定义。新制度主义者认为，各种社会行为模式和特征并不完全还原为个体的行为，社会结构并不是简单的个体行为的累加，各种行为背后事实上还有更为关键的因素在起作用，那就是制度。[104]所以，我们可以用制度来解释人类社会出现的各种相对稳定的行为模式和结构，比如教师教育模式。之所以称为"主义"是因为这些与制度相关的研究都具有一个共同的信念：制度会对各种行为和结果产生实质性的有意义的影响。而"新"是相对于曾经因试图以宏大、静止的制度来解释具体的行为被证明解释力不强的被20世纪50年代崛起的行为主义所取代的制度主义而言的，直到80年代，行为主义通过绝对依赖理性个体行为解释社会结构的主张行不通，新制度主义在这种背景下产生。新制度主义的首批倡导者詹姆斯．马奇（James March）和约翰．奥尔森（Johan Olsen）认为制度是影响个体行为的结构性制约因素（structural constraint）[105]，并且非常强调制度的规范，把规范理解为制度如何发挥作用，如何决定或者至少是塑造个人行为的一种方式[106]。

新制度主义有四个明显的特征：它在某种程度上是一个社会和/或政体的结构性特征，这个结构或许是正式的又或许是非正式的，但所有制度都需要管制；在一段时间内的稳定性，任何制度的某些特征极具稳定性，可以预见一些行为，同时也有其他特征使制度易于变化；它一定影响个人行为，制度应当在一定程度上约束制度成员的行为；制度成员中应该有某种共享的价值

---

104 柯政.理解困境，课程改革实施行为的新制度主义分析[M]，北京：教育科学出版社，2011：73。

105 [韩]河连燮，制度分析，理论与争议[M]，北京：中国人民大学出版社，2014：9。

106 [美]B.盖伊．彼得斯.政治科学中的制度理论："新制度主义"[M]，上海：上海人民出版社，2011：19。

和意义，也即制度必然有相对共同的价值观，否则该模式的核心激励不会对制度中所有成员具有同等效力。[107]

新制度主义关注的主要问题有三个：什么是制度、制度如何影响行为、制度如何形成和变迁，并且包含三个主要流派：历史制度主义（historcal institutionalism）、理性选择制度主义（rational choice institutionalism）和社会学制度主义（sociological institutionalism）。

本研究的三个主要研究问题分别是芬兰"研究取向"的小学教师教育的历史演变过程及制度成因分析、该制度的具体实施过程以及制度实施后的影响与存在不足。芬兰小学教师教育由传统转型为"研究取向"的改革过程是教师教育的制度创新与变迁过程，历史制度主义所关注的核心问题是解释制度如何形成以及为什么能够发生变迁，核心理论是制度的发展是历史依赖（history dependence）或者路径依赖（path dependence）的，即旧制度会极大地影响着新制度的形成。这一核心问题恰恰是本研究的第一个研究问题。

理性选择制度主义者认为行为是规则和激励的功能使然，制度是由规则和行为诱导构成的各种体系，个体在体系中将自身的效用实现最大化，制度能够回答理性选择分析提出的问题——如何在一组理性利己主义者之间达到平衡。这一流派的主要观点明显是功能主义的，认为制度的出现是为了满足社会和经济发展的需求。"研究取向"的小学教师教育的实施过程是教师教育不同利益主体进行博弈的过程，受到社会政治环境、经济发展水平等各种不断变化的外部因素的影响。

社会学制度主义是从组织研究发展而来，有时又被称为组织制度主义（organizaiton institutionalism），认为组织是开放，组织内的行为受到组织外的力量的影响，突出制度的文化-认知要素对行为的控制和影响，已经成为组织研究中的一种主导思维方式。芬兰"研究取向"的小学教师教育不同利益主体的行为在制度发生变迁后受到了极大的影响。笔者根据制度如何影响行为的三大核心要素：管制的、规范的和文化-认知的[108]，对"研究取向"的小学教师教育实施之后产生的影响和存在的问题进行分析。

---

107 [美]B.盖伊.彼得斯.政治科学中的制度理论："新制度主义"[M]，上海：上海人民出版社，2011：18-19。

108 柯政，理解困境：课程改革实施行为的新制度主义分析[M]，北京：教育科学出版社，2011：78。

由此可见，新制度主义理论可以比较完美地呼应与解释本研究的核心研究问题，这也是本研究之所以选择新制度主义作为理论基础的原因。

需要补充说明的是，在对第三章第三节"不同利益主体对'研究取向'的小学教师教育的评价"进行分析时，笔者还运用了利益相关者理论。利益相关者理论被视为一种关于企业是什么以及如何运作的理论，多用于经济学领域，与企业研究和资本主义研究息息相关。广义的利益相关者定义认为，如果一个团体或个人能够影响一家企业，那么主管人员必须考虑该团体如何创造价值。或者，一个组织目标的实现能够影响或被影响的任何团体或个人，那么他们也是利益相关者。[109]利益相关者理论认为，如果将企业、群体与个体间的关系作为分析单元，并把企业、群体和个体界定于影响关系和被影响关系时，我们将能很好地处理以上三个问题。[110]此外，利益相关者不是孤立的，每个利益相关者团体的利害关系都是多层面的，且有着一定的内在联系，而找到一种协调所有利益相关者利益的方法并非易事。每一个利益群体都有正当的理由去期待和要求企业，企业也应该采用负责任的方式来满足他们的诉求。斯坦福研究院将利益相关者分析运用于"满意度测试"，以帮助企业制定计划。这属于一种情报收集机制，用于浏览和追踪关键利益群体对企业战略变革的反映。[111]在假设利益相关者行为可预测的情况下，对利益相关者的行为进行预测与分析有利于企业做出最佳的应对计划。

利益相关者理论强调对组织中利益相关者需求的关注与满足，只有这样才能促进企业或组织的不断发展。本研究中认为芬兰"研究取向"的小学教师教育的发展变化是一个较复杂的系统变化与革新过程，涉及到的两大利益主体：小学教师教育专业的学生和教师，他们拥有对这一制度发表看法和进行评价的权利。利益相关者理论为不同个体或群体对制度的看法和评价提供了良好的解释途径和理论基础。芬兰小学教师教育体系是一个典型的利益相关者组织，只有在利益相关者的视角下充分认识到小学教师教育实施后的效果如何，认识到其存在的真实问题，才能真正把握芬兰"研究取向"的小学

---

109 [美]爱德华．弗里曼等著，利益相关者理论：现状与展望[M]，盛亚等，译，北京：知识产权出版社，2013：22。

110 [美]爱德华．弗里曼等著，利益相关者理论：现状与展望[M]，盛亚等，译，北京：知识产权出版社，2013：5。

111 [美]爱德华．弗里曼等著，利益相关者理论：现状与展望[M]，盛亚等，译，北京：知识产权出版社，2013：32。

教师教育发展与改革的方向。所以，笔者运用利益相关者理论分析芬兰小学教师教育两大利益主体的看法与评价。

（二）研究方法的选择

选择具体研究方法的先决条件也是最重要的条件是自己的研究问题到底是什么。本研究除了梳理历史的章节，共有两个研究问题："芬兰现行小学教师教育具体是怎么实施的？"以及"它发生了什么变化、产生了什么影响、不同利益相关主体对它有什么评价？"根据研究设计，第一个问题主要解决"是什么"，关注的是当前问题；第二个问题是回答"怎么样"，主要关注教师教育制度本身的历史变迁，其变化所带来的影响及其优缺点。针对以上研究问题，本研究具有情境性（教师的培养过程），重视小学教师教育发展与变革过程中学校人、事、物之间的互动，尤其是小学教师、小学教师教育专业学生、教师教育者之间的互动，需要研究者深入了解实际中发生的事情。故而，比较适合开展访谈调查。

本研究使用了访谈法，除此之外，还运用了实地调查、实物收集和参与式观察等方法，文献研究法也是本研究使用的重要方法。这里只介绍本研究主要使用的文献研究法、访谈调查法和案例研究法。

1. 文献研究法

文献研究法也称情报研究、资料研究或文献调查，是指对文献资料的检索、搜集、鉴别、整理、分析，形成事实科学认识的方法。文献研究法所要解决的主要是如何在浩如烟海的文献资料中选取适用于课题的资料，并对这些资料做出恰当的分析，归纳出有关问题。[112]所以，文献研究法不仅仅指资料收集，更加侧重对这些资料的分析。

对任何一项主题开展研究工作都需要站立在"巨人的肩膀"之上，本研究也不例外。对已有文献的解读与分析是本研究的源始。"芬兰教师教育"在国内外都不是一项新的研究课题，但是却是一个值得研究者不断深挖的重要主题。本研究拟采用文献研究法对有关芬兰小学教师教育发展历程及其研究的文献资料做一个比较系统的梳理。同时，也希望在对中外已有文献进行整理的基础上，充分了解前人所做研究的主要观点及其不足，为本研究的设立、开展提供丰富的理论和实践支撑。

---

112 杜晓利，富有生命力的文献研究法[J]，上海教育科研，2013（10）：1。

2. 访谈调查法

访谈调查法是指通过设计访谈提纲了解受访者对某些问题的看法的一种方法。优点是所得数据较为真实，能帮助研究者更"靠近"事实的真相；缺点是受访者观点往往带有主观性，且耗费时间较长。对本研究而言，开展访谈调查是十分必要的，它既是对文献研究的补充和辅证又是本研究找寻相关问题答案最真实、可靠的现实依据。

本研究拟对以下两类研究对象进行半结构式访谈：教师和学生。教师包括大学教授、讲师、教师培训学校教师，学生指就读班级教师教育项目的高年级学生。开展访谈的主要目的是为了避免道听途说，能够更接近研究事实，同时在文献分析的基础之上丰富本研究的资料来源渠道并提高研究结论的客观度和可信度。

3. 案例研究法

案例研究是社会科学以及其他科学研究中的一种独立的研究方法，是定性研究的一个重要组成部分，这种研究方法综合运用多种收集数据和资料的技术与手段，通过对特定社会单元（个人、团体组织、社区等）中发生的重要事件或行为的背景、过程的深入挖掘和细致描述，呈现事物的真实面貌和丰富背景，从而在此基础上进行分析、解释、判断、评价或者预测。[113]在案例研究中，作为研究素材的一个或多个案例本身是研究的一部分，对案例的收集、整理和叙述本身体现着研究者的研究旨趣和研究立场，但是，案例素材本身并不是理论，而在研究者对案例素材进行分析、解释、判断和评价时，不可避免地要回到自己的理论假设或者理论取向，从而形成特定的理论。从这个意义上来说，案例研究是从具体经验事实走向一般理论的一种研究工具。

在呈现与分析芬兰教师培养的具体过程时，笔者将选择芬兰的两所大学进行个案研究，以便能够深入探究芬兰研究取向教师教育具体实施的策略，尤其是传统的小学教师教育转型为"研究取向"的小学教师教育对芬兰的学校教育和芬兰社会到底产生了怎样的影响。通过案例研究，笔者希望能更深层次地挖掘、呈现芬兰小学教师教育的真实信息，并对其进行分析、解释、判断和评价。

在文献研究、访谈调查、案例研究的基础之上，为更加深入地了解芬兰

---

113 王金红，案例研究法及其相关学术规范[J]，同济大学学报（社会科学版），2007（3）：89。

小学教师教育的真实样貌，本研究还通过课堂观察、参与式观察、搜集出版物等多种方法来获得与小学教师培养相关的资料，使所得资料多样化，也尽可能保证研究资料的真实性和可靠性。

（三）研究学校的基本情况

为什么选择于韦斯屈莱大学和赫尔辛基大学？于韦斯屈莱市是芬兰第一所教师培训学校的诞生地，对于芬兰小学教师教育制度的产生与发展有着十分深远的影响和意义。在于韦斯屈莱大学任教的教师教育者相较芬兰其他大学的多一些、他们的研究方向也更为全面、细致。此外，于韦斯屈莱大学小学教师教育的学科专业水平排在芬兰最前列。于韦斯屈莱大学的教育学科，尤其小学教师教育项目是全芬兰公认最好也是竞争最为激烈的专业。2017 年于韦斯屈莱大学教师教育系的录取数据显示：经过层层选拔，1586 名申请者中只有 90 名最终被录取（18∶1），成为就读小学教师教育项目的"幸运儿"。若不将这所学校作为重点考察和研究的对象，笔者认为开展这项研究的典型性会大大降低。

1852 年，芬兰第一个教育学教授职位在赫尔辛基大学产生，虽然芬兰整个教育学科的发展水平直到 20 世纪 50 年代还十分低下，但赫尔辛基大学因其优越的地理位置、良好的资源平台和领先的科研水平，成为芬兰所有大学中在世界范围内排名最靠前的大学，教育学学科的教授、学者渐渐在这里聚集。此外，赫尔辛基市是全芬兰人口最密集的城市，赫尔辛基大学所承担的培养教师的责任重大，每年接收的就读教师教育项目的学生数目也很大。赫尔辛基大学的小学教师教育项目相比芬兰其他大学更强调研究取向；加之给笔者签署赴芬学习邀请函的芬方导师是赫尔辛基大学的副校长，身处熟悉的环境，也为访谈数据的搜集工作带来了便利。

除了选择以上两所大学作为分别代表芬兰综合性大学和研究型大学的个案。坦佩雷市是位赫尔辛基市与于韦斯屈莱市之间的一座工业城市，也是笔者从赫尔辛基去往于韦斯屈莱开展调研的必经之地，加之笔者曾参与 2015 年 5 月顾明远先生访芬活动（参观坦佩雷市的几所不同类型的学校）、2017 年 8 月中芬教育研究中心在坦佩雷大学的研讨活动（参观坦佩雷大学教师培训学校），因而较为顺利地与坦佩雷大学教师教育系的 4 位讲师、2 位教授取得了联系。对坦佩雷大学 6 名教师教育者进行的访谈成为本研究所搜集的访谈资料的一个重要补充。

（四）研究过程和研究伦理

实地调查与研究对象的选择不是一蹴而就的行动，而是一个挑战自我、不断试误、调整和推进的过程，这点在笔者身上得以充分体现。这部分只对笔者赴芬调研之前所做的准备工作进行简要介绍。

1. 研究过程

研究实际进行之前的"研究计划"是开展实地调查的行动指南。在确定了教师和学生这两类研究对象之后，笔者自编了两份半结构式访谈提纲，一份针对教师、一份针对学生，这是第一项准备工作。在给教师的问题提纲的拟定过程中，"影响"和"变化"成为关键词，这项研究希望通过访谈大学讲师、教授得到一个核心问题的答案："研究取向"的教师教育实施以后，芬兰小学教师教育制度发生了什么变化？变化后的小学教师教育对芬兰的初等教育、高等教育、社会和经济产生了哪些影响？在给学生的问题提纲的拟定中，"就读体验"和"评价"成为关键词，主要的问题是：为什么选择就读小学教师教育项目？有哪些具体的学习经历和感受？这个过程带来的最大收获是什么？笔者对这两份提纲的修改与完善一直持续到进行第一次访谈的前一天。

访谈问题设计的主旨在于希望在访谈过程中，经由研究者发问，研究对象口述其对相关事件（如教师教育制度发生的变革、曾引发的争论、就读小学教师教育项目过程中的具体事件等）的回忆，与此同时，由于文化背景的差异，研究者以"局外人"的视角对此做出解释与批判。

第二项准备工作是拟定访谈邀请信，确定研究对象。通过在三所芬兰大学的官方主页寻找教师教育系工作人员名单，仔细阅读名单上教学岗和科研岗人员的个人简历并判定其研究方向是否与本研究的主题相关及相关的程度，以随机抽样的方式确定了可被邀请的人员，并发送访谈邀请函。收到两封肯定答复的回邮后，在与最初的两位受访者进行访谈之前，计划请受访者推荐其他可能被邀约成功的同事参与，这也提高了受访者研究领域与本研究主题的关联度。本研究预计在于韦斯屈莱、赫尔辛基、坦佩雷三地各访谈 3 名教师、3 名学生共计 18 人，实际调研中访谈了三地的教师和学生数为 11、14、6，共计 31 人。

第三项准备工作是为进行课堂观察和参与式观察准备观察记录表。笔者计划到 1-2 所教师培训学校进行课堂观察与教学实习观察，进一步了解就读班级教师教育专业的学生进行教学实习的真实生活。参与式观察为对大学教授、讲师和学生进行访谈所获得的资料提供了旁证，同时也为研究者分析就读班级教师教育专业的学生在其实际培养过程中如何形成"研究意识"提供了认识途径。

2. 研究伦理

研究伦理常常更多地是一种对于行为边界和私人领域的反思和敏感性。研究者对自己研究的伦理问题的思考不应当阻止他开展其研究课题，而是应当帮助研究者以更加敏感的方式来开展研究，并在另一个层面上考虑到潜在的被研究者的视角。[114]本研究至始至终遵循访谈调查的研究伦理。在研究工作开展之前，笔者首先给受访者发送访谈邀请信，其中有一段内容专门告知研究目的、意图，同时承诺尊重其隐私、在未经其同意的情况下不将对话内容公开、遵守保密原则。

芬兰对研究伦理的审查非常严格，但这种审查仅针对对某类特定群体开展的研究，例如：在读中小学学生、在职中小学教师等，一切正在学校活动着的教育或受教育群体（在校期间的小学生、小学教师、教师教育专业实习教师）都是"被特定保护"的对象。而笔者"访问学者"的身份不具备进入"研究现场"的资格，只有就读芬兰大学的学生才可以通过相较简易的申请流程得到实地调研的官方许可（official permission）。受时间、条件限制，这一残酷事实一度严重妨碍了调研工作的展开。直到笔者得到一位教师教育系讲师的提醒：当就读教师教育专业的学生不在教学实习期就不属于敏感群体，还是可以尝试邀约访谈。这样才有了本研究珍贵的学生样本。

这里还需要提及研究者与被研究之间的关系问题。受访者不论属于哪一个群体，研究者都应让自己尝试进入被研究的角色，设身处地地思考一下：被研究者要去做研究者要求他／她做的事情，对他/她来说意味着什么。笔者是访谈调查法的初学者，在研究开展的过程当中，访谈开始之前录音设备的使用提前征得了受访者的同意。在处理研究结果时，凡是出现姓名或其他容易辨明受访者身份的关键词均采用化名或隐去处理（已经征得受访者同意的情况除外）。在每一次访谈结束后，都会给受访者递上一枚颇具中国特色的小书签作为谢礼，并承诺访谈录音转录后所得文本资料在征得受访者同意之后才会最终形成研究成果，除为本研究所用，不误作它用。

---

114 〔德〕伍威. 弗克里, 质性研究导引[M], 孙进, 译, 重庆: 重庆大学出版社, 2011: 37。

六、研究重难点与可能的创新点

作为一名研究者，开展任何一项研究都是带着目的的。但是，在具体执行的过程中，总会出现这样或者那样的问题影响研究目的的实现。笔者在芬调研期间就遇到了一些问题，如语言障碍，追问的技巧，周围环境、气候的影响，受访者处于实习期几乎没有接受访谈的时间，芬兰文化中当"外来者"将小学生、小学教师作为研究对象时的敏感性和私密性，实地调查时间的限制和研究者对理论的找寻与把握等。

（一）研究的重难点

本研究的重点主要集中在三个方面：一是对芬兰小学教师教育的发展演变进行历史梳理，芬兰教师教育的发展史和小学教师教育的发展史有部分交叉与重合，能不能还原小学教师教育尤其是"研究取向"的小学教师教育历史发展的真实面貌，对读者和研究者本身对这一研究主题的把握以及建构背景知识发挥着重要作用。二是对芬兰"研究取向"的小学教师教育的主要经验进行归纳总结，同时厘清"研究取向"的小学教师教育发展至今所面临的问题，并分析其未来发展趋势。三是根据芬兰"研究取向"的小学教师培养的经验、教训等，为我国小学教师教育发展与改革提供一些参考。

本研究的难点主要是访谈结束后对访谈资料的处理与分析，同时兼有对分析过程中新制度主义理论中的三个主要流派的理解与把握。在分析中不仅牵扯对开展小学教师教育的主要机构——芬兰大学这一个层面，还要对教师培训学校（或普通综合学校）、国家、地方三个层面探讨教师教育中的具体问题。只有在此部分阐述清楚了，才能谈及芬兰小学教师教育的经验、问题、趋势以及对我国小学教师教育发展与改革的有益借鉴等。因此，可以说这些部分既是本研究的重点，也是本研究的难点所在。

（二）可能的创新点

综合本研究的目的、意义、问题和方法，在对已有研究进行把握的基础之上，笔者认为该项研究可能的创新点有如下两个：

一、研究内容方面，本研究聚焦于芬兰小学教师的培养问题。尽管有关国内外小学教师培养的研究有很多，随着芬兰教育、教师教育成为世界范围的热门话题，我国目前关于芬兰教师教育的研究也初具规模，但系统地针对芬兰小学教师培养问题的研究并不多。早期的研究一般聚焦在整个基础教育阶段，并没有特别把小学教师作为单独的研究对象，而重点对小学教师职前培养展开的研究就更少。随着我国教师教育改革的不断深化，建立与发展小学教师教育制度势在必行，对芬兰如何培养小学教师及保障其培养质量的研究具有鲜明的时代性与前瞻性。基于国内尚缺乏对芬兰小学教师培养这一问题的综合性、系统性的研究，对芬兰"研究取向"的小学教师教育的研究才具有更大的意义和可以深入的空间。

二、研究方法方面，针对芬兰"研究取向"的小学教师教育这一主题去到实地开展一系列的半结构式访谈是本研究区别于国内已有相关研究的一个重要方面。文献研究贯穿于本研究的始终，这也是本研究重要的研究方法，目前我国学者关于芬兰教师教育的研究多采用这一方法。但是，对于比较教育学科而言，能够在研究对象国进行实地考察是最理想的研究方式。笔者通过申请 CSC（China Scholarship Council，简称 CSC）项目获得赴芬学习的宝贵机会，在文献研读的基础之上有了倾听研究对象的心声和置身于小学教师培养真实情境中的可能，研究者作为研究工具之一与受访者面对面地交谈、观察受访者的情绪波动和肢体语言；去往学校进入班级进行课堂观察，积累感受、体验的同时尽己所能获得了部分较为鲜活的一手资料，使得这项研究不局限于对二手资料的处理与分析，对研究者个人也是一段十分珍贵的学习经历。

第一章 芬兰"研究取向"的小学教师教育的形成

　　芬兰小学教师教育的根源可以追溯至 19 世纪 60 年代，小学教师教育的演变与初等教育史、教育政策和芬兰社会的变化密切相关。在芬兰，由国家授权培养具有小学教师资格的教师的教育所经历的历史演变可分为三个阶段：在教师学院（teachers' seminaries）进行的小学教师教育（19 世纪 60 年代到 20 世纪 30 年代）、教师学院和教育学院（college of education）双重体系下的小学教师教育（20 世纪 40 年代到 70 年代）以及大学教育学院提供的硕士水平的小学教师教育（20 世纪 70 年代至今）。[1]第一阶段的特点是对小学教师进行严格的"准修道士式（quasi-monastic）"教育，以提高农业社会无知群众的文明程度。在第二个阶段，教师学院继续保持强烈的宗教和爱国道德准则，小学教师教育也受到芬兰社会现代化进程的深刻影响。到第三阶段，对小学教师的教育是全面的、高质量的，是为芬兰城市社会的教师提供的大学硕士水平的教育，其重要特征是"研究取向"。芬兰的小学教师教育由传统转型为"研究取向"，经历了从低层次到高层次、从基于手工艺的学徒制到基于专业和学术研究的大学硕士文凭的发展历程。

1　Kivinen, O., Rinne, R. The Thirst for Learning, or Protecting One's Niche? The Shaping of Teacher Training in Finland during the 19th and 20th Centuries [J] British Journal of Sociology of Education, 1994,15（4）,518.

第一节 在教师学院进行的小学教师教育

从 19 世纪 60 年代芬兰第一所教师培训学院在中部城市于韦斯屈莱建立，到 20 世纪 30 年代，芬兰的小学教师一直在教师学院（teachers' seminaries）进行培养。芬兰"初等教育之父"——乌尼．希涅斯（Uno Cygnaeus）将德国"赫尔巴特-齐勒尔主义（Herbart-Zillerism）"教学模式引入芬兰，直至 20 世纪 40 年代，该模式都是芬兰教师培训的非正式指导原则。1934 年，原于韦斯屈莱教师学院转型并更名为新于韦斯屈莱教育学院（New Jyväskylä College of Education），大大提升了小学教师的社会地位。

一、芬兰小学教育的发展和教师学院的诞生

19 世纪中后期，芬兰关于儿童教育的讨论很活跃，主要原因是欧洲北部国家的发展以及丹麦（1814 年）、瑞典（1842 年）和挪威（1848 年）的义务教育立法已经实现。在没有建立小学之前，芬兰父母对儿童教育负有主要责任，但如果他们无法充分教授阅读、芬兰语和基督教教义，教会提供的特许学校会以书面、歌唱和算数的方式对儿童进行教育。

19 世纪芬兰基础教育最重要的改革之一发生在 1866 年，亚历山大二世在这一年发布圣谕建立小学，并颁布基础教育法令，芬兰的基础教育开始具备统一的和有组织的特征。根据该法令，芬兰基础教育阶段在城市长达六年（8-14 岁）、在农村长达四年（8-12 岁）。小学教育共有两个层次：低年级和高年级。在低年级，女孩和男孩合班上课，但在高年级分班学习。这部法令没有规定市政当局在所辖各个地区建立小学。社会政治背景对小学课程的影响十分明显，小学教育的目标是教导学生勤奋并通过教授手工艺品制作方法为未来新的生计做准备。[2]由于小学生放学后将返回农场工作，是家庭劳动力的一部分，小学教育强调日常生活中的实际动手能力。农场工作反过来促进了儿童参与教育，决定了儿童不定期上学，芬兰也因此逐渐发展成为世界手工艺教育的先驱。此外，基督教在小学教学中占有重要地位，教师的任务是向学生灌输对上帝的敬畏、感恩和信靠上帝的心灵，并鼓励他们通过服从父母和教师来表达他们对上帝的敬畏。即使在该法令生效后，小学教育仍然主

---

2 Uusiautti, S., Paksuniemi, M., Määttä, K. At the Roots of Finnish Elementary Education-How Were Children Raised in the First Finnish Elementary Schools? [J]. International Electronic Journal of Elementary Education, 2013, 5（2）, 175.

要由家庭提供，并由牧师控制，因此，各地教学质量差异很大。于是，人们开始关注和讨论小学教育的标准化和小学教师的教育问题。

1898 年芬兰颁布的皇家法令要求市政当局建立学校，这则关于在市政当局所辖各个地区建立学校的法令被认为是芬兰第一部关于义务教育的法律。根据该法令，市政当局必须在所辖各个地区建立小学，为每个学龄儿童提供母语基础教育。如果一个地区有 30 名愿意上学的孩子，则必须建立一所学校，学校通勤时间不得超过 5 公里。如果一所学校有 50 多名学生，则必须建立一所新学校或雇用一名助理教师。在法令生效后的第一年，芬兰小学学生人数增加了 5000 人，越来越多的农村学生上学。该法令解决了 1866 年基础教育法令中的一些缺陷，尽管初等教育仍然存在分散的问题以及其他缺陷。但重要的是，芬兰基础教育体系的发展加速了。

1852 年，赫尔辛基大学神学院设立了第一个教育学教授职位，这也是所有北欧国家中第一个在教育领域设立的教授职位，这位教授同时是路德教会的牧师，将监督学生教师（student teacher[3]）和在芬兰开展中学教师教育，作为其职责的一部分。[4]这是芬兰教师教育的开端。1863 年，另一位路德教牧师乌尼.希涅斯（Uno Cygnaeus）在芬兰中部城市于韦斯屈莱创立了第一所培养小学教师的机构——于韦斯屈莱教师培训学院（The Jyväskylä Teacher Training College），开设教师培训班（Teacher's Seminary），以芬兰语进行教学，招收小学毕业生且同时招收男女学生，这是芬兰小学教师教育的开端。几年后，芬兰又成立了一个用瑞典语教学的相应机构。不久，这些机构扩展为教师学院网，男女分开设立机构。教师培训学院的课程和教学理念遵循瑞士和德国模式，深受卢梭、裴斯泰洛齐和赫尔巴特等人的思想的影响，并且严格遵守基督教精神。教师培训学院的入学候选人必须至少年满 18 岁、具有良好的健康状况和道德品质，并且必须满足关于基督教信仰、识字率、算术能力和歌唱能力的相关要求。[5]1880 年，在一所教师学院进行的培训被指定为农村学校

---

3 "student teacher"译为学生教师，有文献也写作"teacher student"，是芬兰人对就读教师教育专业的学生的称呼。

4 Tirri, K. The Last 40 Years in Finnish Teacher Education[J] Journal of Education for Teaching, 2014,40（5），601.

5 Kivinen, O., Rinne, R. The Thirst for Learning, or Protecting One's Niche? The Shaping of Teacher Training in Finland during the 19th and 20th Centuries [J] British Journal of Sociology of Education, 1994,15（4），518-519.

聘任小学教师职位所需的正式资格，1890 年，这一要求扩展到了城镇的学校。逐渐地，随着小学演变成几乎全体人民就读的基础学校，芬兰对招募小学教师候选人及对其进行培训的要求越来越严格。继 1917 年芬兰独立后，教师学院制度得到进一步巩固，所有小学教师的培训继续受到国家的严格控制。小学教师培训体系内部越来越多的异质性由于希望获得更广泛培训和更高地位的教师与希望保留传统职业规范的教师之间的利益冲突而进一步加剧。

二、"初等教育之父"乌尼. 希涅斯 (Uno Cygnaeus) 的影响

乌尼. 希涅斯（Uno Cygnaeus）是芬兰小学教师教育发展史上的一位著名人物，既被尊称为"初等教育之父"，又被誉为"教师的设计师"。19 世纪中期，希涅斯被芬兰参议院选中担任"建立小学"这项工作。芬兰普通学校的建立历来是芬兰民族国家建设的一个十分重要的组成部分，希涅斯提出了一项芬兰语语言项目，在支持语言发展的同时，主张在学校拒绝体罚、没有性别隔离。由于芬兰曾长期在瑞典和俄罗斯的政权统治之下，所以，迫切需要区分自己与其他国家，追求并保持自身的独立性；芬兰人的读写能力以及芬兰语的使用率显得尤其重要，教育被视为达到维护国家认同和政治自由的一种工具。因此，希涅斯的语言发展项目及其主张获得了大批的追随者。此外，希涅斯认为建立体面的教师培训学院将会改善教育质量，教师的准备是普通学校成功的关键因素。[6]于是，他前往欧洲不同国家，如奥地利、丹麦、瑞士和瑞典等，学习别国的学校体系，并沿途做了大量的学校制度和教师培训的笔记。希涅斯发现德国的学校制度最适合芬兰，因为它基于系统思维，最能支持通过上学来发展国家的目的。从那时起，德国的教育体系一直被用作芬兰学校体系的示范模板。

19 世纪末，芬兰大学的教育学讲师开始采用从德国学习的名为"赫尔巴特-齐勒尔主义（Herbart-Zillerism）"[7]的教学模式。赫尔巴特是将教学作为一门学术学科的奠基人，在 19 世纪早期，他创立了哲学和教育学体系，并从 19

---

6 Wiksten, S. Teacher Training in Finland: A Case Study[D] UCLA Electronic Theses and Dissertations, 2018:25.

7 "赫尔巴特-齐勒尔主义（Herbart-Zillerism）"是根据德国著名哲学家、心理学家、教育学家约翰. 弗里德里希. 赫尔巴特（1776-1841）提出的想法，于 19 世纪 60 年代由他的学生——德国自然科学家图伊斯肯. 齐勒尔（1817-1882）改进和开发的教学体系。

世纪 60 年代开始在德国获得良好反响。赫尔巴特主义中，教学被定义为一种既能教育一个人，又能鼓励他们走向体面，并能激发他们尝试新事物和获取更多知识的热情的活动。[8] "赫尔巴特-齐勒尔主义"模式强调激发学生兴趣爱好的重要性，这些爱好会帮助学生形成勤奋的品格，目的是加强对学生的区域主义和民族主义教育，宗教、文学和历史在学校教育中占据中心地位。[9]按照这种模式，教学是建立在教师主导的方法之上的，教师负责决定课堂上教授的内容，因此，扮演着重要的角色。一直到第二次世界大战之前，芬兰所有教师学院使用的教科书都是"赫尔巴特-齐勒尔主义"教科书。尽管教育心理学在某种程度上被用于实验，但在二战之前，大多数芬兰的教育研究都是基于历史或哲学的。直到 1960 年，伦理学才逐渐消失，心理学、教育学成为教师教育研究的科学基础。心理学成为教学法的基础，特别是教师教育教学法的基础。

芬兰教师培训中的"赫尔巴特的传统"于 1944 年被由 20 世纪 50 年代和 60 年代芬兰教育领先学术人物马蒂．科斯肯涅米（Matti Koskenniemi）编写的教学教科书代替，进而逐步被淘汰。第二次世界大战后，芬兰教育科学成为越来越多的以心理学和教学为导向的应用科学，同时开始利用基于数学和统计学的心理学研究。教育系统的快速发展使得有必要为学生提供更多的信息，对学生进行大规模的情报测试成为教育研究的重要领域。虽然芬兰第一个教育学教授职位早在 1852 年就已经设立，但教授职位数量的增长在 100 年内非常缓慢。20 世纪 70 年代初期，芬兰的教育学领域总共只有 7 位正教授，但在 20 世纪 80 年代初，高等教育系统中加入了小学教师教育后，已增加至 30 多位教授。1995 年，有 50 位正教授和 83 位教育学副教授。自 20 世纪 70 年代以来，芬兰高等教育领域中教师教育人员数量的增长速度非常快，与经济学教授的数量相当。芬兰教育学教授总数（133 位）是瑞典同样职位数量的五倍，是芬兰历史学和社会学教授职位数的两倍。

"赫尔巴特-齐勒尔主义"一直是芬兰教师学院的主要思想体系，直到 20 世纪 20 年代，一种新的教学法出现，即学生导向的工作方法。这种方法以改

8　Paksuniemi, M. The Historical Background of School System and Teacher Image in Finland[M] Peter Land Edition,2013:41.

9　Paksuniemi, M., Uusiautti, S., Määttä, K. Teacher Education in Finland during the War Years, 1939-45 [J] War & Society, 2014,33（1）,13.

革教育学的概念为基础，而改革教育学的代表反对"赫尔巴特-齐勒主义"，他们认为学习必须包括某种自由，必须考虑学生的个性，教师只扮演辅助的角色。改革者认为，"赫尔巴特-齐勒主义"过于注重学生智力的发展，倾向于消极的工作方法，这造成了学生与教师、学生与课堂及社会之间的不良关系，并强烈批评了其强调培养学生的得体和教师导向的教学理念。[10]20 世纪 40 年代，新学派的影响力开始变得更强。那些想在大学学习的人必须参加一个为期几天的入学考试，最优秀的候选人被选为未来的教师。作为学生被接收后，如果他或她学习成功并且行事无可非议，则允许其继续进行学习和研究。如果学生不符合要求，他或她将被学院开除。教师是一个班级的领头人，他或她作为模范公民的角色很重要。教育的目的是改善公民的道德和基督教精神。这些目标构成了芬兰关于自己国家发展为更大规模的目标的一部分。小学教师教育课程强调激发学生的兴趣爱好和培养良好全面的品格。此外，教师教育的一个共同的目标是唤起地区主义，唤起学生对国家的热爱，宗教、文学和历史主题一起形成了渐进式教学的历史文化基础。只是，直到 20 世纪 40 年代，"赫尔巴特-齐勒尔主义"教学模式仍然是芬兰教师培训的非正式指导原则，因此，也成为整个小学系统的指导原则。

三、从沙皇统治下的教师学院到 1930s 现代教育学院的兴起

1809 年，芬兰在被瑞典王室统治了几个世纪之后，作为一个自治的大公国进入了俄罗斯的控制之下。19 世纪 60 年代，芬兰向建立国家的小学系统和教师培训迈出了第一步。沙皇担心中欧的革命思想"污染"了他的芬兰领土，教育改革相关措施的部分动机是为了使人民文明，即在严格的国家控制下。[11]

20 世纪 20 年代，初芬兰的学校体系发生了全面变化，因为完成了两项重要计划：1921 年生效的《义务教育法》（Compulsory Education Act）和 1922 年完成的《教师发展计划》（Teacher Development Programme），为新的教师培训体制的形成奠定了基础。《义务教育法》规定市政府为所有 7-12 岁的儿童

---

10 Paksuniemi, M. The Historical Background of School System and Teacher Image in Finland[M] Peter Land Edition,2013:43.

11 Kivinen, O., Rinne, R. The Thirst for Learning, or Protecting One's Niche? The Shaping of Teacher Training in Finland during the 19th and 20th Centuries [J] British Journal of Sociology of Education, 1994,15（4）,518.

提供教育。这意味着不论在农村还是城市都需要建立新的学校。由于这些新学校的师资需求，教师短缺的情况非常严重。20 世纪初，芬兰的南部建立了一所小学教师学院，而芬兰北部很难聘请到合格的教师。很快地，新的教师学院就陆续建立起来了，其中最北的一所位于托尔尼奥。

　　1863 年成立的芬兰最古老的教师学院于 1934 年已经被命名为于韦斯屈莱教育学院（the Jyväskylä College of Education），并授权授予博士学位。之后陆续在赫尔辛基（1947 年）、图尔库（1949 年）和奥卢（1953 年）建立了三所临时教育学院，这三所教育学院的教师教育课程具有鲜明的农业特色，并受国家教育委员会的严格控制。仅有于韦斯屈莱教育学院这一所实现了学院自治。这些是第一批为芬兰小学教师提供研究生教育的机构，至此，教学的地位和声望都得到了极大的提高。1934 年，新于韦斯屈莱教育学院（New Jyväskylä College of Education）的成立是芬兰小学教师教育发展的一个里程碑，尽管如此，许多人相信教师学院制度更有利于保持"对教师职业的认识，以及虔诚的、专注的思维框架"[12]，并且类似的思维方式导致许多教师在战后时期捍卫教师学院制度，对职业化趋势提出了很大的挑战。有人怀疑大学教育会把教师变成"冷酷的学者（cold scholars）"，从而破坏人们对这个职业的认同，影响教师候选人的质量。而事实是，新于韦斯屈莱教育学院的设立明确了教师培训中教育科学的合法性。由此，小学教师的社会地位开始提高。芬兰小学教师教育的一个非常典型的特征就是依靠教育科学的合理性。这个传统是双重的，因为教育研究在早期进化并且声称它在大学内的自治地位，而教师培训在大学之外发展到了 20 世纪 70 年代。因此，芬兰的教师培训事实上最终是通过依靠教育研究的既定学术地位来使其逐渐成长的地位合理化。至此，芬兰小学教师培训朝着科学化、专业化大步迈进。

第二节　教师学院和教育学院双重体系下的小学
　　　　 教师教育

　　第二次世界大战对芬兰的外交政策、社会环境和学校政策产生了深远的

12　Kivinen, O., Rinne, R. The Thirst for Learning, or Protecting One's Niche? The Shaping of Teacher Training in Finland during the 19th and 20th Centuries [J] British Journal of Sociology of Education, 1994,15（4）,519.

影响。芬兰政府对教育立法和学校课程进行了紧急改革，深深影响了小学教育和小学师资培训。政府对教育立法和课程改革的目的是为了严格按照教育法的规定确保芬兰儿童能够接受高质量的教育[13]，尽管这一时期芬兰基础教育的发展形势不容乐观。战争时期，小学教师教育内容具有明显的实践和道德取向，小学教师充当学生的榜样，被寄予高度的期望。战后，缺乏足够的教师和资源用于教育婴儿潮一代，政府采取应急措施招聘没有正式资格的人员任教的做法，激发了教师对教学专业化的重视。20世纪50年代，主张维持传统的教师学院与强调科学方法（scientific approach）在教师教育中的作用的教育学院之间的冲突加剧，二者都得到了一定程度上的扩大和发展。

一、第二次世界大战对小学教师教育的影响

1939-1944年，芬兰处于战争年代，教师教育的发展举步维艰。由于芬兰几所大学的几处建筑物被暂定为战争医院，教师学院的运作被迫暂停。[14]男学生被征召担任防卫职务，女学生则返回家乡或留在学习地点从事救济工作。

第二次世界大战后，芬兰所面临的严峻挑战是需要有足够的教师和资源用于教育婴儿潮一代，这直接导致对小学教师的要求越来越高，对教师的需求量也越来越大。更多的学生被带入教师培训项目，例如从前线返回的男学生可以比较灵活地完成相关学业的学习。[15]为了应付严重的教师短缺局面，国家采取了特别措施：当小学教师职位空缺时，如果没有合格的申请人，1948年颁布的《教育法》中指出允许学校董事会任命他们认为合适的人，例如：申请人只有高中最后一学期的大学入学资格考试（Matriculation Examination）成绩。[16]1955年，针对相关法规允许雇用（无论出于何种原因）不合格的人员，可以临时委托他人从事与教师职业相关的工作，薪酬与合格人员的相同这一情况。芬兰的《教师》（The Teacher）杂志写道：任何专业组织都不会同

13 P. Merja, N. Sari. Societal Changes Affecting Primary School Education After the Second World War in Finland [J]. Education and Society,2016,34（1）,75-86.

14 Paksuniemi, M., Uusiautti, S., Määttä, K. Teacher Education in Finland during the War Years, 1939-45 [J] War & Society, 2014,33（1）,15.

15 Uusiautti, S., Määttä, K. Significant Trends in the Development of Finnish Teacher Education Programs（1860-2010）[J]. Education Policy Analysis Archives, 2013, 21（59）, 5.

16 Kivinen, O., Rinne, R. The Thirst for Learning, or Protecting One's Niche? The Shaping of Teacher Training in Finland during the 19th and 20th Centuries [J] British Journal of Sociology of Education, 1994, 15（4）,520.

意轻视和低估自己的成员所做的工作的行为。[17]杂志中的陈述表明教师工会强烈反对没有正式资格者执行小学教师的教学任务，持这种态度的原因包括教师的薪酬和地位问题。政府采取应急措施招聘没有正式资格的人员任教被视为一种威胁，激发教师自发地开始重视对教学专业化的追求与捍卫。

第二次世界大战以后，芬兰的教育政策处于新的局面。政治左翼要求芬兰学校系统的民主化，1945年春季左翼政党赢得议会选举后，进一步加速推行他们的主张。战争的最终结果削弱了德国在芬兰的影响力。这一时期的小学教师教育是在教师学院组织的，这些机构的精神基于爱国和基督教的美德，非学术文化将它们与大学机构分开。芬兰属于二战后非常落后的国家，其经济结构与邻国瑞典及其他西方国家相比，更像东欧国家。在许多芬兰家庭中，日常生活以农业和林业为基础，小学教师的教育是为了满足这种日常生活而组织的。这个时代的芬兰教师教育内容中的实践和道德取向显而易见，教师培训工作取向的特色是感召（calling）和职业（vocation），期望未来的教师致力于他／她的工作，并充当学生的榜样。因此，小学教师致力于集体文化价值观的守护和传播，被寄予高度的道德期望。

在芬兰，教师的首要作用是教育和文明这个年轻国家的人民。教师培训被认为是关键。虽然教师培训在战争期间暂时停止，但社会对教师的期望仍很高，这对像芬兰这样的小国家十分重要：每个人都必须贡献自己的那一份力量。此外，教师和学生教师的任务和职责是根据当代教师教育的原则精心选择的。实际上，战争突出了芬兰教师教育的这些特定的优点。战时的芬兰正在建立自己的国家认同。对于一个刚刚获得自治的国家来说，必须加强芬兰语言文化的教育，因此，在芬兰教师学院中培养高素质的教师显得尤为重要。事实上，教师被期望成为整个国家的榜样，因为这个国家，包括芬兰的学校系统，还处于起步阶段。

二、教师学院与教育学院之间的理念冲突

20世纪50年代，学生有两个独立的就读教师教育的选择：教师学院（teachers' colleges）和教育学院（colleges of education），渐渐地，这两个机

---

17 Kivinen, O., Rinne, R. The Thirst for Learning, or Protecting One's Niche? The Shaping of Teacher Training in Finland during the 19th and 20th Centuries [J] British Journal of Sociology of Education, 1994,15（4）,520.

构之间的紧张局势开始加剧。位于小城镇的传统的教师学院仍然希望通过接收接受了适度的基础教育的学生来招收社会背景较低的学生，这些机构为现状辩护，并害怕科学氛围。四所教育学院和思想领先的教育科学家通过督促扩大教师教育，明确地反对了这一观点，并强调科学方法（scientific approach）在教师教育中的作用。意见分歧导致芬兰议会在 1957 年就小学教育和教师教育的未来进行辩论。中心党主要代表农村人口的利益，为传统的教师学院制度辩护，而左翼党代表城市人口的利益，指责这些学院维护古老的基督教和爱国文化。社会民主党希望将教师教育问题与当时正在出现的综合学校改革联系起来。很明显，学术界并没有张开双臂欢迎教师学院进入大学机构。人们担心教师教育的实际取向会模糊学术倾向。

在第二次世界大战结束后的几年内，完成小学教师培训的人数增至三倍以上，但现有的两级制继续运作。芬兰在较大的城镇建立了新的临时教育学院，但传统的教师学院也得到了扩大。高中毕业后参加教师培训的情况变得更加普遍，给未来的教师带来了更好的地位和现代化的影响。芬兰的战后形势也带来了政治价值的转变，形成了一个人民阵线政府，在其任期内发挥强大的压力来实现学校的思想和结构变革。随着冲突的增加，教师们强调了他们的专业自主权，这有助于解释教师对通过教师学院考试这类保守招生体系的偏好。战后，城市培训学院以及招聘没有正式资格的人员都被视为威胁，这不仅被视为职业化的野心，而且还因为怀疑这些步骤是出于政治动机，芬兰削弱了教师迄今为止取得的自主权。

教育学院的成立和发展在许多方面让人联想起在芬兰设立的职业导向型理工学院（Polytechnics）或是高等专科学校（Fachhochschulen）。建立和扩大教育学院这种培训形式的倡议要么来自全国学校董事会的中央教育当局，要么来自当地社区的利益团体。城镇争相建立这些学院，是因为有望通过这些学院的建立提高当地教育水平和刺激社区的其他方面为该地区带来可观的收益。强烈反对建立新的教育学院往往反映专业精英在教师培训内部对既得利益的捍卫，这点在于韦斯屈莱教育学院体现得尤为明显。

20 世纪 60 年代，随着芬兰农村人口逐年下降，城镇人口逐年增加，小学生人数逐渐减少。这意味着对教师的需求下降。由于许多小型乡村学校被关闭，芬兰小学教师的实际数量似乎比需要的数量更多。小学教师教育的发展开始由数量上的满足转变为对质量的更高要求。随着芬兰议会讨论了综合教育的需要,芬兰的教育制度得到了重新评估。全面开放的综合学校思想开始得到越来越多的支持,教育机会平等的意识在北欧福利国家盛行起来。芬兰在 20 世纪 60 年代以后的教育改革就是沿着这种意识形态产生的,例如:综合的学校制度、高等教育机构数量的大幅增加等。目的是消除教育上的死胡同,这意味着每个人都有平等的接受教育的机会。

第三节 芬兰大学提供的"研究取向"的小学教师教育

20 世纪 70 年代是芬兰小学教师教育演变与发展的关键时期。由于芬兰的社会和经济在这一时期处于一个重要的转型期,教师学院与教育学院双重教师培训体系已经不能满足芬兰社会与经济发展的需求;综合学校改革促使小学教师培养机构往更高层次发展;教育科学实证研究强调以科学知识作为小学教师知识的主要来源,要求将小学教师所从事的教学工作改造为以证据为本的学术职业。芬兰的小学教师教育统一由大学提供,开始具备学术、科学和研究的性质,其目标是培养自治的、以研究的态度开展教学的小学教师。

一、芬兰"研究取向"的小学教师教育提出的时代背景

(一)二十世纪六七十年代芬兰社会和经济的转型

20 世纪 60 年代至 70 年代是芬兰"教育改革的黄金时代",这一时期芬兰改革教育和教师教育体系的艰难决定与其社会和经济的发展产生了有利的共鸣。

首先,芬兰加入了以经济增长为首要目标的工业化国家的联盟,由北方农业国家向工业化社会转变。与此同时,芬兰研究人员一直在追踪有关人类发展和"人力资本"理论的国际讨论,并得出结论:投资人是最好的投资。[18]另一些研究人员认为,教育可以解释芬兰多达四分之一的经济增长,应该成为芬兰加大投入的重要领域。其次,此时的农业经济已经不能满足二战后婴儿潮一代的发展,大量芬兰人从农村迁徙或离开该国寻找工作,移民到瑞典的芬兰人口多达 22 万。还有很大一部分人口直接转入服务部门,这一发展受

18 Aho, E., Pitkänen K., Sahlberg P. Policy Development and Reform Principles of Basic and Secondary Education in Finland Since 1968[R]. Education Working Paper Series Number 2, Human Development Network Education, 2006:31.

到与建设芬兰福利国家相关的先进公共服务部门的推动。芬兰逐渐发展为北欧福利社会国家，服务业和科技水平都在提高。1961 年，芬兰加入了欧洲自由贸易联盟（European Free Trade Association，简称 EFTA），尽管与苏联的贸易主宰了芬兰的对外贸易，但决策者和立法者都明白促进经济增长需要进入西方利润丰厚的市场，因此迫切需要扩大贸易关系。[19]为了提高国际竞争力，芬兰不得不大幅度增加对教育和研究的投资。综上所述，芬兰社会结构的巨大调整、福利制度的日趋完善、经济增长的迫切需求，使得旧的阶级社会开始瓦解，传统的芬兰人的壁炉、家庭和宗教的价值观受到了冲击。学生和学校组织要求教育和教师教育系统内部管理民主化，教育机会平等的意识形态开始盛行。

（二）综合学校改革对小学教师的地位和培养层次提出了更高要求

20 世纪 60 年代初期，芬兰政治领域的重大变化加快了教育和教师教育改革的进程。这一时期，由芬兰议会最大党派社会民主党和人民民主党组成的左翼政党在选举中获得多数席位。左翼政党支持的政府致力于把教育改革作为国家发展的首要目标，着手将小学和初中建设成为不论年龄、住所、经济状况、性别和母语的面向所有儿童的综合性基础学校。[20]当时，芬兰儿童在 11 岁或 12 岁时被划分进入两条教育轨道：公民学校和文法学校。[21]改革者认为，将义务教育的时间延长至九年，所有毕业生的教育水平都会提高。左派的政治动机不仅是为了增加社会公平，更认为提高教育水平会对国家的经济发展产生积极影响，邻国瑞典以其较高的生活水平和强大的社会公共服务为芬兰新的基础学校提供了一个很好的范例。于是，芬兰效仿北欧福利国家的先驱和典范——瑞典，于 20 世纪 60 年代中期开展综合学校的改革模式：将小学和初中合并为综合学校。

新的学校系统对之前效力于两类不同学校的教师提出了新的要求，芬兰

19 Aho, E., Pitkänen K., Sahlberg P. Policy Development and Reform Principles of Basic and Secondary Education in Finland Since 1968[R]. Education Working Paper Series Number 2, Human Development Network Education, 2006:32.

20 Aho, E., Pitkänen K., Sahlberg P. Policy Development and Reform Principles of Basic and Secondary Education in Finland Since 1968[R]. Education Working Paper Series Number 2, Human Development Network Education, 2006:34.

21 Aho, E., Pitkänen K., Sahlberg P. Policy Development and Reform Principles of Basic and Secondary Education in Finland Since 1968[R]. Education Working Paper Series Number 2, Human Development Network Education, 2006:34.

议会于 1964 年重组基础教育和教师教育，以便教师能够满足综合学校的新需求。[22]同时，着手制定新的学校课程。芬兰政治评论家和许多教师普遍认为，九年制的标准化义务教育学校在教学方面过于苛刻。这就要求至少在高年级时将教学划分为不同层次的课程，从而保留综合学校内的一些旧系统的平行轨道。另一个障碍是难以将文法学校的理论与公民学校的实际教育内容相结合。第三个问题是九年制综合学校内的文法学校教师和他们的公民学校同事之间的分工。最后一个问题是课程制定什么主题和占多少课时，这是一个引起各种教师组织和团体大量讨论的话题。这个过程历经五年（1965-1970），是芬兰历史上规模最大的基础学校课程改革。课程提案于 1970 年完成，由两部分组成：一般原则和教学大纲。教师接受拟议的课程。前小学或公民学校教师将教授新学校的 1-6 年级，前中学或文法学校教师将教授 7-9 年级。[23]综合学校为不同学科设置的新的时间分配更加强调文法学校的知识型课程，这是当时应对综合学校会导致子孙后代的知识和技能下降指责的一种折衷办法。新的综合学校课程的实施是集中的，这被视为限制市政当局和当地学校的自治权而引发了一些批评。国家教育委员会对其决定做出了说明：鉴于改革时间紧迫，市政当局没有时间准备自己的课程；此外，课程委员会表达了多方达成共识的难度，官员们希望避免不同科目的教师和其他利益集团之间再次发生争吵。由于综合学校课程的改革，芬兰的整个教师教育制度也必须做出改变。首先要做的是提升小学教师的学术地位，使小学教师和初中教师接受同等质量和水平的教育。芬兰的初中教师此前一直在大学接受教育，取得的是某一学科的学士学位；小学教师多以教师职业研讨班（vocational teacher seminars）的形式进行培养[24]，培养小学教师的教育机构的层次有待提升。

改变小学教师的角色的期望被认为是教师要求增加解决教育问题的专业知识，以及将教育研究的结果应用于他们自己的活动和向学生提供的指示的能力。1965 年，芬兰教育部成立了教师教育改革委员会。改革委员会成员一致提出的指导原则为未来几年发展起来的新的教师教育体系奠定了基础。在

---

22 Sitomaniemi-sanf, J. Fabricating the Teacher as Researcher: A Genealogy of Academic Teacher Education in Finland[D]. University of Oulu, 2015:22.

23 Sitomaniemi-sanf, J. Fabricating the Teacher as Researcher: A Genealogy of Academic Teacher Education in Finland[D]. University of Oulu, 2015:21.

24 Toom, A., Kynäslahti, H., Krokfors, L., Jyrhämä, R., Byman, R., Stenberg, K., Maaranen, K., Kansanen, P. Experiences of A Research-based Approach to Teacher Education[J]. European Journal of Education, 2010,45（2）,339.

委员会的建议中：所有的教师教育都应以高中普通学校的全国毕业预科考试为基础；所有教师的培训必须至少持续三年，并且至少要有学士学位；小学教师和初中教师必须在同一机构接受教育培训；教师的地位不应取决于他们所教的年级、学生的年龄和教授的科目；工资不得与其职务紧密相连，而要与其教学水平相关；与信息传递者或讲师相比，教师更像是学习顾问和学习指导；综合学校师资培训的数量和质量都有待提高，而且需要定期检查教师是否适合该职业。[25]1968 年，小学教师开始了基于预科考试的为期三年的培训计划。前小学的教师有机会攻读学士学位，并提高他们的教学知识和技能。然而，大学没有成为培育小学教师的主力，小学教师培训多以全国研讨会和教师培训学院的形式进行。1969 年，旧的小学教师培训体系被废止。1971 年，芬兰议会编纂了新的教师教育组织方案。1973-1975 年，七所大学启动了教师教育单位，第八所是一所用瑞典语授课的大学，其中四所大学有教师教育分支机构。在芬兰大学建立教育学院的目的是提高教师培训水平，规范教师培训体系。芬兰小学教师教育的职责从职业教师研讨会（vocational teacher seminars）移交给了大学。芬兰在全国十几个地点提供教师教育反映了 70 年代强大的地区政策，旨在确保芬兰东部和北部农村教师的供应。1973 年成立的教师培训委员会于 1975 年发表报告，并提出统一的学术教师培训纲要。这份报告指出：（1）综合学校和高中的教师培训应定位为学术教师教育，换句话说，它应该由大学提供。（2）此类培训应标准化。（3）基础教师培训应为教师提供相对广泛的正式能力。（4）必须对教育科学进行研究，使教师为担任教育工作者做好充足的准备，一般来说，这意味着他们对教育持有乐观的态度，他们可以比以前更好地整合教学理论和实践。（5）教师培训应该注入社会、教育和政治实质。[26]经过短暂的过渡阶段，1974 年，职业教师研讨会被废除，小学教师的培训课程成为大学教师教育系的学士学位课程。新的教师教育必须促进不同教师群体之间的平等，鼓励教师提高教学技能方面的合作，增加教师持续专业发展的机会，还包括增加普通学校教师和职业学校教师之

---

25 Uusiautti, Satu., Määttä, K. Significant Trends in the Development of Finnish Teacher Education Programs（1860-2010）[J] Education Policy Analysis Archives, 2013,21（59），9.

26 Uusiautti, Satu., Määttä, K. Significant Trends in the Development of Finnish Teacher Education Programs（1860-2010）[J] Education Policy Analysis Archives, 2013,21（59），10.

间的互动。

1978 年，芬兰确立了教师培训的新的学位要求，综合学校教师和高中教师必须完成硕士学位。小学教师和学科教师的培训尽管有不同的重点，但教师培训项目的课程是统一的。小学教师的专业在教育科学领域，而学科教师则以学科专业为主要学习内容。由于教师培训的最终目的是获得硕士学位，所有的学生都必须撰写硕士论文。目的是根据最新的研究成果，为所有学生提供高质量的知识。此外，学生必须准备好在他们未来的教学中追踪和利用最新的研究成果。这为将教师视为自己工作领域的研究人员提供了基础。教师应该以开放和批判的心态进行工作，并为他们的职业发展做出贡献。1979年，受芬兰高等教育普通学位改革的影响，三年制学士学位的小学教师教育上升至五年制硕士学位水平，并确立了其独特的学术、科学和研究性质；只有完成至少五年的小学教师教育专业的学习并且获得硕士学位才有资格成为一名小学教师，这标志着芬兰小学教师和初中教师开始接受同等学术水平的教育，为过去分开工作的两类教师群体之间的交流与合作奠定了基础。

（三）"科学知识融入课程"理念下教育科学实证研究的兴起

在推动教师教育学术化、科学化进程之前，芬兰人对于小学教师教育学术化（academization）的担忧是多方面的。一方面，小学教师在完成基础训练之后，应该有资格开展进一步的学术研究；另一方面，人们担心城乡学校教师质量差距日益扩大：具有更丰富的文化和教育背景的小学教师留在城市教学，而农村的学校则不得不安排"不太有才干"的教师进行教学。因此，教师教育的统一被提出来，用以解决芬兰学校教师素质分布不均衡的问题。此时，伴随教师教育统一化进程的是教育科学实证研究的兴起。二战后"百业待举、百废待兴"的状况更加强化了实证主义在芬兰教师教育思想中的地位，即这一时期芬兰教师教育改革的尝试受到实证教育研究者对教学的看法的影响。芬兰实证教育研究者认为："教师教育应以科学知识作为基础；如果教师培训发生在大学的教育学院，那么它就会在科学的监督下，教师教育课程的教学将由广泛的科学研究伴随、支持和不断发展"。[27]这是一种通过实证主义和后来出现的解释学的科学方法来传达和探究的实践，这样的培训可以有效地指导未来小学教师负责的知识和技能领域的教学过程。

---

27 Sitomaniemi-sanf, J. Fabricating the Teacher as Researcher: A Genealogy of Academic Teacher Education in Finland[D]. University of Oulu, 2015:55.

通过将科学知识融入课程，芬兰小学教师教育学术化、科学化的项目可以被看作是对过去两个项目（即传统）的反作用。它们是：职业教师研讨会所体现的传统和受德国影响的教育思辨哲学的传统。[28]强调以科学知识作为小学教师知识的主要来源，小学教师的工作才能区分学术教师教育与基于"无知"的非学术研讨会的传统和推测。小学教师教育中科学研究的存在，是为了让小学教师自由地形成自己的教学观，而不是不得不被传统和惯例所束缚。教师教育要通过更科学的课程来改革和"升级"，人们认为只有"真正"的学位才能为教师提供所需的自主和能力。小学教师与教书匠的区别在于他/她所受的教育是基于科学研究的，他/她所从事的教学工作必须改造成为一个严格的以证据为本的学术职业。

二、芬兰"研究取向"的小学教师教育的内涵与目标

（一）何谓芬兰"研究取向"的小学教师教育

21 世纪初期，芬兰在国际学生测评中处于领先地位，这说明 30 多年前所做的教师教育改革决策正在取得成果。近年来，"研究取向"的教师教育思想在国际上越来越受欢迎。尽管它的论据各不相同，但其中一个最主要的论点是：教师必须是教育的创新者和研究者。由于学校面临着不断变化着的社会需求，芬兰小学教师培养不仅强调创新和研究，还以小学教师的广泛的自主性作为前提，地方决策和校本课程开发增强了教师在学校中的作用，改变了教师的工作，同时也对教师工作的要求更高。以研究为基础的教师教育的目标是培养有探究能力的教师，他们有能力在教学和决策中使用研究衍生的能力，他们能够反思并质疑他们的行为和思考方式。综上，芬兰"研究取向"的小学教师教育包含三层含义：第一，小学教师教育应该以研究为指导；第二，小学教师教育课程的内容是基于教育研究的结果；第三，小学教师教育的目标是培养面向未来的探究型教师。

"研究取向"的小学教师教育包含如下四个关键因素：首先，小学教师拥有硕士学位，他们的专业是教育学，其学习计划是根据系统的教育结构构建的。学生学习心理学、社会学和教育哲学等课程，但主要的学习内容是教学。专业学习还包括教学实践，学生在大学讲师和教师培训学校教师的指导

---

28 Sitomaniemi-sanf, J. Fabricating the Teacher as Researcher: A Genealogy of Academic Teacher Education in Finland[D]. University of Oulu, 2015:57.

下进行。除了主修小学教师教育专业外，他们还学习综合学校科目的要素和教学法。其次，小学教师教育专业的学生有机会通过基于研究的论证来解决教学问题。在教学实践中，学生必须将他们对学习情境的分析建立在科学论证的基础上，并运用这些理论来发展和更新教学解决方案。当然，学生也可以通过传统的方法和教师的实际建议获得支持。无论如何，开发实用教学法还不够，教师还必须能够为他或她所采取的教育行动提供充分论证的理由。小学教师教育的主要思想是将实践和理论研究结合起来进行教育。第三，芬兰的大多数教师教育者都拥有博士学位，能够将他们的教学基于研究成果和研究性思维。这往往导致他们对既定的学校教育学的批判性立场。最后，学生在撰写硕士论文的同时学习各种研究技巧。此外，他们还在各种课程中进行小规模的数据收集和分析，帮助他们学习如何进行教育研究。

自 20 世纪 70 年代开始，芬兰的小学教师教育开始具备学术、科学和研究的性质。芬兰"研究取向"的小学教师教育这一概念包含两个方面的内容：从行政和组织的视角来看，"研究取向"的小学教师教育是指在大学接受教育的背景和小学教师教育专业的学生通过学习获得的硕士学位。这意味着小学教师教育专业遵循与大学提供的其他专业学习相同的原则：学生开展硕士论文研究（使他们可以申请博士学位），并由积极开展相关研究的专家、学者教授他们；[29]第二个维度可以被视为是教学和专业发展的维度。"研究取向"的小学教师教育是指以研究为基础的小学教师教育课程和教学法以及获得小学教师专业能力的教学方向。[30]这意味着就读小学教师教育专业的学生必须接受严格的研究训练，成为研究人员和会质询的教师（inquiring teacher）；学会开展反思性教学，将理论与实践联系起来，并在毕业后继续在小学教师的日常工作中这样做。

就如何以教育专业人员的特定方式培养学生而言，芬兰"研究取向"的教师教育通常被认为是一个国际独特的案例。虽然在几乎所有的西方国家，教师教育都是以大学为基础的，但是，尽管如此，它的地位因国而异。"芬兰模式"是罕见的，国际范围而言，教育科学能拥有这样的地位的国家并不多。即使教师教育是以大学为基础的，也不能简单地称其为学术。芬兰学术、科

29 Sitomaniemi-sanf, J. Fabricating the Teacher as Researcher: A Genealogy of Academic Teacher Education in Finland[D]. University of Oulu, 2015:19.

30 Sitomaniemi-sanf, J. Fabricating the Teacher as Researcher: A Genealogy of Academic Teacher Education in Finland[D]. University of Oulu, 2015:20.

学、研究为中心的教师教育的思想根深蒂固，芬兰人认为教学是一个需要进行高级培训的高要求职业。芬兰"研究取向"的小学教师教育主张学生在学习期间自己进行研究，芬兰小学教师培训也是研究培训。小学教师必须拥有第一手的研究经验，习得独立思考和接受变革的能力。这是"研究取向"的小学教师教育与其他小学教师教育区别开来的重要特征。

（二）芬兰"研究取向"的小学教师教育的目标

1. 塑造自治的小学教师（Fabricating the autonomous primary school teacher）

在芬兰，教师被认为是"使教育能够应对未来挑战的自主行动者"[31]，他们有权构建自己的教学观、成为自主的专家和学校变革的推动者。小学教师教育课程以研究取向作为主要指导方针，这意味着小学教师教育设定了以下目标：（1）小学教师需要深入了解他们教授的科目的最新进展，还需要熟悉关于如何教授和学习的最新研究。与此同时，学科内容知识和教学内容知识的跨学科研究为教师开发适合不同学习者的教学方法奠定了基础。（2）小学教师教育本身也应该成为学习和研究的对象。这类研究应该提供有关运用各种方法和在不同文化背景下实施的教师教育的有效性及其质量的知识。（3）小学教师教育的目的是帮助小学教师内化对教学工作的研究态度。这意味着小学教师应该对他们的工作持有一种开放的和分析的态度，根据他们的观察和经验得出结论，并以系统的方式发展他们的教学工作。[32]

与传统的小学教师教育相反，"研究取向"的小学教师教育被认为是"鼓励学生做出独立的教学法判断"的一种教育，而不是为其"提供现成的答案和提示"。[33]即小学教师必须拥有教育知识和专业实践的个人所有权。自治的教师不需要服从外部当局或技术人员的指导方针，也不会十分依赖成套教材，他们有能力评估教学过程中什么重要、什么没有那么重要。小学教师的重要任务之一是指导小学生自主决策，所以，小学教师必须清楚自己是如何指导自己做出正当的决定和执行这样的决定的程序。"研究取向"的小学教师教育

---

31 Sitomaniemi-sanf, J. Fabricating the Teacher as Researcher: A Genealogy of Academic Teacher Education in Finland[D]. University of Oulu, 2015:58.

32 Sitomaniemi-sanf, J. Fabricating the Teacher as Researcher: A Genealogy of Academic Teacher Education in Finland[D]. University of Oulu, 2015:59.

33 Sitomaniemi-sanf, J. Fabricating the Teacher as Researcher: A Genealogy of Academic Teacher Education in Finland[D]. University of Oulu, 2015:59.

通过帮助小学教师独立思考来反对服从，同时唤起教师对教学任务的道德承诺。"研究"被视为解决教师专业所有权和自治问题的方法，这种独立性的表现方式使得小学教师不需要在课堂之外寻找各种各样的教学案例，相反，他们通过自己的思考和自己的课堂试验来发展独立的风格，也只有自己试图进行研究，才有助于理解教育的实际困难。

　　总之，受过科学研究训练的小学教师被设想为是一个自主的专业人士，他/她不仅能够做出独立的教学判断和决策，还能表现出个人的道德上的承诺。"研究取向"的小学教师教育可以增强和唤起个人的信念、动机和意义感，未来的小学教师应该有自己的看法、对自己的要求、从业动机和对个人职业发展的信心。通过这些方式，科学研究（以及反思）将有助于塑造自治的教师，而不是被动地实施上述命令和指示的教师。小学教师作为一个在学校教育、教学背景下进行辩论推理的专业人士，通过反思实践来质疑专制准则，从而形成个人教育实践理论和教育哲学。[34]同时，小学教师从受制于习惯、常规和外部权威转化为自主思维和行动，也增加了教师的道德责任感。

2. 培养小学教师成为研究者（Fabricating the primary school teacher as researcher）

　　"作为研究者的教师（teacher as researcher）"的主要观点是教师不仅是教学的实践者，还应该在作为教师的同时进行某种研究或探究。[35]芬兰人认为"研究者"的概念在大学里应该更加宽泛，小学教师必须掌握基础的学科知识，同时，他们的研究任务与教学的日常规划、对教学情况的观察以及对教师自身的教学任务的分析有关。因此，研究的形式是多样的，在某种程度上，它们不同于传统的学术研究，芬兰"研究取向"的小学教师教育也并不是只以正式的科学和学术意义上的研究作为基础。[36]"研究取向"中的"研究"可以分为"学术研究"（academic research）和"教学实践研究"（practitioner

---

34 Sitomaniemi-sanf, J. Fabricating the Teacher as Researcher: A Genealogy of Academic Teacher Education in Finland[D]. University of Oulu, 2015:60.

35 Säntti, J., Rantala J., Salminen J., Hansen, P. Bowing to Science. Finnish Teacher Education Turns Its Back on Practical Schoolwork[J]. Educational Practice and Theory, 2014,36（1）: 23.

36 Säntti, J., Rantala J., Salminen J., Hansen, P. Bowing to Science. Finnish Teacher Education Turns Its Back on Practical Schoolwork[J]. Educational Practice and Theory, 2014,36（1）: 23.

research）[37]，芬兰小学教师多开展教学实践研究，"研究取向"的小学教师教育培养将学术研究和教学实践研究有效地合二为一。

芬兰学者对"作为研究者的教师"的另一种表述是"教学法/教育学思考型教师（didactically or pedagogically thinking teacher）"。赫尔辛基大学马蒂.科斯肯涅米（Matti Koskenniemi）教授所做的工作极大地影响了"教学法/教育学思考型教师"的概念。他最重要的实证研究项目受德国传统教学法（Bildung-Didaktik）的影响，提供有关教学过程的经验知识，从而帮助小学教师理解教学过程的本质。科斯肯涅米教授在他的研究中指出：教育科学领域的基础研究的任务就是找到"教育如何产生影响（how does education influence）"这个问题的答案，即找出教学过程是什么样的，学生、家长和整个社会寄予希望的教学过程又是什么样子的。[38]他的"教学过程分析"实证研究的目的是揭示教学的"规律"，小学教师的角色被设想为积极而有创造性的，他们能够以适当的方式分析和评估小学生参与教学活动的条件和能力，并考虑哪种行动方式最能支持小学生的发展，而不仅仅只是教育模型和科学理论的机械应用者。

在芬兰，实证教育研究者被视为教学过程的观察者，小学教师要接受研究人员这一身份，从而获得有关教学事件的经验知识和理解。在科斯肯涅米的研究项目中，从一开始就假设小学教师必须以特定的方式进行培训，以使教室中的教学活动变得清晰可见。同时强调，在没有科学训练的情况下，与小学生的交流和互动就不会产生足够的知识来帮助教师做出自主的、合理的教学决定。因此，在培训期间，小学教师要学习不同的观察技能（以把握课堂中的情感氛围、权威关系、教师的灵活性以及学生的参与特征等），他们被设想为科学家和研究人员，他们将利用适当的研究方法来观察学生和教师（自己和同事），并以这种方式来理解在这期间所发生的教学过程。作为研究者的小学教师必须学会以系统的方式分析教学过程。

芬兰的小学教师不仅要能够阅读和运用以研究为基础的教学知识，而且还要在培训过程中学会自己提供有关教学的知识。这种第一手的研究经验不仅提高了他们的科学素养，更重要的是，研究者通过对教学过程进行关注，

---

37 李佳丽，芬兰"研究为本"的教师教育课程设置探析[J]，比较教育研究，2018（6）：54.

38 Sahlberg, P. Education Policies for Raising Student Learning: The Finnish Approach[J]. Journal of Education Policy, 2007, 22（2），155.

培养了他们在教学方面的思考能力。以更系统、更科学的方式看待教学事件及其影响因素的能力被认为是使教师能够对自己的行为方式做出知情的、合理的说明的前提条件，从而获得更多的专业自主权。[39]通过这种方式，教学法/教育学思想被认为是一种科学家的思维模式，也是一种探究式的教学态度。拥有教学法/教育学思想的小学教师能够观察、分析和发展他们的工作。小学教师的教学思想意味着能够将日常现象概念化，把它们看作是一个更大的教学过程的一部分，并为在这个过程中做出的决定和行动进行辩护。

第四节　芬兰"研究取向"的小学教师教育的发展

　　虽然小学教师的培养职责已经从非学术性的教师学院转移至大学，芬兰小学教师教育文化并没有在一夜之间发生改变。"研究取向"的教师培训政策的调整与芬兰高等教育政策（废除学士学位）密切相关，同时，教师培训课程被要求更加关注社会问题，小学教师应该是承担社会责任的教育专家。20世纪80年代-90年代，随着教育权力的下放，灵活性成为小学教师教育的主要原则，小学教师在课程规划与发展中的责任也越来越大。由于教师教育研究的发展、学术水平的提高，小学教师教育者的学术地位发生了变化，方法论学习的重要性凸显。研究取向的做法基于具有明确开始和结束的教师教育项目，并系统地持续渗透到小学教师的教学工作当中。

一、芬兰"研究取向"的小学教师教育的合理化压力

　　20世纪70年代，芬兰社会已经开始现代化进程，意味着工业化、城市化和福利国家的逐渐形成。国家开始对包括教育在内的更加集中的行政部门进行监管，芬兰教师教育主要的工作取向由培养传统的规范型教师（义务和感召）转变为培养专业型教师（肩负教学使命）。转型后的现代教师需要新的形象反映社会和心理意识，尤其强调了教学理解（didactical understanding）。渐渐地，教师教育者开始培养学生对教师教育的学术兴趣。基于德国教育思想的（German pedagogical thinking）教学研究（didactical studies）在小学教师培训中得到了特别的关注。这一时期的小学教师教育的特点是强调目标合理化，

---

39 Sitomaniemi-sanf, J. Fabricating the Teacher as Researcher: A Genealogy of Academic Teacher Education in Finland[D]. University of Oulu, 2015:72,73

即每一名小学教师都会有针对目标设定的具体发展方向。这些做法都基于罗伯特．马格（Robert F. Mager）的研究工作，他认为必须将目标转化为具体和可观察的行动，这些行动可以追溯到逐步处理过程。教师的实践是根据这些原则构建的。以上体现了这一时期的芬兰小学教师教育以教育科学为基础的专业精神。

1971 年《教师教育法》及其后的立法正式终止了教师学院和教育学院的传统两级培训体系，并将所有教师培训转移到了高等教育部门。在 7 所芬兰语大学和 1 所讲瑞典语的大学设立了教育学院，负责师资培训。随后通过建立教授级讲座将现有机构（及其员工）并入大学。新的教师培训部门推出了课程方案，一个教育学硕士学位成为所有教师（包括小学教师）的正式培训资格。从另一个角度来看，赋予学术地位和随之而来的加薪是国家为了赢得教师职业对于引入新的综合学校和民主教育政策的支持和忠诚所需付出的代价。这些教师培训政策的调整与芬兰高等教育政策的其他变革密切相关，旨在将大学更加牢固地纳入国家的社会政策和经济规划。因此，有人要求教师培训课程应更加关注社会问题和教育政策，并要求教师充当社会责任教育专家和人民榜样。

芬兰目前的教师培训分散在全国 12 个地区，明确的地理分布反映了区域政策在高等教育规划中的强大影响力。小学教师的培训已成为大学教育中具有统计意义的重要分支。20 世纪 70-80 年代，芬兰利用从德国和英国借鉴的想法，对大学学位进行彻底的重新设计，使得传统的职业培训能够获得学术和科学层面的指导。1977 年，政府颁布《高等教育普通大纲和学位改革法》（The General Syllabus and Degree Reform in Higher Education），废除芬兰大学中的学士学位。[40]1979 年，受这一法案影响，三年制学士学位的小学教师教育提升至五年制硕士学位水平，并确立了其独特的学术、科学和研究性质，至此，小学教师和初中教师开始接受同等学术水平的教育。芬兰教师的培训时间更长、教学大纲内容得以更新，教师的地位得到改善。大多数学生需要 5 年才能毕业。小学教师的学术培训发生在大学的不同机构，甚至与主校区不在同一个小镇。教师教育系的教授超过 100 人，这意味着芬兰在这一领域的教授职位多于另外三个斯堪的纳维亚国家。几乎在一夜之间，芬兰以全面的

---

40 90 年代初期，芬兰受到经济危机的影响，教育经费缩减，仅有硕士学位的高等教育制度受到抨击，最终恢复学士和硕士两个学位层级的高等教育。

资源作为后盾，建立了一个高效的教师培训学术系统，致力于教学与研究之间的良性互动从而有效提高教师的学术水平。

　　20 世纪 80 年代，芬兰教师培训及其资源显著扩张。由于芬兰学校班级规模缩小、特殊教育需求扩大、妇女产假的延长，学校教师的需求量增加。20 世纪 80 年代末期，芬兰的社会管理体制开始下放，其背后的意图是希望通过增加灵活性和引入新的评估机制来提高教育质量。随着权力的下放，地方的决策和责任不断被强调。教师培训单位也要因其所处的地区进行调整，根据区域主义原则，增加了学校课程发展的自由度，随后将教学和课程发展的责任转移到学校董事会。教师的工作不再是集中指导，教师在规划与发展中的责任也越来越大。从前通过严格的规范指导来实现的教育目标，现在芬兰人相信可以通过制定国家核心课程标准来实现，并能用于评估实施后的效果与成就。[41]1994 年国家基础教育核心课程支持这一想法。教师培训新的重点强调教师和学校在课程规划中的责任，强调地方层面的合作关系。20 世纪 90 年代初，教师教育的主要原则是灵活性，注重可选课程的可用性和所涉范围的广泛性，作为小学教师培训的一部分的强制性一般性学习模块减少，同时，部分可选学习模块增加。有学者建议停止对教学技能的评估，从而使教学实践成为更为灵活的一部分。

　　由于教师培训是由大学提供的，方法论学习成为课程的一部分。芬兰小学教师必须从就读教师教育项目的初始阶段开始熟悉研究方法，以便能够开展他们的论文。教师学院的一些前教师认为，方法论研究不是他们的领域。同样，有些学生抱怨说，他们没有看到教师的工作与方法论学习之间的联系，也没有看到撰写硕士论文的必要性。但是，通过推进教师教育工作者的研究工作和越来越多的教师教育者开展了博士研究项目，这种批评开始减弱。随着学术研究的发展、学术水平的提高，教师教育者置身于大学的学术地位发生了变化。只是，在 20 世纪 70 年代末和 80 年代初，许多学生的研究是经验性调查，这被认为是微不足道的和无用的。根据相关性、因素分析和平均法报告的研究结果几乎与教师工作的现实无关。所以，教育研究方法中一点一点地纳入了定性方法。定性研究的范围扩大到包括从传记和叙述研究到人种

---

41 Uusiautti, Satu., Määttä, K. Significant Trends in the Development of Finnish Teacher Education Programs（1860-2010）[J] Education Policy Analysis Archives, 2013,21（59）,7.

学研究的方法，首先发展起来的是行动研究。掌握这种方法的学生能够参与旨在发展教学或学校的项目的研究。由于包含更多功能的研究方法，芬兰的教学和教育研究变得更加广泛。由于学生和教师可以撰写有关他们工作的文章，他们更加有意识地认识到他们的教育观点、行为以及同事的看法。在这一过程中，增加了批判性反思，教师有了更强的自我意识，这些共同构成了教师专业发展的核心。20 世纪 90 年代开始，由于教师有资格获得博士学位，方法论学习的重要性凸显。从国际比较的角度来看，芬兰的教师培训在研究方法的教授上有明显的优势。[42]

二、新时代芬兰"研究取向"的小学教师教育的新发展

20 世纪 90 年代，芬兰教育学术界的一些成员对教师教育在大学中的地位持怀疑态度，对学术教师教育的批评愈演愈烈。评论家认为，教师教育部门的定位过于实际，这些部门的研究很少、档次较低且仅限于教学问题。这导致了这样一种情况，即最响亮的批评声音要求将教师教育定位于职业导向的应用科学大学。这些评论要求学校文化发生根本变化。因此，越来越多的学校开始设计和启动地方发展项目。在教师教育中，科学修辞（scientific rhetoric）得到了加强，它同时源于学术压力和学校发展需求。强调教育科学对教师日常工作的意义，学校教师在研究活动中能够发挥更积极的作用。研究取向适用于每所学校的每位教师，这被赋予一种有说服力的语调，这种宣布被视为一种解放的立场，更像是一种令人鼓舞的承诺，而不是一项艰苦的义务。

除了研究导向和对发展的期望之外，新的教师形象还包括在学校当局的改革方向得到缓和时增加的行动自由。这为课程规划扫清了道路，因为地方被赋予了更多的管辖权，课程规划的权力甚至直接下放到了学校层面。前一个时代的教学思想家被具有批判立场和自我评价态度的变革推动者所取代。

新的研究和发展重点也反映在教师实践中。仅仅二十年前，这种做法的主要目的是向未来的教师介绍当前的学校惯例和行业技巧，现在的目标是完善教师的工作和促进学校的发展。在新的千年开始之际，"所有教学都是以

42 Uusiautti, S., Määttä, K. Significant Trends in the Development of Finnish Teacher Education Programs（1860-2010）[J] Education Policy Analysis Archives, 2013,21（59），9.

研究为基础"，以大多数教师教育工作者已经完成博士学位作为保证，国际出版是现代教师教育者寻求学术信誉的规则。因此，芬兰教师教育文化从教学导向转变为基于研究。教师教育者职责的变化也影响了未来教师的职责。从培养教师对教育科学和研究的正确态度转变为把实际进行课堂教学研究作为教师的义务。教师应将教学和学术研究的成果纳入教学。此外，教师应该系统地反思他们的实践，并在自己的工作环境中充当研究人员。

表 2　1945 年至今芬兰小学教师教育及"研究"角色的发展演变一览表

历史时期	教育政策	理想教师	"研究"的角色
1945-1960s	基于并行学校系统的传统	呼唤/职业规范的教师	轻微、偶然
1960s-1990s	综合学校改革、学校管理集中化	肩负专业使命的教学思想家	教师通过"研究"理解教育科学
1990s 至今	多元化的学校文化、地方决策、持续发展、经合组织驱动的政策	1. 变革推动者、研究和发展项目的主持者；2. 不间断地发展自己。	1. 为改变做准备；2. 持续不断地促进教师研究和教师发展。

20 世纪 80 年代，立法改革改变了芬兰的教育制度。而 20 世纪 70 年代的集中决策制度发生了改变，这有利于教育权力下放。芬兰在这一时期的一项重要的改革举措是放弃国家课程的概念，而采用市政课程的概念。根据芬兰各级教育的特点，课程被重新设计，并且国家放松了对课程设计的管制，这种趋势增加了教师影响他们工作的机会，并逐步将决策权下放至学校社区，所有这些发展都为芬兰教育带来了特殊性，即信任文化。教师在课程设计、教学方法和学习材料的选择方面受到充分信任并获得了大量的专业自由。这种教学自主权建立在教师对教学内容的全面了解以及在教学中反映出其所拥有的职业道德的基础之上。国家核心课程仍然提供指导自主教师在其教学工作中的价值观和目标。

20 世纪 80 年代，芬兰教师培训及其资源显著扩张。由于芬兰学校班级规模缩小、特殊教育需求扩大、妇女产假的延长，学校教师的需求量增加。芬兰的另一个教师培训机构——教师培训学校（teacher training school）越来越受到重视。它的产生可以追溯至 19 世纪 60 年代，在赫尔辛基设立了正规的教师学院，在于韦斯屈莱设立了教师学院实习学校。随着时间的推移，芬兰的教师培训学校体系不断扩大，70 年代将师资培训纳入大学，这些教师培训学校也一并转入大学的教育学院。教师培训学校的目标是进行研究和培训，基本任务是测试和评估未来教师的教学技能，并充当芬兰学校体系的"前卫"，目的是为实验和创新提供一个特殊的环境。通常一所教师培训学校的课程规模较小、教学负担较低、教师工资较高。在具体实践中，它们曾被批评为孤立自己，将自己变成"教学实验室"。

与许多其他国家相比，芬兰的小学教师地位相对较高。小学教师教育培训（部分因为其学术地位）吸引了资质良好的芬兰年轻人。然而，21 世纪初期，芬兰的教师培训经历了一场由于过度快速扩张和创新而产生的"宿醉"危机。更确切的说，这场危机与整个芬兰福利国家面临的危机有关。经济衰退严重、失业率高达 22%，面对新自由主义市场哲学的基本民主价值的崩溃，以及公共部门（包括大学）的大幅削减，都需要重新评估一个与实际发展相符合的教师培训体系。芬兰教育部启动了一个涉及教育学学位评估和发展的项目。该项目的目的是为教师培训和教育科学发展方案的"结构发展"提出切实可行的建议。实际上，这意味着降低成本的措施。由于 20 世纪 90 年代初期开始的经济衰退以及芬兰加入欧盟（政治变革的一部分）所受到的冲击，导致在教师培训方面必须降低成本。最激进的批评者曾敦促重新将担任小学教师的基本资格定位于取得学士学位，或者将大学中的小学教师培训再次转移至大学之外的单独的学院。

1995 年，芬兰颁布了关于教师培训的新规定。不久之后，芬兰教育评估中心（The Finnish Education Evaluation Centre，简称 FINHEEC）发起了新的教师培训评估，还发动国际专家小组进行了评估。其中一些已经很熟悉的目标被提出作为改善国家体系的建议。重点强调的是教育的社会性质、各合作伙伴的合作关系、教师与各种学生的工作能力、国际性、多元文化主义与工作生活的联系、教师应对能力、专题教育内容以及多元化的教学实习。对专业化的众多评价和要求导致了师资培养中的具体策略的制定。每个教师培训部门追求创造自己的特色，比如强调艺术、科学、早期教育和国际合作等。90 年代末期芬兰开展了一项用以满足教师对基础和辅助教育需求的项目，其任务是创建一个模型，以帮助预测教师培训的量化和定性需求。项目报告介绍了数十个教师培训目标和基础培训内容。目标被划分为三个发展领域：教师工作的性质的不断变化、教育机构的日常工作和教育变革的需要。

历史的车轮并未出现倒退。受博洛尼亚进程的影响，2005 年 8 月 1 日，芬兰大学修订了教师教育的学制和课程。三年制学士学位和两年制硕士学位的组合使学生能够教授小学或中学的科目，并且自主地选择自己的发展方向。两级学位系统的确立缓解了大众对学术教师教育的激进评论。小学教师以教育科学为专业，取得教师资格的基本要求是完成硕士学位（可继续攻读博士学位），其中，硕士论文写作是非常重要的环节，论文主题与学校紧密相关，往往是行动研究项目。如果只取得三年制学士学位，可以成为幼儿园教师。以博洛尼亚进程为基础的教师教育改革旨在进一步加强教学专业的学术基础，修订后的教师教育课程强调教师愿意将"研究取向"的知识应用于日常工作中。同时，将小学教师培训工作移出大学的声音激发教师教育单位开展高水平的教师教育研究，促进自身的发展并巩固其置身大学的学术地位。2006 年，芬兰成立了一个部级委员会，该委员会的工作是在当前正常运作的教师教育框架内概述其未来发展（已将教师教育的发展蓝图勾勒至2020 年）。委员会的早期决定之一是提出教师教育已经融入大学系统，其结构趋于稳定，不应该进行重大改革。委员会的建议涉及许多国家教师教育工作者所熟悉的挑战，例如如何加强教师的知识基础、如何将教育研究和理论与实践中的学科教学整合为一体，以及如何支持新教师等。应对这些挑战要求芬兰教师教育往后发展的每一年都越米越以研究作为基础。

从被轻视的贫困的公务员到学术精英，教师的长期进步在芬兰社会比世界上其他大多数国家更加辉煌和成功。教师能拥有强势而稳固的地位和他们对国家权力的成功抵抗可以归结为几下原因：首先，芬兰的教师一直非常忠于政府，并且也是通过非常严格的筛选过程招募的。其次，他们比国外的同事更加保守。第三，他们也是建立北欧福利国家的非常可靠的合作伙伴。第四，几十年来，芬兰只有一个强大的教师联盟，95%的教师都加入，这是所有职业联盟中最强大的。教师工会在指导芬兰的整个教育政策方面发挥了决定性的作用，并得到芬兰的一个特殊机构——教帅培训学校的支持，这些机构自 19 世纪 60 年代以来逐渐获得了为所有芬兰教师提供资格证书的垄断权。

需要补充的是，本章的主题是芬兰"研究取向"的小学教师教育的形成，在芬调研期间，笔者拟定的访谈提纲中的前面三个问题关于小学教师教育的发展历史、进行的重要改革及改革原因。询问的对象是芬兰三所大学的教师教育系教授或讲师。J 大教师教育系的系主任回答道：

> "我不确定。我们有相当少的关于芬兰教师教育发展历史的英语专著。我和我的同事写过一篇文章，但它是西班牙语的。我可以查一下，但是大部分都是芬兰语的，因为教育历史研究在芬兰并不流行。我们在那个领域没有教授。我们过去有研究人员，但我们没有芬兰教师教育史，尤其是小学教师教育史的总体概况。"、"关于改革，我们有两次比较大的改革。第一次是 19 世纪 60 年代在于韦斯屈莱开始的。第二次是在 20 世纪 70 年代，教师教育成为大学的一部分。1979 年是要求所有小学教师攻读硕士学位的第一年。但是为了这个转变，我们在 20 世纪 70 年代为改革做了长期的准备工作。"、"芬兰的教师教育不是国家层面的。每一所大学都有发展自己教育的自主权。国家政府只给大学提供最高级别的规则或指导，但是所有的大学都有自主权。如果他们想改变'结构'，就需要在整体框架下制定规则。因为芬兰的法律规定了教师必须具备什么样的资格。但是在这个基础之上，所有的大学都有自主权来定义他们如何组织，或者使用什么样的课程。就像我刚才说的，我们有自主权进行三年一次的课程改革，有自主决定我们在基础研究或学科研究中进行什么类型的研究的权利，以及学生可以自主选择什么是他们必须学习的内容。（编号：J20170809X）

由此可知，芬兰"研究取向"的小学教师教育的形成不是一蹴而就的，而是长期准备的结果，小学教师教育没有统一的执行标准，法律对小学教师应该具备的资格进行了明文规定，以此为基础，每一所具有培养小学教师资格的大学可以自主进行相关课程、教学的组织与管理，学生在专业学习的过程中，对于内容和方法，都拥有很大的选择空间。

J 大教师教育系科研主任的回答是：

> 我认为 20 世纪 70 年代是一个重要的节点，当时这种教师教育被创造出来了。我的意思是在这之前芬兰教师保持较低的高中学历。20 世纪 70 年代之后，所有小学教师都要获得硕士学位。所以，这是一个很大的变化。这也是人们不断问为什么在 PISA 测试中取得成功的原因之一。芬兰所有小学教师都持有硕士学位，你在世界

范围内看到教师受过如此水平的高等教育吗？我认为这是一种"飞跃"。芬兰小学教师教育成立于 1863 年。这是一个重要的起点，在于韦斯屈莱。我认为这是最重要的事情，因为大多数芬兰公民在此之前由瑞典统治或管理。即使我们讲芬兰语，我们的州长也是首先讲瑞典语，之后是俄语。你可以看到，芬兰语的教育非常重要。从一开始，这种教师教育就是两年的教育。在芬兰，教师非常受重视并且快乐。我认为在某种程度上教师有意识地建立了民族认同。真正强调的是，芬兰语文学或芬兰艺术，如音乐、绘画的重要性。我们受其他国家管辖。因此，建立自己的身份非常重要。（编号：J20170809K）

上个世纪，我们这里每五年就有一个会议，参会者包括在于韦斯屈莱大学研讨会或者教师教育系学习过的人，现在绝大部分人都退休了，我们上周六有这个会议，有 50 个人参加了这个会议。很多事情都改变了，第一个问题就是这些所变化的东西现在还存在吗？教师培训应该是以现象为基础，以研究为基础，与实际生活和社会相结合的。我认为有很多改变，教师教育的改变就像是波浪，它们出现了又消失了，我们现在相信的做法是以现象为基础，但是 10 年后会是什么样子的呢，我不知道。在芬兰的基础教育里一个很重要的东西就是自由选择教育的课程以及课程内容。（编号：J20170810F）

芬兰的教师教育历史很悠久，可以追溯到 19 世纪。我认为在那个时代，有一个很大的问题就是如何教育芬兰的人民。以前的教育体系基于这个中心问题。我认为大学系统在某种程度上是基于教师教育学院的，尤其是在于韦斯屈莱大学。这些是我们大学系统的重要骨架。我记得对的话，我们系统发生改变的原因是教师教育要求硕士学位。最开始教师教育是两年的研讨会，随后就是三年的学制。在 1970 年代，我们开始教授教师培训专业的学生成为教育硕士。在历史上，我们非常尊敬教师，教师在一个小镇或者村庄是一个大人物。我们的文化也尊重教师。我认为这是这个系统发生变化背后的原因。我们如此地尊重教师和学校，我们想给教师最好的教育，因为在芬兰学校工作是一个如此重要的系统。我认为改变的原因之一是这个。（编号：J20170815A）

20 世纪 70 年代芬兰教师教育的改革是基础教育的改革导致的。我们先前有两个平行的体制，两种类型的学校。在 20 世纪 70 年代，芬兰的基础教育体制发生了改革，所有儿童有相同的课程大纲，都去相同的公共学校上学。不久之后，芬兰的教师教育体制就发生了改革，原因是想要把教师教育学术化，使之不仅仅是一种实际的教师教育，而且要为教师教育带来学术方面的改变。背后的原因是芬兰的教师需要学术的能力和素养，不仅仅是实际操作，也需要为其在课堂中的具体做法寻找充足合理的理论依据。（编号：J20170816B）

第二章 芬兰"研究取向"的小学教师教育的实施路径

"Teachers teach as they have been taught and not as they have been taught to teach."

——Finnish proverb

通俗地讲,这一章所回答的中心问题是:"芬兰人究竟是怎么培养小学教师的?"。小学教师在芬兰是一个非常受欢迎的职业,每年都有大量优秀高中毕业生向大学递交小学教师教育项目的申请,申请者需要经历哪些环节才能成为竞争异常激烈的小学教师候选人?进入大学之后,具体学习的课程都有哪些?究竟是怎样的一个培养过程造就了芬兰的优秀教师?

第一节 芬兰"研究取向"的小学教师教育的哲学 基础

在论述芬兰"研究取向"的小学教师教育具体的实施路径(选拔制度、课程模式、实习制度)之前,首先要探讨"研究取向"的小学教师教育的哲学基础。"研究取向"的小学教师的"四个真理"构成了"研究取向"的小学教师教育的哲学基础。现代芬兰小学教师的"四个真理"阐述的是在芬兰,一名"好"的小学教师是什么样的以及在教育领域中,什么样的权力是"正确的"权力。

一、小学教师工作的知识基础是以教学为导向的教育科学

从 19 世纪 60 年代直到 20 世纪 60 年代中期，与芬兰教师培养相关的教学方面的研究都是基于心理学和伦理学的。20 世纪 60 年代末，教师培训委员会报告是一个转折点，教师以科学合法化的专家身份取代了其之前的受过良好教育的勤杂工身份。加上 1969 年小学教师教育的职责和场所转移至大学，1975 年教师培养全部提升至硕士学位，芬兰的教师教育不断科学化，教学从"随意活动变为理性行为"，现代芬兰教师要成为一名"教学思想家"和"研究人员"。这时候出现了第一条真理：一个以教学为导向的教育科学形成了小学教师工作的知识基础。鉴于小学教师的职责是要确保每个公民都有适当的尊严、礼貌和行为习惯，这一时期人们对"好老师"的定义是"示范公民"，这时候的教师培养的理念已经不是之前的对儿童的爱这种基督教精神，而是转向更为民主的"正确的教育态度"：未来从事小学教师工作的学生应该对学校和职业生涯抱有积极的态度，对小学生及他们的成长与发展感兴趣。因此，情绪、情感教育被引入教师教育机构和教师专业发展之中。

二、目标意识是小学教师的关键职业素质

目标意识是 1970 年课程大纲中提出的作为新的综合学校教师的一项基本素质，并于 1984 年写入法律。对目标的承诺使大众化教育机构与官方课程的影响成为发展综合学校实践的主要手段。教师开始对学校教育有一种深刻的理想信念。目标意识取代了传统的任务意识和外部范例。这时候，第二个真理可以表述为：目标意识是小学教师的关键职业素质。

芬兰的教师是值得信赖的，如果他们遵守法律和课程指导方针，他们可以在工作中充分实现教学自由。芬兰的学校在课程开发和教学方法上也有很大的自由度。芬兰的校长和教师是欧洲最独立的教育专业人士，他们负责支持学生的全面发展，国家核心课程仅仅为学校发展自己的课程和教学方法提供了基本的价值观和目标。强大的信任文化和教师在考核活动中的关键作用也支撑着教师的职业精神。分权化允许教师考虑当地环境，并以灵活的方式解决学生之间的多样性问题。这种自由可以被视为是一种挑战，教师要能应对身为道德专业人员的挑战和要求，就需要有长远的目标和对教学的承诺，换言之，他们在工作中需要有目的性。具有目标意识的小学教师对教学有明确的、长期的和有意义的目标，他们可以反思这些目标并解释确定其为目标

的原因。[1]这些目标激励着小学教师的日常生活，支撑着小学教师的整个职业生涯。在小学教师教育中，芬兰致力于培养能够从不同角度反思教学的教育目的，帮助学生在生活中找到目标的教师。

三、小学教师的工作是以个人为中心的任务

第三个真理涉及的是小学教师教育工作的对象：是一群学生还是个别学生？二战时期，芬兰的课程和教育领域的各种委员会文本中都很少将学生称为个人。这时候个人利益是从属于社会利益的：义务学校的明确使命是为社会培养公民。但到20世纪60年代末，现代人超越社会作为芬兰学校教育合法化的来源。课程由群体设计变为个人主义，这时候的学校教育应对的是每个学生的个人学习需求和素质。同时，教学的基本问题从学生整体向学生个性的多样性适应及转变。教师的工作从塑造一群学生的学校生活转向专注于个人。由于"教学差异化"的新的教学观念的提出，教师需要的技能也发生了戏剧性的变化，"旧学校"的教师只注意那些在适应课堂纪律方面有问题的学生已经不能满足这种"教学差异性"的需求，"新学校"的教师需要了解每个学生的家庭环境及与学习相关的因素，以及学生之前的学习成果、能力、态度、期望和学生的健康状况。为了回应学生的多样性，教师工作的伦理特性中增加了教师以个人为中心的任务的重要性。1994年的课程大纲描绘了教师作为"学习辅导员"和个人"学习者"的"学习环境设计者"的称谓。所以，第三个真理是：教师的工作是以个人为中心的任务。

四、小学生的综合评估和客观评分是教师的基本也是重要任务之一

在阐述第四个真理之前有必要对学校教育中"正确的"权力做一个解说。20世纪60年代以前，学校教育一直没有提及对学生的评分和评估，虽然也有一些法令明确规定了教师要"检查和监督学生做练习，进行分级和准备学生报告卡"。但这些都没有上升至课程大纲或委员会文本的层面。只有在1960年，首次提到学生"学习成果评估和学生评分"是教师教学技能培训的一个方面。《1966年综合学校课程报告》指出传统的分级和评估对学生的学习进展

1　Tirri, K., Kuusisto, E. Finnish Student Teachers' Perceptions on the Role of Purpose in Teaching [J]. Journal of Education for Teaching, 2016, 42（5），535.

情况进行了数量和质量上的限制。学生、家长和教师一致认为在学年期间需要进行全面整体的和个人的评估，并进行客观的和可比较的分级。这时候学校教育的一大功能是：对学生的选拔进行分级评估，并对其进行自我选择评估。教育科学被认为是对学生个性的深刻干预。1985 年的课程更新与改革中教师进行的评估集中于学生的表现和某些具体行为，而不是将他或她的个性作为一个整体进行评价。这时候"积极参与"、"合作的能力和意愿"以及"积极的态度和根据教育目标采取行动的意愿"会比具体的知识及技能的标准更被学校教育及其评估所重视，同时，作为对学生本人的服务，还可以提供他或她在继续学习中潜力的现实情况报告卡。这强调的是一种客观的、可比较的、全面的个人自主选择资源。在 1994 年的课程改革中这种强调达到高潮：评估最有效地支持学生个人学习过程的进展，增强学生的自信和认同他或她自己的能力和技能。这项评估是芬兰现代教师的第四个真理：小学生的综合评估和客观评分是教师的基本也是重要任务之一。

在芬兰教育改革的过程中，小学教师要求获得更多的自主权，以进行课程和学生评估。自 20 世纪 80 年代以来芬兰学校的教师培训和专业水平逐渐提高，这已成为合法诉求，所以，小学教师在评估学生方面起着关键作用。芬兰学校为什么不使用标准化考试来确定学生的学业成功有三个主要原因。首先，虽然评估实践基于国家课程，但芬兰教育政策高度重视个性化学习和创造力。每个学生的进步是根据他或她的个人发展和能力来判断的，而不是根据统计指标。其次，教育部门坚持认为，课程、教学和学习（而不是测试）应能推动教师的实践。将对学生的评估融入教学过程中，可以用于在整个学年中提高教师和学生的工作。第三，确定学生的学习成绩和促进社会发展被视为学校的责任，而不是外部评估人员的责任，教师是他们的学生是否以及怎样在学校取得进步的最佳评判者。

芬兰综合学校承认，当教师进行所有评分时，可比性可能会受到一些限制。但与此同时，芬兰人认为常常组织外部标准化测试所引发的一系列问题，如产生缩小课程范围、应试教学等与刻意操纵测试结果相关的不道德做法，以及引起学校间的不健康竞争等可能成为更大的隐患。由于芬兰教师需要设计和开展适当的课程评估以记录学生的进步，课堂评估和校本评估是教师教育和教师职业发展的重要组成部分。

虽然芬兰小学教师的工作主要体现在课堂教学，但他们的许多职责都在课堂之外。在芬兰，教师的正式工作时间包括课堂教学、备课以及每周两个小时与同事一起规划学校工作。芬兰小学教师的教学时间少于许多其他国家的教师。芬兰一位小学教师每年上课的总时不到 600 小时。而在美国，同一级别的教师通常每年教授 1080 个小时。[2]然而，这并不意味着芬兰的教师工作较少、工作时间较短。芬兰教师工作中的一个重要而且仍然是自愿的部分是致力于改善课堂实践，推动整个学校的发展，并积极与社区进行合作。由于芬兰教师对课程和评估负有重要责任，并且有义务进行实验和改进教学方法，他们工作中的一些最重要的方面是在教室以外进行的。

由于芬兰没有对教师进行集中管理，因此学校教职员工、校长和学校董事会一起做出聘用与否的决定。为了吸引年轻教师到小型且偏远的农村学校，政府会提供小额津贴或补助金，这些学校一般不如城市的学校那么受欢迎。芬兰没有正式的教师评估。教师每天会收到校长和学校工作人员的反馈。由于芬兰没有针对学生的标准化评估，因此非正式的教师评估中没有对学生学习成果的正式描述。芬兰人认为，一位优秀的教师是能够帮助所有孩子全面进步和成长的人，而不是帮助学生在标准化测试中获得高分的人。

大学是唯一有权颁发教师执照的组织。根据市政府的行政规定，教学职位由学校负责人或当地教育部门负责任命。芬兰学校有两种类型的教学职位：定期和无限期。固定任期职位通常指的是教师只在一个学年被聘用，因为他们知道学校的需求是暂时的（例如，填补休产假的教师）。芬兰大部分教学岗位都是开放式的，学校对教师招聘和选拔十分重视。一旦聘用了一名教师，除了违反教学职业道德规范之外，没有试用期，没有衡量教师效能的标准，也没有解除合同的手段。芬兰依靠教师的充分准备、职业道德以及他们在教学专业工作（包括课程和评估发展）中与同事不断接触的机会来支持他们教学的有效性。当新教师在一所学校任职时，他们通常会终身待命。官方统计显示，只有 10%-15% 的教师在职业生涯中选择离开。

小学教师经常被拿来与在医疗诊所工作的医生进行比较。芬兰小学教师职业的一个关键特征是他们是自主的、值得信赖的和受人尊敬的专业人士。不像有些国家的官僚问责制会让教师感到受到威胁、控制过度和被低估，教师是一个非常复杂的职业，芬兰的教师可以在日常教学工作中真正运用在大

2　Sahlberg, P. The Professional Educator: Lessons from Finland[J]. American Educator, 2011,35（2）,38.

学里学到的知识和技能。

第二节　芬兰"研究取向"的小学教师教育项目的选拔制度

在芬兰高中毕业生的一项民意调查中，教师一直是最受尊敬的职业。想成为一名小学教师是一个竞争非常激烈的过程。只有优秀、聪明的学生才能实现这一职业梦想。每年春天，成千上万的高中毕业生向芬兰大学的教师教育系递交申请。通常，仅仅完成高中学业并通过严格的大学入学资格考试是不够的。成功的申请者不仅要有良好的学业成绩、优秀的沟通和社会人际交往能力，而且要有在学校从事教学工作的强烈的愿望和个人责任感。理想的芬兰小学教师候选人不仅有学术潜能，而且在艺术、音乐、舞蹈、戏剧或其他领域也有着优秀表现。每年只有大约十分之一或十五分之一的申请者会被录取成为一名小学教师候选人，这意味着大学可以从大量的申请者中选择最适合的学生。在所有类别的教师教育项目中，约有 5000 名教师是从约 20000 名申请者中挑选出来的。但实际上，更严格的职业选拔和准备过程使其对有才华的学生更具吸引力。今天，进入赫尔辛基大学的法学或医学学院学习比入读小学教师教育项目更容易。

一、芬兰"研究取向"的小学教师教育项目申请者的遴选方法

芬兰高中生进入大学学习的途径有三种：第一种，参加由大学入学考试委员会组织的一年两次的全芬统一的入学考试，取得优异的成绩等级；第二种，在统一的入学考试中成绩等级一般则必须在所申请大学的学院入学考试中取得优异的成绩；第三种，只参加学院组织的入学考试并且名列前茅。每年参加全芬兰统一的入学考试又参加大学院系组织的入学考试的学生比例是60%。芬兰每所大学下设每个学院的各个不同的专业组织的考试都是不同的，一般情况下，芬兰大学的教师教育系共包括六个不同的教师教育项目：幼儿（学前）教师教育、小学教师教育、学科教师教育、家政教师教育、手工艺教师教育和特殊教师教育。

以赫尔辛基大学为例，教师教育系录取的本科生所通过的院系考试由两个部分组成，第一个部分是 VAKAVA-TEST（WRITTEN-TEST），即笔试。在2006 年之前芬兰有教师教育专业的大学会由该专业所属院系里资历最丰富的

教师命题，各校单独组织这场考试。从 2006 年开始，分布在芬兰不同城市的七所大学[3]联合组织这场考试，报考这七所大学教师教育专业的学生在同一时间参加统一的笔试。顺利通过考试的学生进入第二个部分面试，学院会将申请者按照四人一小组，三个小组为一大组编上序号，第二部分的考核分三天进行，比如可能是周一到周三，每天会安排 12 个大组共 144 位申请者进行面谈，每一个大组会被分配到两位资深的教师教育者，面谈的形式可能是一对一的单独谈，也可能是以小组为单位的座谈。面谈的具体内容每年都不同，以 2014 年为例，面谈大纲主要围绕申请者的报考动机、沟通技能、对未来职业发展的规划等方面展开，也有可能随机提供一篇文章，让申请者现场阅读此文，提出自己对文中观点的看法及支撑这一看法的依据。此外，芬兰大学教师教育系的两位教师还会问一些开放式的问题，比如：假设你已经成为一名教师，那么从你成为教师的那一刻起到 2030 年，这期间，你期望并且预计自己能够创造多少价值？具体怎么去创造？或者为申请者准备一间密闭的房间，房间里放置一部电话，让申请者即兴应对来自家长的来电。每个大组配备的两名院系教师会根据申请者的表现在每位申请者的申请表的分数栏勾上分数等级，而申请者的成绩分为 5 个分数等级，0 分意味着申请失败，1-2 分说明表现得差强人意，3-5 分为中等，6-7 分会被认为良好，8-10 分则为表现优异。

赫尔辛基大学 位负责招生管理的教师指出，由学院组织的这两个部分的考核，第二部分的面试成绩所占比重大于笔试成绩，也就是说倘若申请者的笔试成绩优秀而面谈部分的表现差强人意，就会被教师教育系拒之门外。当问及录取比例，这位教师说：2014 年约有 2000 多人报考赫尔辛基大学教师教育系，通过审核申请者的统一大学入学考试成绩，筛选出 360 人参加院系考试，而最终通过第一轮笔试的考生有 200 人，其中通过面试环节的只有 120 人，这就是 2014 年最终考入赫尔辛基大学教师教育系的新生人数。总之，大学对申请者进行选择的过程包括两个阶段。首先，申请人参加全国统一的大学入学资格考试。其次，这个考试的分数被用来作为学生是够能够受邀请参加各个大学能力倾向测试的基础。每所大学都有自己的能力倾向测试，通常包括面试、小组练习、心理测试和不同类型的笔试，申请人不要求有任何

3　这七所大学分别是：赫尔辛基大学、于韦斯屈莱大学、图尔库大学、奥卢大学、坦佩雷大学、东芬兰大学和拉普兰大学。

教学或教育科学研究的经验。[4]

笔者的访谈证实了上述关于学院组织的入学考试的描述。当被问及"现在的选拔和之前（"研究取向"之前）的有什么不同之处"时，得到如下回答：

> 我是 1996 年的申请者，那时的笔试是我们阅读一本书（并不是全国统一的），我们有笔试，也有小组面试和个人面试，这是选择过程，那时也是很难申请上这个项目的。我记得在 20 世纪 90 年代初，还有教学测试，申请者得用 15 分钟左右的时间来教小孩子。这不是一个挑选申请者的好办法。面试被问的问题和现在差不多，比如，我成为教师的动机是什么、我在生活中对哪些事心存感激等。
>
> （编号：J20170815A）

二、芬兰"研究取向"的小学教师教育项目选拔标准及其特点

这部分介绍的是芬兰大学是如何对申请就读"研究取向"的小学教师教育项目的学生进行筛选的，有什么具体的要求和标准，这一选拔过程又有哪些特点。

（一）选拔标准

这部分详细描述笔试的具体内容以及面试部分所考察的能力。笔试使学生能够同时申请 7 所大学和 35 个教育学位课程。申请人最多可申请六个学位课程。可供填报的项目有：小学教师教育、学科教师教育、幼儿园教师及幼儿教育、特殊教育、成人教育、工艺研究及工艺教师教育和家政及家政教师教育。考试所得的分数会用作甄选申请人参加能力倾向测试的依据。小学教师教育的申请范围包括不同大学的 9 个小学教师教育项目。申请人最多可申请其中三个，并在申请表上按优先次序列出。遴选过程分为两个阶段，第一个阶段为笔试。在第一志愿考试中取得足够高分的申请人，可获邀参加第二阶段（能力倾向测试）。如果没有，则将分数与第二选择和第三选择所要求的分数进行比较。

笔试于 2006 年首次实施，笔试的范围由一组教育相关的文章（每年都会选出新的文章）组成，在每年 3 月以一本书的形式出版（见图 2）。此书所收录的文章是经过同行评审的学术文章，这些文章在过去一年中发表在各种教

---

4 Rautiainen, M., Mäensivu, M., Nikkola, T.Becoming Interested during Teacher Education [J] European Journal of Teacher Education, 2018, 41（4）, 421.

育学期刊上。例如，在 2013 年，笔试包括 7 篇文章，其中一篇文章研究了孩子们在数学课堂上的发言，另一篇研究了孩子们使用社交媒体的情况，以及他们如何向其他人描述自己。这本书（等同于专门的考试用书）会在统一的时间发布，每一位考生都有大约六周的时间阅读并熟悉这本书中的材料，以备战 4 月或 5 月的考试。

　　申请者参加笔试时，必须通读所有的学术文章，并回答多项选择题，这些题旨在考察考生的推理和分析技能。筹备笔试的委员会成员描述了他们为考试制定问题所做的努力，这些问题不是简单的死记硬背或例行公事，而是需要考生运用应用和分析能力。例如，在最近的一次笔试中，考生被要求根据文章的内容分析和解释图表。换言之，考生必须针对给出的信息做出推断，并对数据进行分析。

图 2　统一笔试（VAKAVA-TEST）备考用书封面

　　考生们在考试中还会指出他们想要就读哪所大学的小学教师教育项目，例如，他们是想要进入图尔库大学还是赫尔辛基大学。一旦考试结束，被考生填报的大学就会得到一份考生在考试中的分数列表，并可以从笔试中获得最高分的学生中选择。2014 年，全芬兰超过 7000 名高中毕业生参加了笔试，

以争夺小学教师教育 660 个名额中的一个。然而，以高分通过笔试的考生并不能保证一定可以进入芬兰最具有竞争力的小学教师教育项目。

面试是选拔过程中的一个关键环节，它使教师教育者能够评估申请者的人际交往能力和其他重要技能，如音乐或其他艺术天赋。例如，2012 年赫尔辛基大学的教师教育者们挑选了 360 名在笔试中得分最高的学生，最终只有一半不到的人通过了面试。在不同的大学之间没有共同的面试程序或其他选拔程序，大学可以自由决定选择申请者的过程。在赫尔辛基大学，这些经过精心挑选的申请者由教师教育系的教授和讲师分别以小组形式对他们进行面谈。在小组面试中，3-4 名考生被要求阅读一篇课文，或一幅关于教师及其工作的插图，并准备一起讨论如何在小组情境中开展工作。或者有一组申请者被教师教育者观察，一般被观察的是动机（被要求解释为什么决定成为教师）、与他人合作的意愿和其他性格特征，社会互动和沟通技巧也会被纳入考察范围。然后，院系教师教育者对申请者进行单独面试，并根据他们的表现进行排序。最终，120 名学生被选为该项目的合格学生。那些没有被录取的学生通常在获得学校工作经验和参加额外课程后，下一年可再次申请。2014 年，56%的考生表示第一次参加笔试，但 28%的人表示第二次参加笔试，12%的人表示第三次参加笔试。[5]如果学生在笔试中没有取得成功，一个常见的选择是申请幼儿园教师教育，为教授最小的孩子（0-6 岁）做准备，或者申请中学水平的教师教育，因为申请学科教师教育项目的竞争不是很激烈。当然，申请者仍然需要完成某一特定学科的学习和研究，才能符合进行这一选择的要求。经过挑选的、能力很强的小学教师候选人，由政府出资完成一项严格的教师教育项目，取得硕士学位（等同于教学许可证），并最终凭借他们通过五年甚至更长时间的大学学习获得的科学知识和技能在芬兰的综合学校找到一份教职。

（二）特　点

1. 招募优秀的学生并让他们准备得很好

通过前文可知，芬兰小学教师教育项目的申请者和录取者的比例基本为 15：1，于韦斯屈莱大学基本为 18：1，这一项目的候选人总能从拔尖的学生中进行选择。由于更高的学历教育和强烈的专业精神和专业知识，芬兰的小学教

5　Hammerness, K., Ahtiainen, R., Sahlberg, P. Empowered Educators in Finland: How High Performing Systems Shape Teaching Quality[M]. John Wiley & Sons, 2017:30.

师教育得到更大的赞赏。在全球许多国家，教师不是很受尊重，教师职业也不是最受追捧的。然而，芬兰的情况恰恰相反。尽管教师的待遇与其他大部分国家一样（芬兰教师的工资在学术职业中低于平均水平），却依然不会影响中学生对这一职业的持续兴趣，也许高质量教育的地位在这一现象中发挥着重要作用。芬兰的小学教师教育是建立在研究、实践和反思相结合的基础上，即教师教育必须以科学知识为支撑，注重研究过程中的思维发展和认知技能。除了学习教育理论、内容和特定学科的教学法之外，每一位小学教师都要完成一篇与教育实践相关的硕士论文。完成中学学业并进入教师预备课程后，根据学习领域的不同，成功地完成小学教师教育硕士学位通常需要 5 到 7 年半的时间。

2. 入学机会平等且极具吸引力

芬兰在选拔小学教师的环节上，强调每个人都应该有相同的机会申请这个项目。

在芬兰具有重要意义的一个现象是，在大多数其他国家，教育在年轻人中的吸引力和社会地位逐渐衰失，而芬兰却能够保持甚至加强这些吸引力。[6] 受访者关于"为什么小学教师教育项目极具吸引力"的回答：

> 我不知道为什么这个项目中我们有更多的女学生。当学生合格并且完成硕士学位后，他们可以申请整个芬兰的小学教师职位，甚至是国外的学校。从 18 世纪 60 年代起，总是有很多申请者申请小学教师教育这个专业，在芬兰，教师一直是很受欢迎的职业。教师在社会的地位是很高的，教师是社会关键的行业之一，是国家的建设者，他们对芬兰这个国家的成立有着特殊的含义。正如我们谈过，教师这个职业是很自主化的，教师的工作情况是由课时决定的，通常来说，教师在学校呆的时间是相对较短的，当然他们在学校批改试卷和备课，但是没必要朝八晚四，比如一位教师某天的教学是从上午 9 点到下午 1 点，那么下午 1 点教学结束后他就可以离开学校。这是这个项目吸引很多学生的原因之一。这个职业也正在变化，越来越具反思性，越来越注重合作，也越来越具有挑战性。教师在

6　Jenset, I., Klette, K., Hammerness, K. Grounding Teacher Education in Practice Around the World: An Examination of Teacher Education Coursework in Teacher Education Programs in Finland, Norway, and the United States[J]. Journal of Teacher Education,2018, 69（2）, 184.

课堂也可以表达、释放自己，当然也拥有一定的权利。人们有不同的成为教师的原因。另外一个较为普遍的原因是，申请者愿意帮助他人，教师这份工作就很重要，申请者有很强的愿望去帮助年轻人从而让他们成为合格的公民。这种情况已经很长时间了，它已经成为芬兰基石的一部分。教师的工作环境也是很具有吸引力的。总之，工作的自主性、每年很长的假期、还有每天较短的工作时间、优良的工作环境和氛围都是教师这个职位很受欢迎的原因。（编号：T20170825A）

受访者关于"申请者的遴选过程是怎样的"的回答：

我们有心理测试，也有面试，我们很看中学生申请这个项目的出发点，他们对教育的兴趣，他们倾听别人的能力以及态度。倾听甚至比诉说更加重要。以及对不同现象的多个角度的理解，我的意思是这种学术性的技能。我们对第二个阶段的遴选做了一个改革，我们过去的面试是和候选者进行大概 20 分钟左右的谈话，现在的面试有 25 分钟左右的时间，分为 5 个部分，每个部分会强调某个点，每个点对于一名教师都是很重要的，候选人应该是一个开朗和心态开放的人，否者不可能去教育学生。比如一个不寻常的试验，学生进来后面对没有预料到的情景，他会如何反应，比如接到一个来自父母的电话，把这个电话交给候选的学生，让他和父母谈话，而这时呢，父母是很生气的，看学生是如何处理的，比如学生是害怕呢，还是很冷静，学生会用怎么样的策略跟生气的父母说第一句话。当然这个过程是很短的，面试的目的是测试学生对于这种不寻常的情景的反应，这是面试的某一个环节。然后有一个框架来评价候选人。（编号：J20170823C）

我们有 90 个本科生，20 个硕士生。新生录取率差不多是百分之十。申请者可以尝试多申请几次。第一个阶段的选拔是全国性的考试，第二个阶段是大学的选拔，大学具有自主招生权利。这些大学的招生方式是很相似的。我们最看中的是申请者申请这个项目的动机，他们需要有开放的心态面对新的事物，针对生活中的事情和现象有多元的视角，倾听他人的能力，以及与人协作的能力。不管是 19 世纪 70 年代之前还是之后，选拔学生都会有面试。当然随着时间的变化也有一些不同，在先前的年代，申请者所在学校的校长（principal）会写一个文档描述申请者的一些情况，这是很重要的，申请者在学校的表现越好，比如分数和排名，他们会有更大的机会被教师教育这个专业录取。现在的话，申请者需要通过大学入学考试，现在考试的分数并不重要。相比较而言，过去的申请者的考试分数要重要一些。（编号：J20170816B）

受访者关于"申请人在面试时需要哪些技能"的回答：

在面试时，我们关注申请人的社会技能、合作技能，他们是如何了解他们自己的，他们是如何理解教师这一角色的，教师每天的日常工作、与其他教师的合作、与家人的合作，他们如何处理自己的情绪、如何与其他人打交道等，身为一名教师，沟通和交流技能是非常重要的，教师需要处理一些没有预想到的事情，比如在课堂上随时可能发生的情况或问题。我们曾经有一种很传统的面试方式，现在我们改变了一下选择系统，以研究为基础，在三年时间里，我和我的两个同事读了很多关于小型化多元的面试方式，在美国，他们用这种面试方式来挑选优秀的医学院的学生。我们对这个方式进行了一些改变来用于芬兰的教师培训，我认为这种体验是非常好的，我们还会继续这么来面试。面试者进来后，他们有五个不同的任务，我们称为"五个步骤"，在每一个步骤，我们有一个同事来把关，比如说我所负责的是教师的职业角色，在每一个步骤里，每天可以面试 30 个申请者，每一个申请者可以得到 1 到 6 分（6 分是最高分）。总共 5 个步骤可以拿到 5 到 30 分，然后我们再按照某种比例把分数放缩到 1 到 10 分，10 分是最高的。也就说他们可以在面试中拿到最多 10 分，另外还有心理测试的 10 分。（编号：J20170810F）

受访者关于"你知道以前的面试是怎么样的"的回答：

以前就仅仅只是面试。先前的面试不是很可靠，也不是很有价值，在衡量的标准在数量上差不多有 10 个，比如申请人的个性等。这就是为什么我们要改变成以研究为基础。（编号：J20171202F）

受访者关于"在录取学生时，于韦斯屈莱大学有没有特别的政策，区别于芬兰的其他大学"的回答：

我认为我们学校是高质量的，在国际上排名也很好，我认为我们在选择学生时也是高质量的，相比较其他学校。于韦斯屈莱大学的学生毕业后，他们有更好的机会找到职位。这也会对芬兰的中部地区有影响，我曾经去过拉普兰，我家乡也在坦佩雷，离这里两百公里，但是我更倾向于在这里，这里更好，我成为最好里的一员。坦佩雷大学教师教育方面非常注重社会学导向，在拉普兰，教师教育非常注重文化方面的，多重文化，但是在某种程度上是旧形式的，他们不能简单地得到新的方法。而图尔库呢，他们从我们这里引进了很多东西。我们相较于其他学校，是走在了前面。（编号：J20171202F）

选拔的方式应该是有很多变化，70 年代的时候，我自己就是一名申请者，申请了 5 年制的项目。我在这里当了六年的大学教师。之前，我是在开放大学，但不是从事教师教育。在我申请成为学生教师的时候，我觉得是考试选拔系统起了作用，它有一些规则，我有点记不清了。我们必须从三个话题中选一个，然后上 15-30 分钟的课。之后，3 个来自教师教育部门的教授们会提问，像个小访谈一样。会有一些自愿的项目，有时他们会有一些希望教师参与的绘画、音乐测试。类似的这些测试今天已经没有了，不知道是什么时候开始改变的。但在那个时候，我们可以充分展示自己在音乐或者绘画方面的才能。（编号：J20170815A）

面试大概 20 分钟。笔试方面，首先有全国性的笔试，然后有大学的测试，大学的测试大概有 190 个问题，得回答对大概 120 个才能通过测试，芬兰的大学都会设置这种自主的测试，来权衡学生是否有资格当一名小学教师。我们有心理测试，这里面大概有 300 个关于个人性格的问题，问题回答只需要答 yes 或者 no，我只花了大概 30 分钟。这些问题里面有很多相似的问题，有些问题是为了迷惑你，目的是为了让你尽快地、真实地回答问题，而不要去思考这些问题，因为去思考这些问题可能会影响对你性格方面的测试，这个测试能立马反应你的性格，从 19 世纪 70 年代就有了，全世界都在使用。然后就是面试，面试基于自己的个人陈述，比如你的兴趣爱好，以后想去哪个学校等。这就是我当时面试的所有内容。另

外如果你在高中的语言科目成绩好的话，你可以得到额外的 2 分。（编号：J20170818B）

第三节 芬兰"研究取向"的小学教师教育的课程设置

芬兰致力于"研究取向"的小学教师教育，这意味着教育理论、研究方法和实践都在教师教育过程中发挥着重要作用。小学教师教育课程的设计是为了创造一条从教育思想到教育研究方法，再到教育科学的更先进的系统路径，每个学生因此建立了对教育实践的系统性的理解。[7]学生在就读小学教师教育项目期间需要熟悉不同的研究方法：民族志、互动论研究、现象学研究、行动研究和叙事研究。除了这些方法，他们还学习了各种被认为对未来工作至关重要的工具。这些包括学生访谈、参与观察技巧、反思自己的经历以及参与学校发展活动。他们还制作能够捕捉他们的经历并在他们的个人反思日志上发布的作品集。值得注意的是，在不同的阶段，他们的调查焦点各不相同，并且在每个实习阶段，职前教师收集数据并分析儿童生活，学习和研究他们自己的行为的特定方面以回应所述儿童的经历。他们运用所学研究方法对该教育领域的理论或实践方面进行了他们自己的原创研究，一般比较理想的情况是基于个人实践经验。芬兰学生还学习如何设计、进行和展示有关教育实践或理论方面的原创研究。下面详细介绍的是于韦斯屈莱大学新、旧两份小学教师教育课程大纲的具体内容。

一、于韦斯屈莱大学 2007 版小学教师教育课程体系

芬兰小学教师教育始于 1863 年在于韦斯屈莱举行的研讨会。研讨会的目的是教育小学教师。十九世纪六十年代，教师教育的目的和内容存在争议，这种紧张局面在今天依然存在。关于教师教育的性质，学者们意见不一，特别是在实用性和正式性方面。这一争论促进了理论与实践的结合。教师的工作本质上是非常实际的，但实践活动应该建立在更深层次的对理论的理解之上。芬兰小学教师教育在 20 世纪 70 年代获得了以学术、科学、研究为中心

---

7 Sahlberg, P. The Professional Educator: Lessons from Finland[J]. American Educator, 2011, 35（2）, 35.

的地位。就读小学教师教育项目的学生的专业是教育科学。小学教师教育也为研究职责提供资格。这一时期教师教育的三个核心要素是理论、实践和经验。这也是为什么不断的自我反思是研究的重要组成部分的原因。学术教师教育的目的是考察这些元素及其关系。这些关系是所有课程学习的核心，特别是用于指导实践的过程中。教学实习中的主题有：1. 自我认识，2. 教与学的理论与实践原则，3. 学习内容的教学可能性与局限性，4. 专业性。[8]于韦斯屈莱大学 2007 版小学教师教育课程是芬兰小学教师教育学术化、科学化的产物，具有明显的"重视研究"的特点。

（一）培养目标

2007 年，为了深化学生对灵活的教学安排、分化和个性化的理解，支持学生的学习过程和鼓励不同群体的参与，于韦斯屈莱大学在每三年一次的小学教师教育课程改革中，强调将小学教师教育的内容与多元文化教学相结合。

表 3　于韦斯屈莱大学小学教师教育课程培养目标一览表（2007）

培养目标（学士）	1. 熟悉教育哲学、教育史、教育人类学、教育心理学和教育社会学的知识，以及未来进行教育学学习的基础知识。
	2. 掌握综合学校 1-6 年级所教授的学校科目及其教学内容。
	3. 获得信息和通信技术方面的全面能力，以及熟练的语言和沟通技巧。
	4. 学会批判性地钻研教育领域的科学研究，并能运用相关研究方法。
	5. 取得学士学位，为硕士阶段的学习和终身学习奠定基础。
培养目标（硕士）	1. 为未来的教师工作积累理论和实践的基础。
	2. 从各种不同的理论角度学习如何自己开展学习、如何帮助儿童学习以及如何提升自己的教学水平；同时，学会制定学习计划、参与教学实践、实施和评估学与教。
	3. 成长为具有道德责任并能够独立开展调查研究的专业人员。
	4. 能够与学校社区成员、家长及不同利益团体进行合作。

8　于韦斯屈莱大学 2007-2009 年小学教师教育课程（Class Teacher Education Curriculum 2007-2009）[EB/OL]. https://www.jyu.fi/edupsy/fi/laitokset/okl/en/curriculum/curriculum %20pdf/view

5. 取得硕士学位，为学校发展和评估教育质量奠定基础。

资料来源：作者根据于韦斯屈莱大学教师教育系主页公布的2007-2009年教师教育课
　　　　程大纲绘制。

（二）课程结构

芬兰小学教师教育包括学士三年和硕士两年共两个阶段的课程学习，必须修满300学分（1学分当相于27小时学习时间）才能获得硕士学位，成为小学教师。如表1所示，于韦斯屈莱大学教师教育系要求就读小学教师教育专业学士学位的学生必须完成六方面的课程学习：沟通和定位课程、教育基础课程、教育学科课程、多学科课程、辅修课程和选修课程，总学分180分；以此为基础，继续硕士课程学习的学生必须完成三方面的课程学习：语言和沟通课程、教育高级课程和辅修课程，总学分120分。

表4 于韦斯屈莱大学小学教师教育课程设置一览表（2007）

课　程　模　块　名　称			学　分		
			学位类别		总计
			学士	硕士	
沟通和定位课程			20	5	25
教育基础课程	担任教育工作者简介	教育导论	5		25
		教育心理学	5	——	
		教育社会学	5		
	教师工作简介	成长与学习指导	6		
		实践取向：走向基于研究的教师成长与发展	4		
教育学科课程	在小组中发展的个体（个体学习&小组和网络中的互动）		3＋4		35
	学习和学习型组织导论（学习和参与组织&学习的规划、实施和评估）		3＋6		
	研究方法和沟通		5	——	
	学士学位论文和成熟度测试		8		
	教学实习：规划基本的教与学（教学实习1：教学与学习情境的规划、实施和评估&教学实习2：个人教学和小组教学）		3＋3		
教育高	教育工	教师道德和教育哲学		3	

级课程	作者作为创造者	发展和成长环境	——	3	80
		学校社区和社会		3	
		教师作为研究者的工作		4	
		适应性实践指导：专业化的教职（辅修课程实践&必修、选修课程实践）		5＋5	
		高级课程实践：一位能实现自我发展和学生思维发展的会质询的、试验性的教师		6	
		高级选修课程		6	
	教师作为研究者	研究方法和沟通的高级课程		5	
		论文研讨会 1：研究设计和收集数据	——	5	
		论文研讨会 2：数据分析和研究报告		5	
		硕士学位论文和成熟度测试		30	
多学科课程			60	——	60
辅修课程			25	35	60
选修课程			15	——	15
总计			180	120	300

资料来源：作者根据于韦斯屈莱大学教师教育系主页公布的 2007-2009 年教师教育课程大纲绘制。

　　如表 4 所示，2007-2009 年于韦斯屈莱大学小学教师教育专业学士学位课程结构中沟通和定位学习课程模块占据了 20 学分。这 20 学分由大学学习导引和个人学习计划、科学研究导论、信息和通信技术及信息获取 1、母语沟通与互动 1、瑞典语和外语共六门子课程组成。**大学学习引导和个人学习计划（4 分）**这门课程的目的是帮助学生熟悉大学学习过程、大学机构和自己的学习环境；学生还需要制定他们的个人学习计划（学生在第一年编写学习计划，并在第三年和第五年进行更新）。开设**科学研究导论（3 分）**课程的目的是帮助学生从定量研究的角度来考察科学研究过程。开设**信息和通信技术及信息获取 1（3 分）**这门课的目的是帮助学生熟悉信息和通信技术，学习将其用于学习和教学，借助信息素养、教学和信息技术能力以及信息检索技能来检验自己工作的发展和创新教学方法。**母语交流与互动 1（4 分）**的目的是帮助学生了解在教师职业中交流和互动的重要性，学生需要观察教学与学校社区之间的互动。学生在交流中发展自己的分析能力，学会解决问题。学生还需要学习和练习文本和口头讨论的技能，以形成他们自己的风格。**瑞**

典语（3分）这门课程是为了帮助学生达到成为芬兰国家官员所需的瑞典语熟练水平，这是获得双语终身职位所必需的技能。**外语**（3分）的学习是为了帮助学生掌握学术阅读和沟通技巧，这门课程在帮助学生学习语言技能的同时，使学生能够跟随自己的学习领域的发展，在国际环境中开展工作。

教育基础课程（25分）包括教育基础共同学习（15分）和教师教育学习（10分），这类课程是与特殊教育专业的学生混合组织与开设的。**教育导论**（5分）这门课程需要学生在指定的教育类文献目录中进行三选一，还需要阅读关于芬兰教师职业史的文章。该课程讨论了以下三个问题：1. 教育的文化任务是什么？2. 教育科学中不同的功能、环境和公认的惯例研究是怎样的？3. 教育中的典型理论、术语和概念是什么？**教育心理学**（5分）这门课的目的是介绍教育心理学的基本概念和理论，以及不同环境下的学习和发展。学生也需要在指定的教育类文献目录中进行三选一，还需要阅读一份该课程的指定文本。**教育社会学**（5分）通过讨论与家庭、儿童、青少年、成人、学校和教学有关的话题，让学生了解教育社会学的基本概念和理论。**成长和学习的指导**（6分）从学生和教师的角度来考察学校的教学和学习概念，以及人文和信息概念，并进一步讨论这些概念与教师和学生的行为之间的关系。学生通过学习这门课程学会分析教学互动。此外，学生需要阅读指定的四组文献。**把研究取向引入教学实践**（4分）旨在帮助学生考察自己主观的观察和解读学校的方式。他们还将自身学习经验作为审议自己行为的基础。学生评估自己如何理解小学生的能力和学习过程，同时，也通过观察课堂了解教育科学思想。

当学生完成了最核心的教育基础课程的学习，就可以开始教育学科课程学习（35分），这类课程也是与特殊教育专业的学生混合组织的，它包括五门课程。**在小组中发展的个人**（7分）包含两个子课程：个人基础学习、团队和网络的互动技巧，开设这门课程的目的是检查个人作为一个群体的成员，从个人心理学、社会心理学、学校教育学、参与式教育的角度，探讨实践性知识。个人基础学习课程（3分）的目标是让学生在课堂环境中学习关注学习者的个性。学生熟悉以学生为中心的主题，了解支持学生学习动机、情感发展和自尊的重要性。学生需要在指定的课程阅读与参考文献中进行六选一。团队和网络中的互动技巧（4分）的课程目标是分别从学习者、教师的角度学习认识和评估小组讨论过程和个人的活动。学生通过与他们的学生、父母及其他利益群体的合作来发展他们的互动技巧。学生需要在指定的课程阅读与参考文献中进行六选一。**学习和学习型组织导论**（9分）包括两个子课程：学习和参与组织，学习指导：规划、实施和评估；开设这门课程的目的是希望从教育社会学和学校教育的角度，以及在学习指导理论的帮助下，探索和研究小学教师的工作内容。该课程与教学实践相结合。学习和参与组织（3分）这门课的主要目的是探讨学习型组织的性质，学生熟悉多方面的专业合作，与家长建立网络合作。学习指导：规划、实施和评估（6分）课程的目的是帮助学生从不同的角度审视教学规划，指导和评价学习。这门课程重点讨论学习理论如何影响教学。学生在规划教学时学会考虑学习者的多样性，同时分析教师行为、学生行为与学习成绩的关系。此外，课程还研究教学和学习中的社区建设。**研究方法与沟通**（5分）课程的目标是帮助学生熟悉教育定性研究的哲学和方法论的出发点，并练习不同的数据收集和解释方法。方法课还讨论了研究过程中语言与思维的关系。**学士学位论文**（8分）的目标是让学生提出一个支持自己职业发展的研究问题，计划一个研究项目，收集和分析数据，并根据科学研究的原则撰写研究报告。学生还需要介绍自己作为研究人员所开展的工作，这项研究与其他研究的联系，并在教学实践中进行研究数据的收集工作。**成熟度测试**（0分）的目标是撰写一篇学术文章，展示芬兰语或瑞典语的语言技能，学生需要足够熟悉文章所属的研究领域。教师教育者对文章的内容和语言进行评估。**教学实习：规划基本的教与学**（6分），学生在本科阶段的教学实习分为两个过程，在群体中发展的个人、学习和学习型组织引导这两门课程分别支持这两次实习。教学实习1：教学与学习情境的规划、实施和评估（3分）的目标是让学生在教学和学习情境的规划、实施和评估方面获得相应的技能。通过审视与理论知识的关系，来深化和研究学生自己的经验知识。实习以单独的或成对的组合形式开展对课程的规划、实施和评估。此外，学生需要及时报告进度并参加教师教育系和教师培训学校组织的指导会议。教学实习2：个人教学和小组教学（3分）的目标是让学生分别以个人和小组的形式完成教学计划，掌握教学实施和评估的技能。学生检验并进一步发展自己的实践知识。同样，实习以单独或成对的组合形式开展对课程的规划、实施和评估，报告并参加教师教育系和教师培训学校组织的指导会议。

2007-2009年于韦斯屈莱大学小学教师教育专业硕士学位120学分中沟通和定位学习课程模块占据了5学分，由两项内容组成，它们分别是：信息通信技术和信息获取 2（3 分）、母语沟通与互动 2（2 分），信息通信技术和信息获取 2 的目的是让学生明白信息和通信技术在学习和教师工作中的重要性。课程还讨论在人口结构发生变化时，信息和通信技术为芬兰教育体系带来的机会以及信息技术对学生伦理教育的挑战。学生需要阅读目前关于信息和通信技术的最新文章。母语沟通与互动 2 的目的是在专家研讨会上检查学生发展成为一名教师的过程。课程通过讨论和共享专业知识来确定和深化教师的职业认同。这门课程需要教育科学研究、教学实习、辅修课程实践及教师道德和教育哲学这几门课程作为基础。硕士学位开设的教育高级课程所围绕的中心主题是：学习的结构条件及其研究，占据 80 学分。中心主题由以下两个分主题构成：教育工作者作为结构条件的创造者和修饰者（35 分）、教师作为研究者（45 分）。第一个分主题包括七个子课程：教师的道德与教育哲学（3 分），发展和成长环境（3 分），学校社区和社会（3 分），教师作为研究者的工作（4 分），适应性实践指导：专业化的教职（10 分），包括辅修课程实践，必修、选修课程实践两个部分；高级课程实践：一位能实现自我发展和学生思维发展的会质询的、试验性的教师（6 分），高级选修课程（6 分）。教师作为研究者包括两个部分：高级课程的研究方法和沟通（5 分）和硕士学位论文研究（40 分），硕士学位论文研究包括两个研究阶段的研讨会（10 分）和学位论文的完成（30 分）。高级课程的研究方法和沟通的目的是加深学生对论文中使用的论证和方法的认识，并进行研究相关的交流。课程还要求学生对作为研究者的教师的工作进行描述。学生开始准备撰写学位论文，并根据自己的兴趣进行专业化。该课程与论文结合在一起。学生选择至少一门定量研究方法（4 分）和另一门定量或定性研究方法课程。论文研讨会 1：研究设计和搜集数据（5 分）学生通过这次研讨加深对研究目的和研究过程的阶段性理解，熟悉数据收集方法并掌握交流自己研究的技巧，例如信息素养和论证。学生们编制他们的研究计划并收集数据。论文研讨会 2：数据分析和研究报告（5 分）目的是帮助学生熟悉分析方法并将其应用于为论文写作所收集的数据，掌握运用研究方法技能，报告自己的研究并撰写研究报告。学生呈现他们的论文草图，其他学生则扮演对手角色。这两项研讨会都需要学生阅读指定的定量和定性研究方法的手册、书籍及文献。学位论文的完成（30 分）的目的是让学生根据理论、经验和档案材料撰写论文，根据所选方法和理论对其进行分析，并报告论文。这一过程中可以接受指导但必须独立工作。完成这个部分的前提是对教育学科课程的扎实掌握。硕士阶段的成熟度论文的考核比较灵活。学生可以写一篇论文，展示芬兰语或瑞典语的语言技能，并熟悉该论文的研究领域。如果语言技能已经在攻读学士学位阶段得到了证明，那么就没有必要为获取硕士学位再次展示语言技能。这时，学生写一篇关于论文结果的评论（4-6页）即可。教师教育系的教师会评估这篇文章的内容和语言。

学士学位开设小学科目多学科课程（Multidisciplinary School Subject Studies，简称 MSS Studies）的目的是帮助学生在 1-6 年级多学科教学中获得专业技能，该课程还向学生介绍参与式教育和多元文化。多学科课程必修的学分是 54 分，学生应该在第一年和第二年完成；选修学分 6 分。**多学科课程导论**（5 分），这门课程的目的是让学生了解不同学科的科学、社会、文化和历史背景及其与课程和小学教师的工作的关系。课程概述了不同学科之间的异同，并讨论了感知、活动和学习方法在学习中的意义。通过该课程学生熟悉综合教育课程的基础，还讨论对不同学科的态度，并研究幼儿园和初期教学如何支持儿童的发展和为未来的学习做准备。学生需要阅读指定的出版物和研究论文。人文学科（12 分）中包括历史和公民（3 分）、宗教/道德（3 分）、芬兰语和文学（6 分）三门课程，历史学习的三个核心主题是：1.历史知识的性质。2.历史对个人和社区的意义。3.人类的知识。课程从不同的角度来审视知识的复杂性和相对性，其中特别关注学生批判性地对待历史来源阅读，通过个人和集体身份来体现历史的意义。宗教这门课关注的重点是宗教教学的哲学，其目的是帮助学生批判性地评估和发展自己的宗教教学理念。宗教教学哲学的基础是对综合学校教义信德宗教性质的理解，并分析自己与学科的关系。这门课程分析、解释和评估定义宗教教学的立法和课程的基础。学生通过这门课程熟悉神学研究的基础知识，他们学会与遇到的不同宗教背景的学生，以及他们的父母沟通并在这一过程中尊重他们，这门课引导学生走向全方位的宗教理解。道德和伦理教育（与宗教课程相关）把道德伦理教育理解为一门学科，并且要考虑学生自己与这门学科的关系。学生熟悉有关课程主题，课程基础和学科在学校中的地位的规定。课程对学生对哲学、心理、文化和社会概念和理论的理解进行了检验，介绍了小学不同阶段的教学内容。学生学习指导小学生学习多元化的知识。芬兰语和文学的主要目的是教会学生应用芬兰语、文学、传播科学和文化科学的多学科性。课程将支持学生讨论并懂得自己的语言和文化的重要性,但也尊重其他语言和文化的积极活跃的使用者。审视学生对文学和其他文本的审美、伦理和社区意义。课程要求学生呈现其对口头、书面和视觉文本以及解释教学法的分析。**数学科学学科(13 分)**包括数学(4 分)和科学(9 分),课程的目的是帮助学生理解和评估数学文化、语言和方法的意义结构,并将其应用于教学活动中。通过学习这门课程学生能够:1.理解作为一种增长和发展的方法的特定领域,数学知识的重要性。2.学会识别、评估和分析传达特定领域数学知识的人类、学习和信息概念。3.了解用于传达特定领域数学知识的方法。4.概述支持不同交互情境的教学操作模型。科学课程包括以下学科:生物学、物理学、化学、地理学和健康科学。这些学科形成了一个综合实体,其中也会关照可持续发展。该课程帮助学生教授 1-4 年级的科学课程以及 5-6 年级的生物、地理、物理、化学和健康科学。**实践和艺术学科(21 分)**中包括视觉艺术(4 分)、纺织手工艺教育与科技教育(6 分)、体育(4 分)、音乐(4 分)和从实践和艺术学科中选修的一门课程(3 分),视觉艺术课让学生发展他们的创造性视觉思维和审美意识。学生学会理解社会中视觉文化的表现形式:艺术、媒体和环境。通过自己的创作过程,学生深化视觉表达手段、方法和材料的基本知识和技能。学生学习规划艺术课程。纺织手工艺教育让学生熟悉综合学校纺织工艺教育教学。课程介绍了纺织手工艺教育的理论和传统。学生通过这门课程还会考虑自己这方面的技能和对纺织工艺的态度。组织科技教育是从教师角度考察科技教育。这门课程分析教育主体的平等和变化,并审视社会变革与科技教育之间的相互依存关系。学生们熟悉教学和科技问题解决的计划,他们也学会如何安全使用先进的教学设备。体育课程帮助学生获得教授 1-6 年级体育所需的知识和技能。目的是了解体育在支持儿童整体发展和成长方面的重要性。学生学习规划体育课程和熟悉体育不同的功能、环境。他们还学会识别、观察、指导和评估体育学习的困难。音乐课程帮助学生了解音乐的历史、民族和多元文化视角,并了解音乐在人们日常生活中的作用。学生的学习目标是加深他们与音乐的关系,发现他们如何以教师的身份将音乐视为创造性工具,同时,学会理解音乐作为学校主题和业余爱好的重要性。**MSS 综合主题课程(3-6 学分)**的目的是考察综合学校的科目和教学,通过这门课程寻求新的综合性和创造性的方法来研究和表达不同的现象。这门课程所涵盖的科目与综合学校的科目相同:作为一个人的成长(Growth as a human being)、全球视角下的文化认同（Cultural identity from a global perspective）、沟通和媒体技能（Communication and media skills）、公民参与和创业（Participative citizenship and entrepreneurship）、交通与安全（Traffic and Safety）和人类与技术（Human and technology）。科目每年都有所不同，下面介绍一些 MSS 综合主题课程的例子。如作为一个人的成长包含的子课程：身份的形成——当代社会现象，全球视角下的文化认同中的文化教育：建筑环境的多样性、论芬兰文化之路、从全球角度看文化认同：不同科目领域、多元文化工艺品，对环境、福利和可持续的未来的责任、全球环境问题等。MSS 课程中的选修课（6 分），这门课程的内容每年都会有所不同，下面介绍一些示例（均为 3 学分/门）：人文学科包括芬兰语作为第二语言、文学和戏剧、语言沟通技巧评估、文本写作和媒体教育可供选择；数学与科学学科包括数学、科学/基础物理与化学和科学；实践和艺术学科包括艺术研讨、纺织手工艺的补充学习、纺织工艺中的深化技能、学校的工艺品（与纺织品教育和技术教育共同的选修课程）、技术教育的补充学习；体育包括体育补充学习；音乐包括不同时期的音乐和听音乐的策略、音乐理论基础。

小学教师教育专业硕士学位设置的辅修课程占 35 学分，学生还可以选择其他学科的辅修科目。小学教师教育专业包括 1 或 2 门辅修学科：学士学位课程辅修占 25 学分，硕士学位课程辅修占 35 学分。一个学校学科的辅修课程通常提供具有学科教师资格的教师来教授相关问题。戏剧教育基础学习是本科阶段辅修课程之一（25 分），其中，戏剧教育的基础学习（3 分）向学生介绍戏剧教育研究并将学生分成研究小组，该课程有指定的阅读文献。戏剧表达的基础学习（3 分）目的是让学生学习戏剧和戏剧表达的基础知识以及相关的概念。项目：从文本到剧院（5 分）通过布置一项作业帮助学生熟悉实际的戏剧工作。戏剧教育的种类（4 分）目的是帮助学生熟悉戏剧教育中的不同类型：表演、戏剧应用教育（involving and applied drama）等。戏剧应用教育（involving drama education）：应用戏剧（5 分）的目的是在不同学科中整合戏剧进行教育，该课程有指定的文献需要阅读。表演中的戏剧教育（5 分）在实际项目中培养学生的戏剧表现力，并从戏剧教育的角度（如儿童和青少年的戏剧、业余戏剧）深入讨论导演和演员的工作，该课程也有指定的文献需要阅读。戏剧教育的主题学习（35 分）是硕士阶段的辅修课程之一，戏剧教育与戏剧史（3 分）课程的目的是让学生学习 20 世纪戏剧教育的基础知识和西方戏剧的历史与发展，熟悉戏剧和戏剧教育中的中心人物。这门课程有指定的阅读文献，并需要学习戏剧教育的基础学习课程作为前提。高级戏剧表达课程（3分）目的是继续在戏剧教育的框架下研究即兴剧场和舞蹈表演的基础。需要学习戏剧教育的基础学习课程作为前提。项目：分析并为一个经典戏剧编写剧本（4分）继续分析戏剧教育历史课程的主题，审视戏剧美学的概念，学习认识戏剧教育和戏剧的不同风格、趋势和一般发展特征。该课程有指定的阅读文献，需要学习戏剧教育的基础学习课程作为前提。戏剧教育的特殊领域与研究（3分）向学生介绍戏剧教育不同的研究领域和戏剧在社会环境中的运用。应用戏剧教育：工作室剧场（4分）旨在在工作室剧场的环境下审查涉及和应用的戏剧教育。戏剧项目（5分）旨在进一步提升学生的戏剧教学技巧，并在戏剧项目的帮助下指挥或表演。可选课程（3分）这部分课程的目的是让学生根据自己的兴趣加深对戏剧教育的熟悉程度。可选课程扩展了知识，并加深了学生对自身研究领域的熟悉程度。戏剧教育的毕业文凭（6分）单独或成对或团体开展毕业工作。课程的目的是让学生选择一个关于戏剧教育的研究问题来支持他们自己的职业发展。通过这一做法加深他们对该研究领域知识的掌握，并对所选科目进行书面或艺术研究。研讨会：戏剧教育家作为研究取向的教师/艺术家（4分）的目的是深化学生的知识并批判性地讨论不同的人类、学习、艺术和信息概念如何影响戏剧教育的问题。

　　于韦斯屈莱大学小学教师教育专业设置的辅修课程中，除了戏剧教育之外还有体育教育、音乐、手工、科技教育、多元文化教学、视觉艺术、朱丽叶项目（一种语言课程）、学前教育基础学习、科学、芬兰语言和文学等十几种课程可供学生选择。此外，小学教师教育专业的学生还需要学习基础手语课程。

　　小结与分析：芬兰没有任何教师教育的共同国家标准。每所大学都对其提供的课程和教学的质量负责。《教师教育法》和相关法令提供了框架和共同准则，但是，大学可以根据自身的特色资源自由修改自己的课程。尽管没有国家标准，但国家教师教育工作组和教师教育系的负责人已经达成了许多非正式的共同原则和建议。2006年提出了以下主要结构准则[9]，即芬兰所有教师教育课程的主要内容包括：1. 学术学科（academic disciplines），这可以

9　Hannele, N. Educating Student Teachers to become High Quality Professionals-A Finnish Case[J]. CEPS Journal, 2011,1（S）,43-66.

是学校或教育机构或教育科学中的任何学科。学术研究可以是一个专修或者辅修，这取决于所需要的资格。小学教师拥有教育科学专修和其他学科的辅修。2. 研究性学习（research studies），由方法论研究、学士论文和硕士论文组成。3. 教学研究（pedagogical studies），所有教师都必须参加，最少 60 学分，其中还包括 20 学分教学实践。这是教师资格的必要条件，目的是培养能够学习和发展自己的"研究取向"的实践的教师。4. 沟通、语言和信息通信技术研究（communication、language and ICT studies），这是强制性的。5. 个人学习计划（a personal study plan），个人学习计划的准备是芬兰大学学习的一个新元素，它的主要功能是引导学生制定自己的有效课程和职业规划，指导并督促他们实现目标。6. 选修（optional studies）涵盖各种不同的课程，学生可以通过这些课程来补充他们的学习和资格所需。

　　研究性学习的一个重要目标也是培养能够学习和发展自己的"研究取向"的实践的教师。出于这个原因，行为研究方法的模块对芬兰的所有教师教育系学生也是强制性的。教师的关键科学素养及其使用研究方法的能力被认为是至关重要的。这些研究的目的是培养学生找到并分析他们未来工作中可能遇到的问题的能力。研究课程为学生提供了完成一个真实项目的机会，学生必须在教育领域制定问题，能够独立搜索与问题相关的信息和数据，并在该领域最近的研究中详细阐述这些问题。最终，以书面论文的形式展示结果。他们学会积极学习（active learning）并内化教师如何在工作中像研究人员一样行事。

　　研究部分是芬兰教师教育的重要组成部分。尽管 20 世纪 80 年代是将研究与教师教育的其他组成部分结合起来的初期，存在一定困难，但是，研究方法和硕士论文的写作现在已成为小学教师教育的最佳部分。芬兰自身所做的相关评估的一般结果是，对研究方面的要求越高，在提高学习质量方面，它们就越有用。[10]

二、于韦斯屈莱大学 2014 版小学教师教育课程体系

　　2014 年，为了适应《国家基础教育核心课程》（2014）中对芬兰综合学校课程培养目标的调整，于韦斯屈莱大学在小学教师教育课程中引入了"现象

10 Hannele, N. Educating student teachers to become high quality professionals-a Finnish case[J]. CEPS Journal, 2011,1（S）,43-66.

取向"的课程学习模块。

（一）培养目标

笔者将于韦斯屈莱大学教师教育系主页上公布的 2014-2017 年教师教育课程大纲中小学教师教育课程部分对培养目标的论述内容整理如下。

表 5　于韦斯屈莱大学年小学教师教育课程培养目标一览表（2014）

培养目标 （学士）	1. 能够评估自己的教学能力和理解能力，并设定自己的学习目标。
	2. 分析各学科教学的基本原理和目标，并赋予它们价值。
	3. 确定不同的学习过程及其支持它们的先决条件和方法。
	4. 能够规划、实施和评估学习过程、教学环境和学习环境。
	5. 确定影响教学和教育的社会结构方面的因素。
	6. 具备面对个人和群体的必要技能，如进行评估小组讨论、和大学开展多专业合作等。
培养目标 （硕士）	1. 基于对人的成长与发展、学习环境、教育体系的认知构建个人教育哲学。
	2. 能够整合不同的经验、科学和实践的观点，系统地分析与学校教育相关的现象。
	3. 能够识别、区分、解决和评估与自己专业领域相关的科学和实际问题，同时考虑到所选解决方案的教育、伦理和社会影响。
	4. 能够进一步发展不同的活动领域，并不断追求所需的科学和实践知识。
	5. 作为工作社区的一员，能独立计划、实施和评估自己的教学。
	6. 掌握进一步学术研究所需的技能。

资料来源: 作者根据于韦斯屈莱大学教师教育系主页公布的 2014-2017 年教师教育课

　　　　程大纲绘制

（二）课程结构

在 2014-2017 年的课程大纲中，小学教师教育专业学习年限，学士、硕士学位课程的类别和两个学习阶段的总学分分布延续了 2007-2009 年的做法，只是对课程结构进行了简化，由于引入了"现象取向"的设置理念，课程与课程之间的融合度较高。

表6 于韦斯屈莱大学小学教师教育课程设置一览表（2014）

课 程 模 块 名 称		学 分		
		学位类别		总计
		学士	硕士	
语言和沟通课程		20	5	25
教育基础课程	互动和合作	5	——	25
	学习和指导	5		
	教育、社会和变革	5		
	科学思维和知识	5		
	能力和专业（教学实习1）	5		
教育学科课程	互动和学习	6	——	38
	工作社区和社会	5		
	教育行政学习	1		
	构建科学知识：定性研究方法	5		
	构建科学知识：定量研究方法	5		
	研讨会、学士学位论文和成熟度测试	10		
	能力和专业（教学实习2）	6		
教育高级课程	高级现象学习1：个体、群体现象及学习	——	4＋4	80
	高级现象学习2：学校社区和社会		6	
	高级现象学习3：独立工作单元		7	
	研究方法		3	
	论文研讨会1		5	
	论文研讨会2		5	
	硕士学位论文和成熟度测试		30	
	能力和专业（教学实习3）		8	
	能力和专业（教学实习4）		8	
跨学科主题模块的多学科课程		60	——	60
辅修课程		25	35	60
选修课程		12	——	12
总计		180	120	300

资料来源：作者根据于韦斯屈莱大学教师教育系主页公布的2014-2017年教师教育课程大纲绘制。

如表 6 所示，于韦斯屈莱大学 2014-2017 小学教师教育专业课程设置的结构在之前版本的基础上进行了简化。语言和沟通课程与前面版本的沟通和定位课程的结构与内容基本一致。语言和沟通课程所包含的子课程在 2007 版的基础上进行了如下完善：**大学学习学习引导和制定个人学习计划**需要学生进一步熟悉大学所提供的学习和福利服务，并意识到大学学习所涉及的技能和方法。2007 版的科学研究导论强调的是定量研究方法的掌握，2014 版则新增了一门子课程**"统计研究导论"**，需要学生学会描述统计研究的目的和基本概念，认识不同的统计研究设计及其使用的方法，掌握统计研究中用于数据收集和测量的方法。而科学研究导论课程的内容变更为帮助学生掌握教育学科的下设分支及它们的研究重点，了解教育科学和其他相关科学的趋同点，用教育科学的基本概念来审视教育专题的相关讨论。**母语交流与互动 1 改为教育领域的互动能力 1**，学生将通过这门课程的学习了解互动在教育领域学习和开展专家工作的意义，能够分析教育和学术界的沟通和互动的意义和形式，发展了作为科学文本的消费者和生产者的能力，并获得了他们可以在大学学习中使用的科学传播的基本技能，了解公约在科学讨论和写作中为科学界发挥作用的必要性。瑞典语更名为**为教育家准备的瑞典语：写和说**，完成这个学习单元的学生将会能够理解和自然地沟通与他们自己的领域相关的话题，对自己的领域和日常使用中的词汇有很好的掌握，并在熟悉的语言环境下主动参与互动，理解一般的和特定领域的瑞典语口语表达，能够在自己的领域产生一致和可以理解的书面文字。最后，学会利用词典、语法和互联网等瑞典语语言的内容与资源。外语更名为**学术阅读和沟通技巧**，帮助学生选择和应用不同的阅读、口语和听力方面的策略，区分学术和工作场合中的正式和非正式情况。帮助学生建立在为他人完成任务做贡献的基础上有目的地开展小组工作。清楚而有说服力地向其他人提供信息。从各种资源（例如图书馆目录、数据库和互联网等）查找和检索其领域的信息。确定文本的目的，分析和评估作者如何组织思想，为特定的读者提供阅读的意义。比较和总结不同文本的信息，并用它来形成自己的想法、论据和意见。使用字典和在线工具来批判性地发展他们的词汇和特殊领域专用词汇。意识到可能导致误解或冲突的不同的文化规范和交流方式。**信息和通信技术**这门课能够帮助学生学会如何利用大学提供的 IT 服务和应用程序，在独立工作和与他人合作时使用云服务，能够明晰作为学生和作为教育专家使用信息通信技术的道德原则，了解 ICT 在教育领域专家任务中的重要性，并能够使用各种 ICT 应用程序，掌握信息检索的基础知识。

教育基础课程部分全部实行现象教学，教学实习所占学分微微上调。教育基础课程的目标是让学生从不同的理论和实践角度对教育现象有一个清晰的认识，确定他们在互动中的经历、概念、感受和行动模式，能够探索教育领域专业知识的建设并科学地分析教育现象。**互动和合作**的课程目标是让学生学会观察不同的互动情境，区别于选定的观点，审视自己因情境所引起的感受、听取他人的意见并表达自己的理解；课程也考察个人作为一个群体成员对群体的动态发展和社区意识的建设，在冲突情况下能够运用他们的互动和理解技能。**学习和指导**需要学生学会在各种情况下审视终身学习和指导，并借助科学的观念考虑自己的经验，掌握学习的科学研究的中心观点（不同的学习观念、教学后果等），看到学习环境的广度和多样性，从学习者的角度审视学习环境和过程，分析差异化教学的原则和实践，并能使用不同的学习评估方法。**教育、社会和变革**让学生认识到教育如何表现为一方面是社会结构和实践的组成部分，另一方面是作为改变这些结构和实践的力量。学生学会利用教育社会学的概念和理论，审视与社会化进程相关的文化、经济、政治和社会现象。充分了解与童年、青春期和成年期有关的社会现象，以及它们已经或正在发生的变化。**科学思维和知识**帮助学生了解日常思考和科学思维的基本原理及其差异，审视基本的认识论和研究背后的假设，评估自己对知识和现实的信念，描述教育研究中涉及的主要方法论路线和各种研究方法，从研究中挑选出中心的信息并加以解读，并在研究的基础上构建自己的专业知识，并进一步开展研究。**能力和专长：教学实践 1** 的目的是让学生将自己的角色确定为专业的积极构造者，反思自己的经验，并确定自己的观察和活动模式。同时，识别和评估学校工作文化中既定的和不言而喻的做法以及这些与学习的关系。

教育学科课程占据 38 个学分，完成这部分课程的学生将能够评估自己的教学能力和理解能力，并为自己设定个人学习目标；确定学习者和学习环境的主要特征、影响学习和动机的风险和可得到的支持，以及适用于教学和教育的社会结构条件。学生通过学习该课程将拥有作为单个个体和群体中的个体所需的技能，熟悉评估小组流程和参加合议和多专业协作；能够规划，实施和评估学习过程和教学模块；并独立开展和报告一项小规模的教育研究。

互动和学习将他们的经验和理解融入互动的学习中，研究互动和学习现象，并用相关理论概念对其进行分析。工作社区和社会将他们的经验和理解融入到工作社区和服务体系的学习中，学生学会调查工作社区和社会现象，并用相关理论概念对其进行分析。**教育行政学习**的目的是向学生描述与学校和培训有关的立法，让学生学习与自身教育水平相适应的教学立法，并学会使用Finlex 程序。**构建科学知识：定性研究方法**课程描述定性研究的主要认识论出发点和特点，以及确定研究过程的基本原则；收集定性研究数据并进行分析；确定定性研究中的各种方法，遵守适用于研究的道德原则。**构建科学知识：定量研究方法**课程教会学生按照量化研究的原则和做法制定研究计划，收集研究数据，使用描述性统计方法呈现并报告，遵守适用于研究的道德原则。**研讨会、学士学位论文和成熟度测试**围绕的中心是学位论文，这部分包括小组学习、独立学习和指导和监督旨在支持学生进行学士论文或研究性学习的活动。院系建议和鼓励学生从教育学院教师教育系的实力领域或正在进行的研究项目中选择本科学位论文的主题。完成这部分内容的学生学会找到并使用与他们的研究课题有关的科学文献，理解关于研究过程的课程和进行研究的各个阶段的步骤，运用科学研究的方法收集和分析数据，开展小规模的科学研究并根据科学交流的原则报告研究成果，最后证明自己的选择并评估他人在科学讨论中所做的选择。成熟度测试的目的是帮助学生进一步熟悉他们的学士论文的学科领域，证明他们有能力独立完成论文形式的写作（掌握了学术写作的基本结构、了解他们自己的领域的惯例和对专业文献的正确使用以及能够产生反思性的和一致性的书面文字），并熟练掌握了芬语、瑞语这两种语言技能。**能力和专长：教学实践 2** 的目的是让学生学会计划、实施和评估比单一学习情况更广泛的教学模块，充分了解教学计划是一个过程，在这个过程中，如何从不同角度审视和解释课程设置的目标；进而学生能够在教学的规划和实施中考虑小学生的学习先决条件、经验和兴趣，并为他们的教学设想不同的目标和实施方案，并能够从这些替代方案中做出合理的选择。

教育高级学习课程占据 80 学分。完成这部分课程的学习后，学生将形成人的成长、发展、学习与成长环境、教育模式和学校制度的全局观，并树立自己一贯的教育理念。能够认识、指定、解决和评估与自己的专业领域有关的科学和实际问题，同时适当考虑解决方案的教育、伦理和社会影响。能够通过自己的行动来发展他们的活动领域，并继续获得他们所在领域的科学和实践知识。能独立计划、实施和评估教学，并能够成为工作社区的一员，获得进一步科学研究所需的技能。

高级现象学习 1: 个体、群体现象及学习这门课程旨在帮助学生将他们的经验和理解融入到研究个人和群体教学现象之中，调查其选择的现象，并借助理论概念对其进行分析。高级现象学习 2: 学校社区和社会则帮助学生将他们的经验和理解融入研究与学校社区和社会相关的教学现象之中，调查其选择的现象，并借助理论概念对其进行分析。高级现象学习 3: 独立工作单元的目的是帮助学生独立运用其所选领域的知识和技能。研究方法这门课需要学生呈现他们选择方法论的理由、在他们自己的研究中应用他们选择的方法并适当考虑与研究有关的伦理问题。论文研讨会 1 和 2 共同构成学位论文的写作课程。学生通过论文研讨会 1 独立地检索与他们正在研究的现象相关的信息，并确定其论文的理论和概念的起点，定义和提出他们的研究问题，使他们的论文属于教师教育的领域。同时，起草一个研究计划，参与科学讨论和论证。论文研讨会 2 主要是帮助学生顺利完成一个经验或理论的论文研究，编写一份研究报告并参与科学讨论。通过硕士学位论文的写作学生能够单独或成对地进行关于教育科学学科的实证研究或理论研究，具备科学思维，应用研究方法和科学传播所需的技能。成熟度测试要求学生能够简明扼要地介绍自己硕士学位论文的内容，掌握研学术写作的基本结构。能力与专长: 教学实践 3（监督和评估学习），完成这个学习单元的学生将能够计划、实施和评估广泛的学习模块，根据学校的教育和教学目标，证明他们的教学选择，可视化和管理不同的学习过程，并支持不同的学习者实现不同的学习目标，同时，能够使用适当的方式评估学习过程的不同阶段。能力与专长: 教学实践 4（学校社区和社会）帮助学生了解教学专业对学校社区和社会的权利和义务，能够在工作社区、家校关系和多专业合作中专业行事，能够按照职业道德进行工作，在教育和教学相关的理论知识方面，能够证明自己的行为是一名合格的教师，具备承担小学教师工作的全面责任的技能。

多学科的学校学科学习和跨学科的专题模块（即 POM[11]），占据 60 学分。POM 课程内容及学分分布详见表 7。学生通过进行这部分课程的学习了解自

---

11 POM 的释义如下: Basic studies（P），Orientating studies（O），Multidisciplinary studies（M）.

己对各个学科的态度，并能对其进行批判性的审视，同时了解全纳性教育和多元文化为学与教带来的机遇与挑战。认识主体的独特性，并能够同时检查和分析跨学科界限的现象；能够区分学校科目的教学文化和与学校科目多样化有关的不同的联系，例如和思想、政治联系；能够计划和实施教学，并在1-6 年级和学前教育领域的不同内容中的各个学科和跨课程主题模块中进行学习评估。POM 课程学习包括总体介绍和研讨会，囊括了各学科的核心和应用部分，以及处理综合性跨学科主题的学习单元。涉及学科和科目的核心部分将集中在每个科目特有的主题、内容和现象上。每个科目或科目组的应用部分将与其他科目、科目组、教育学习、教学实践和论文写作一起进行。年度教学计划中将详细介绍这种合作将如何进行。在综合性的跨课程主题学习模块中，学生将学习"国家基础教育核心课程"中概述的专题学习单元。POM课程还解释了每个学习模块的评估基础。学习模块的评估将基于是否达到模块目标和习得课程参与中指定的能力。

表7 多学科学习和跨学科专题学习模块内容及学分分布一览表

模块名称	具 体 内 容	学分
前言	介绍多学科学习	4
核心部分学习模块	芬兰语言和文学（3 分）、历史和社会研究（2 分）、宗教和道德（2 分）、艺术（3 分）、体育和健康教育（4 分）、数学（3分）、音乐（3 分）、技术教育和艺术工艺（2 分）、手工艺教育和纺织工艺品（2 分）、环境和自然科学（5 分）	29
应用部分学习模块	芬兰语言和文学（3 分）、历史和社会研究（2 分）、宗教和道德（2 分）、艺术（2 分）、体育和健康教育（2 分）、数学（2分）、音乐（2 分）、技术教育和艺术工艺（2 分）、手工艺教育和纺织工艺品（2 分）、环境和自然科学（3 分）	22
综合跨课程专题模块	综合跨课程学习	4
多学科学习总结研讨会	对多学科学习进行总结与分析	1
多学科学习总学分	____	60

资料来源: 作者根据于韦斯屈莱大学教师教育系主页公布的2014-2017 年教师教育课程大纲中的内容绘制。

本科阶段辅修课程占 25 学分, 学生可以从学前教育和初级教育的基础学习 (25)、艺术基础学习 (25)、小学教师音乐基础学习 (30)、芬兰语和文学的基础学习 (25)、纺织工艺学基础学习 (25)、科技教育与技术工程学基础学习 (25)、体育教育基础学习 (25)、朱丽叶课程 (25+10) 和戏剧教育基础学习 (25) 中进行选择。

总结: 通过梳理于韦斯屈莱大学两份小学教师教育课程大纲可以发现, 就读小学教师教育项目的学生在每一个学科领域都做了充分的准备。例如, 在小学教师教育项目的第一年, 学生们在他们最终将教授的不同学科领域的教学中接受严格的训练: 从芬兰语到化学再到数学。同时, 学生必须选修教育学课程, 包括方法 (或教学法) 课程, 两门关于儿童发展的课程 (专门为教学而设,《与学生交流和了解》和《教育心理学导论》), 并在培训学校进行了一系列的教学实习。在最初的见习中, 学生教师正在学习如何通过作业观察儿童, 这些作业要求他们绘制社会关系图, 采访儿童, 并将他们所学应用到儿童发展课程中。他们还被要求观察教师的教学和课堂互动。学生们同时学习他们最终要教授的所有科目的课程 (60 学分), 学生通常也会选择一定数量的纯学科内容课程 (如数学或芬兰语) 作为他们"辅修科目"和"选修课" (75 学分) 的一部分。这种准备不同于中学教师的准备, 侧重于科目的教学内容知识, 而不是纯的学科内容知识。因此, 学科内容是通过教学的方式来学习的。小学教师准备课程工作的一个中心焦点是, 教师学习如何创建具有挑战性的课程, 如何开发和评估当地的课程, 使学生参与学习和定期质询。这种准备还强调学习如何教学生以不同的方式学习, 教不同的学习者, 包括那些有特殊需要的人。它包含大量的强调文化多样性的课程, 包括对《学校文化多样性》以及《教育和社会正义》课程的理解以及学习、评估和开发。

2014 年版本的教师教育课程与 2007 年版本的不大相同。2014 版指出: 芬兰的学校体系的基本任务是"教育公民负责建立一个基于可持续发展的更加公正的世界"。相应地, 教师以更新和可持续的方式教授, 使他们成为理性思考者和终身学习者。于韦斯屈莱大学以现象为基础的课程实施的目标是为有抱负的教师提供更深入地了解有关教育的现象和问题的平台。要求学生从多个角度考虑主题, 借助科学理论, 更好地理解现实世界教育问题的复杂性。教育项目围绕五个现象展开: 互动与合作 (Interaction and cooperation)、学习与指导（learning and guidance）、教育社会与变革（education society and change）、科学思维与知识（scientific thinking and knowledge）以及能力与专业知识（competence and expertise）。学生还应该具备以下能力：道德能力（ethical competence）、智力能力（intellectual competence）、交流和互动能力（communicative and interactional competence）、文化社区和社交能力（cultural community and social competence）、教学能力（pedagogical competence）和审美能力（aesthetic competence）。像 2007 年的课程一样，学生必须完成硕士论文，但是 2014 年的模式要求学生完成一个自主确定的（self-determined）教育现象分析。

从 2007 年到 2014 年，大学的教师教育目标和哲学发生了重大变化。2007 年强调学生获得三个领域的知识：理论（theory）、实践（practice）和经验（experience），而 2014 版则希望通过培养能够帮助建立一个更加公正的社会的学生来加强民主。总之，改革后的课程更加以学生为中心，让学生在决定个人学习路径中发挥更大的作用。以学生为中心或以学习者为中心的教学把一节课或学习的经验的重点放在学生身上。为了成为一个以学生为中心的课堂，于韦斯屈莱大学强调了五个有利于学习者的教学领域，包括权力平衡（balance of power）、内容功能（function of content）、教师角色（role of the teacher）、学习者责任（responsibility of the learner）和学习评估（assessment of learning）。对以学生为中心的教师教育项目的评估表明，许多教师认为以学生为中心创造了良好的课堂环境，许多大学教师教育项目也计划向这个方向发展。进一步的研究表明，学生对从教师为中心向以学习者为中心的转变做出了积极的回应，而教师最有效的角色往往是作为一个促进者。《欧洲高等教育领域的质量保证标准和准则（2015 年修订版）》反映了芬兰小学教师教育的改革方向，这份由欧洲各地的教育领导者创建的合作文件，强烈主张以学生为中心的高等教育学习。文件宣称以学生为中心的学习和教学在激发学生的学习动力，自我反思和参与方面起着重要的作用。

以下是于韦斯屈莱大学部分受访者对"'研究取向'的小学教师教育课程及课程改革"相关问题的回答：

> 我们过去有许多分开的课程，过去很多课程并没有和其他课程融合，所以过去宏观上没有一个整体的图像。现在，我们把很多课程放在一起，我们有核心课程，我们有核心的团队，还有一些补充

课程，然后我们在整体上有一个很大的图像。就拿我的研究领域举例，比如学习阅读和写作（learning to read and write），有些学生会从不同角度学习它，就像阅读的技术过程，有些学生可能会测试移民是如何学习阅读的，第三个就是家庭学习的环境，第四，外国人是如何看待芬兰语的学习的，第五，语言学习在不同的学校是如何发生的，第六，多元文化是什么，第七，那些失明或者失聪的小孩是如何学习阅读和写作的。所以现在这门课程是比基本的写作和阅读更加广泛的。（编号：J20170809X）

我的意思是当我们有那些分隔开的课程时，他们不明白自己属于哪一个部分，这个现象宏观上的图像是什么样子的，比如说学习阅读和写作。我们在教师培训时就把这些基本的元素列出来了，而不是等到他们去学校任职时才知道有哪些元素。并且这些都是实际生活中的情况。在实际生活中，你不是从那些东西中拿到一部分，你拿到的是整个想法。新的课程比旧的好太多了，旧的课程太割裂了，你仍然可以看见这些课程之间的联系，但是你不能把他们进行匹配和融合。为什么不能把这些课程放在一起呢？在上个世纪七八十年代，这些课程是非常糟糕的，有上百门小课程，但只是一个学分。但那时是我们刚刚开始和创造以研究为基础的年代，那时是非常困难的。（编号：J20170809X）

我们今天不再有教育心理学、教育社会学之类的课程了。我们的课程以现象为基础，所以我们的课程也是基于这样的基础命名的，比如学习指导（guiding learning）或者学与教（learning and teaching）之类的基于现象的教育课程。课程不是以前那种分类方法了，不是根据传统的以社会学、心理学、历史学等这类学科划分，我们是用现象来划分，比如"互动"就是其中一个课程，还有教育和社会变迁、调查方法、教师实践等课程，这些是在第一年基础学习阶段每个人都要完成的。第二年，学生要进行分科学习，也有研究方法、互动等一些课程，比一年级的课程的难度加深了一些。第二年没有实践类课程，第二次的实践课安排在三年级，同时学生要完成本科毕业论文。小学教师教育项目的学生在第四年拿到学士学位后，理论上可以去学校教学，但实际很难找到长期的工作。他们

可能只能在学校里担任短期的替补教师[12]。（编号：J20170816B）

基础教育学习（basic education study）中，互动与合作（intraction and cooperation），学习与指导（learning and guidance）等课程是现象取向的。研究取向（research based）和现象取向（phenomena based）之间有很多联系，他们描述了教学的不同环节，研究取向是指在大学的学习是以研究性的知识为依据，现象取向这个概念在教育领域是非常新的，现象取向是指，不要从一个角度去看待某个学科的某件事件，而是从每一个角度去看。就拿第二次世界大战为例，每个学校都会讲第二次世界大战，会以时间的顺序呈现一些发生的事情，比如斯大林做了什么、希特勒做了什么、莫索里做了什么等等，这些不是现象取向的，而是基于事实的（factual based），只是呈现事实，但是没有讲述这些事实发生的背后的原因。将来，芬兰的学校会对第二次世界大战发生的原因进一步地讲述，比如从地理、自然环境的角度。为了全面理解小学里所教的内容，我们需要从多元的角度去分析，这通常就会引入研究取向的内容，因为我们需要有事实来支撑理论。这些是很紧密联系的。（编号：J20170912B）

研究取向基本就决定了不管你的教学对象是谁，即便是小孩子，也得用研究来武装自己。现象取向是一种教学方式，你可以做基于研究的教学，比如只是基于事实，将一些事实信息倾倒给孩子们，告诉他们事实是什么。现象取向更多地就像是做一个研究，对孩子们进行一些很小的调查研究。这些基础教育的课程是基于现象进行教学的，这五门是第一年的关键学习课程。还有学校的其他一些课程，比如IT等一些基础的课程，还有语言方面的学习，因为我们有一门课是瑞典语，有一门课是英语。交流学习（communication study）在第一年也开始学习，这些课程关注的是沟通，比如说家长和教师之间的关系、家长和教师之间就孩子的学习应该有什么样的沟通交流，在这门课里面，我们几乎不把自己置身其中来练习一些

---

12 替补教师指的是正式全职教师因生病或其他原因不能上课时，替代正式教师上课的教师。没有硕士学位，小学教师教育项目的本科毕业生很难在综合学校找到全职工作。

东西，我们是站在外面来观察这些现象，教师和家长之间的关系是什么，我们去探索它。我们观看了一些视频，我们也分析视频，比如一些特殊的小孩是如何被教育的。有一个关于小孩自身安全的视频是非常好的，比如告诉学生不要去爬半米高的岩石，因为他可能会掉下来，他应该会很怕那个，因为那会把腿摔折。我们也读了很多文章。你也可以选择某些课程来学习，选择是自由的，你可以任意选择哪些课程来拿学分。从今年秋季开始执行的新的课程大纲，我们不再要求学科的学习（subject study），即芬兰语，英语，历史，体育这些在学校被教授的学科。这些我们不再要求了。而是你通过选择学习，来完成 37 个学分。这就可以帮助你在第一年就开始选择性的学习，比如如果你想学心理方面的内容，你可以在第一年就开始。（编号：J20170912B）

这个项目的主要目标是培养小学教师，但是我们有很多的可能性，比如芬兰 5 年前的经济部长，曾经就是小学教师，另外还有两名在冰球领域很有名的运动员也曾经是小学教师，所以我们基本上可以做任何事情，普遍来说从事一些和教育有关的行业。在选择课程时你甚至可以选择商业方面的课程。我们硕士毕业后有很多就业的选择。语言和沟通交流方面的课程可以在第一年完成学习，然后可以做选择性的学习，然后就是基础学习。第二年开始学科学习（subject study）。正如你所看见的，教师的教学方法论学习是这些，关于学科的学习，是以现象为基础的。这些学科的学习主要是以小组的形式进行的，这些学习基本没有考试，这三年里我只参加了一次考试。这些课程会基于小组的工作来给成绩，可以基于一篇作文，可以基于小组表现，也可以基于自我权利（self-right）。我们有不同的方式来给成绩，这是很好的，因为有些人可能擅长考试而不擅长写作，有些人不擅长考试但是擅长写作。（编号：J20170818B）

在芬兰想要成为一名小学教师，你得通过这些模块学习（POM study）来获得资格证。这些学习，比如音乐方面的学习，芬兰语文献的学习，这些科目会在小学教授的，每一科目的学习可以得到 5 个学分。每一个科目有小学的部分，在小学的部分你学习某个科目基础的东西，就拿历史这个科目来说，学习怎么看待历史，我们让历史这门课如何变得有趣以及为什么是有趣的，其他科目如音乐、体育、芬兰文献和绘画。有应用的部分，这要相对复杂一些。在将来的芬兰小学课程大纲里面，可能不再有学科教学了（subject study）。在这些应用的学习模块（POM study），会与2到3个科目联系起来，比如说芬兰文献、音乐、艺术，我们演奏音乐剧，我们得有剧本，我们自己做的剧本就是芬兰文献相关的部分，然后我们得编写乐谱，大家学习并演唱音乐，我们还得装饰舞台，以及其它和音乐有关的东西，比如服装。然后我们演奏音乐剧，这就是我们如何把不同的科目组合在一起。（编号：J20170818B）

第四节　芬兰"研究取向"的小学教师教育的教学实习

芬兰"研究取向"的教师教育的另一个重要组成部分是学校的教学实践培训。在五年的课程中，学生从基础教学实践到高级实践，再到最终实践。学生观察经验丰富的教师的课堂教学并吸取教训，由督导教师进行实践教学，督导教师和教师教育系的教授、讲师对不同的学生群体进行独立授课、评估的同时，学生还需要向其他学生展示独立的课程教学。教学实习约占整个小学教师教育项目学习的15%至25%。其中大部分工作是在人学管理的教师培训学校内完成，这些学校的课程和做法与普通公立学校相似。一些学生也在选定的市级外地学校（正规的公立学校）进行教学实习。实行实习教学的学校对专业人员的要求较高，指导教师必须证明自己有能力与学生教师一起工作。教师培训学校述与大学的教师教育系合作，有时还与具有教师教育职能的学院合作，从事研究和发展工作。因此，这些学校可以向学生教师介绍范例课程和可供选择的课程设计，也有在监督教师专业发展和评估策略方面准备充分的督导教师。由于芬兰教师教育体系非常强大，就读小学教师教育项目的学生一旦毕业，被一所综合学校接收，就做好了充分的准备从事教学工作。

一、芬兰教师教育中理论与实践的关系

（一）传统的实践取向的退却（20世纪60年代）

20世纪60年代芬兰教育委员会报告中明确指出：教师教育的理论基础

不足，老式的和专制的教师应该转变为民主、思想开阔、训练有素的教育者。这个时代的座右铭是"更多的理论"，教师应该依赖于教育科学方法，在课堂上进行小规模的教学实验，并从理论和批判的视角分析自己的行为。虽然委员会的改革愿望美好而严格，但教学实践仍被视为教师教育的主要关注点。虽然强调了理论基础，但教师教育者被警告不要为未来的教师安排过度的理论教育，教师需要在一个脚踏实地和充满关怀的环境中工作。"未来的教师应该熟悉初步的学术思想，准备简单的关于学校问题的报告"反映了芬兰在培养教师对学术技能的适度关注。正是在这一时期，将教师教育纳入大学课程的想法陆续被提出，标志着教师教育发展迫切需要获得更好的学术地位，在学术界宣称理论而不是实践取向可能会更适宜。理论和实践清楚地呈现为独立的领域。委员会谨慎地提出理论应该用于使教学实践受益，并且将来应该缩小两者之间的现有划分。1969 年的报告非常明确地阐述了这一目标："现在有必要改变教师教育"。

（二）来自学术界的呼唤（20 世纪 70-80 年代）

20 世纪 70 年代的综合学校改革为教师教育改革提供了新的动力。1972年芬兰教育委员会的一份报告介绍了理工学院模型。该模型尤其在教师教育委员会中被接受，因为它被视为提高教育学科的学术地位的一种方式。理工学院的理想与传统的学术模式形成对比，传统的学术模式被视为脱离了社会和工作生活。理工学院的理想旨在将理论和实践知识结合在一起，形成多学科发展和锻炼批判性思维的精神。教学实践被概述为理论应用于实际学校环境的背景，类似科学活动，即科学家在实验室工作时使用他们的理论知识。

1975 年，教育委员会的另一份报告表明，理论课程和教学实践应该在未来更紧密的合作中组织起来："研究课题可以从实际问题中选择"，"这些研究与实践密切相关"。然而，理工学院模型起源于东德，因此未被保守的学术人员接受。提高教师教育水平的压力越来越大，"理论"、"虚拟的"和"研究"等词语经常出现。20 世纪 70 年代专业和现代教师的特征是：实际决策应该来自基于研究的事实，而不是个人信仰。这一阶段，"教师作为研究人员"的想法存在一些疑虑和保留。教师不被建议作为"真正的研究人员"接受教育，他们也没有充分接受教学理论方面的教育。教师被期望在全面教育中思考和行动，并在日常教育中照顾实际问题、社会关系和学生的学习，是一名"半"研究人员。在没有适当的研究和方法教育的情况下，教师开展初步科学研究的能力和所持有的正确的态度被认为是充分的。

重大转折发生在 1979 年，当时芬兰新的大学法律只承认硕士学位。因此，教师教育（包括小学教师教育）获得了完整的学术地位，然而，在学术层面上，还没有准备好实施基于理论的教师培训。这种变化主要是政治决策推动的，并且很快成为教师教育部门发展的起点，决定将小学教师教育提升至硕士水平的主要因素是芬兰大学的重组。

（三）受访者眼中的"理论联系实际"

我个人认为，教师在学校做的每一件事情，他们得弄明白是怎么回事，他或她得知道为什么和学生做这些事情，他得知道他为什么用这样方式来教学生。所有的教学在理论上都是得有理有据的。我认为最重要的是，作为一名教师，我们得对自己所做的所有事情是有理的。在大学里也是一样的，学生会问我为什么用这种方式教课，我得给出合理解释。我得告诉他我选择这个话题的理由是什么，所有的事情都是有理的。关于你所教的这个话题，你得有学科方面的知识，也得有理论方面的知识。你得有教学方法的知识，然后把它和学科方面的知识融合在一起，当你在教学时，你必须明确自己在使用什么样的教学方法论方面的知识。（编号：T20170825B）

我们的学生在这里学习时，他们会去学校里观摩课堂，他们看教室里发生着什么，为什么教师会做这些，他们观察这些孩子，这些孩子为什么在那个时间认真听课，而在其他时间没有听课，小孩为什么是在做这个而不是那个，课堂里有哪些沟通交流，小孩子在课堂上有什么样的行为。当小孩子有学习动机时，他们在做什么，教师又在做什么。他们就观察这些。然后我们给他们一些好的针对他们所学的研究依据，他们就会在理论上有一个理解，就会发现为什么小孩子是有动机的，为什么教师会那么做。我们教他们把理论材料和真实生活事件联系在一起。他们就会理解课堂上所发生的事情。（编号：T20170825A）

在他们进入教师教育项目学习的初始阶段，在教学实习时，他们得对在实习期间的事情做一个报告，就是自己看到了哪些事情，我教了学生这些事情，我用这种方式教他们。他们得让他们所做的有理有据。他们得有理论上的依据，每时每刻我们都得把理论和实际联系在一起。事实上在中国，教师教育的学生也有教育实习，差不多两三个月，他们在学校也做一些观摩课堂，做些记录。但是我认为是不够的，他们并没有接触到真正的生活（didn't touch the real life）。（编号：J20170823C）

教学实习不是他们在学校（小学）的唯一时间。我们大部分课程都和实习学校的事件是交叉在一起的，比如说，我在教芬兰语文献这门课程，学生有不同的话题或者项目，他们为学校做一些课程，然后去学校教他们已经准备了的课程，然后他们再反馈这个项目或者话题进展得怎么样，这个就不是教育实习，而是我们的基础课程，但他们是实实在在在学校里进行的。所以很难说他们在学校实习多长时间。每年他们都会在某个项目里去学校，或者在教育实习期。比如说我在每个年级都会有一个小组，每个小组就有一个指导教师，并配备一个班级，他们就可以在自己想要去的时候去，做自己想做的事情。这些课程在城市的不同地方。我们有很好的大学，我们大学里有很好的项目来供这些学生尝试。（编号：J20170809K）

二、教学实习——理论与实践的融合过程

芬兰拥有组织教师培训的独特方式。每一所组织教师教育的芬兰大学都有一所教师培训学校，建立教师培训学校的主要目的是为有抱负的教师提供监督式的教学实践。尽管部分教学实践可能在教师培训学校以外进行，但大多数未来的教师在教师培训学校进行大部分的培训，具体的培训内容都在合格的教师教育工作者的不断指导和监督下进行。芬兰学生教师认为自己成为教师的过程受到教学实践的极大影响，许多学生和教师将其视为教师教育的基石。因此，教学实习督导的作用是显著的。教学实践中有三个主要角色：学生教师本人，大学的教师，教师培训学校的教师（教学实践的导师）。大学的教师更多的受学术观点的影响，他们的重点是教师教育课程。而实践学校的教师更专注于学校教育，他们更熟悉自己的学校课程。学生教师需要熟悉这两类课程，并且需要实现两者的目标的融合。教学实践与教育理论以及学科研究与学科教学的整合至关重要。这是通过由大学讲师、培训学校的教师和学生教师合作进行的三个阶段的教学实习来实现的。

图3 大学讲师、教师培训学校教学督导和学生教师三方合作

　　当学生上课（教学实习）时，这个培训学校的教师会在场。他
/ 她可以提供帮助，来自大学教师教育系的教师教育者也可以提供
帮助。有时我们甚至希望那些学生教师带来他们所遇到的问题。这
样我们可以一起处理它们。所以我会问"好的，发生了什么？"，
然后我们一起看这些问题，并且还试图用理论来解决这些问题。当
然，不会每次都发生这种情况，但这是我们的目标。这就是这种
（reseach-based）课程的理念，这种工作方式。因此，在日常生活中
发生的那些问题和挑战就是学习和工作的内容。这是有待探索和研
究的最有趣的事情。（编号：J20170809K）

　　"研究取向"的小学教师教育课程设置中，除了增加教学实习的权重、
更加科学地安排教学实习的时间，每一次教学实习课程之前都会开设相应的
教育理论课程作为基础与指导、强调即时反馈（instant feedback），大学教师
与教师培训学校教师在学生实习期间进行有效沟通与协作，都充分体现了
"研究取向"的全新定位。以一堂小学一年级的音乐课为例，上课之前，三
名就读小学教师教育专业三年级的学生共同制定一份课程计划，包括课程需
要实现的教学目标、具体教学环节的设计以及明确三人所承担的不同职责，
试验一次完整的教学过程，并预估教学效果。这堂课的旁听者有她们的大学
音乐教师和在教师培训学校的教学实习指导教师。大学教师会在旁听过程中
进行记录、必要时对课堂效果进行拍照，在课程结束后给三名学生即时反馈

（在记录表上填写评语并给出提升建议），并就一些课程安排的具体细节问题与教学实习指导教师进行沟通与讨论；教学实习指导教师则在第二天安排了一个30分钟的课堂教学反馈讨论，内容包括教具的选择与准备、课堂教学时间的分布、学生自己对这次教学过程的看法等，更重要的是实习指导教师会指出学生做的好的方面并加以鼓励，同时会给学生分析课堂上一些孩童的表现以及出现这些举动的原因。例如：有些孩子的嗓音条件无法发出较低的音，这时候教师需要提高一个音阶，以帮助这类孩子顺利完成音乐课程的训练和学习。

每年在芬兰所有教师培训学校进行教学实习的未来教师的数量大约为3000人。大学以及教师培训学校在芬兰各地的分布相当均匀，因此无论居住在大都市，还是远在芬兰的其他地区，都没有出现在特定的地区难以找到合格的教师的情况。这也部分说明芬兰不同地区或不同学校的成绩差异较小。

芬兰学者认为教学实践的质量决定了教师教育的质量。基于以下两个原因，芬兰的教师培训学校的教学实习监督质量被认为是特别高的。第一，一所教师培训学校近 20%的教师持有博士学位，他们致力于专业的职前和在职教育。芬兰教师培训和教师教育成功的一个明显原因是教师培训学校，这是教育部门和其他高校部门之间的内在联系。这些参与者都是同一个机构的一部分，他们可以编写教学计划，帮助学生教师更好地发展未来职业的知识和技能。例如，理论方面和教学实践在研究的所有阶段都被整合在一起。这使学生在学科和教育学习过程中获得教学专业所需的理论、知识和技能。反过来，他们可以把他们所掌握的所有技能和知识运用到监督式教学实践中。简言之，学生教师的教学实践阶段的核心目标是：1. 演变成拥有教学思想的教师。2. 成长为教学专业人员。3. 了解他们自身在教育事务上掌握的理论和个人观点。第二，芬兰教师教育制度非常重视研究。以研究为基础的教师教育意味着教师和学生教师都具有实验教学和科学研究的可能性。与教学实践相联系的教学实验和教学研究旨在促进未来教师的创新和分析态度。因此，以研究为基础的教师教育的目标是教育学生除了直观的洞察力外，还能够基于理性的论证做出教育决策。此外，芬兰鼓励在教师培训学校工作的教师将研究和教学实验作为其工作的一个组成部分。教师培训学校也为大学不同学院的研究提供背景。

三、赫尔辛基大学教学实习安排与分析

（一）教学实习具体情况

在赫尔辛基大学，教学实践是培养小学教师的一个重要部分。学生在获得硕士学位的 5 年时间里完成的工作等同于修习 300 个学分，涵盖学科重点内容、其他（辅修）学科内容和教学研究内容，其中 20 个学分是通过教学实践获得的，一般而言，这些学分分布在硕士学位课程的第一年、第三年和第五年。第一年和第三年的教学实践经验是在大学主办的教师培训学校习得，由专业导师（又称为教学实习督导，其中许多是取得博士学位的研究人员）指导。最后一个阶段的教学实践发生在与大学有关的实地学校，这些学校的教师必须参加指导学生教师的课程。在大多数情况下，学生在教学实践学校都是成对工作，也有三个人一组的情况。在芬兰，教学实习督导教师这一职业是十分受欢迎的，而且还会有薪资补贴。小学教师教育项目教学实习安排详情见表 8。[13]

表 8　赫尔辛基大学小学教师教育项目教学实习安排一览表

实习时间	时长	实 习 内 容	地 点
第一年第一次	几天	观察课堂、绘制课堂上的社会互动图表、书写一个孩子的案例研究、访谈孩子们	教师培训学校
第一年第二次	3 周	教授芬兰语和戏剧课共 18 节	教师培训学校
第三年	6 周	教授所有科目（数学、科学、历史、体育和音乐等）共 50 节	教师培训学校
第四年或第五年	6-7 周	负责全天的课程和教学工作	"教学与科研实验基地（field school）"或教师培训学校

如表 8 所示，五年学习项目的第一年里，学生需要去教师培训学校进行为期几天的见习和三周的实习。花费几天时间进行见习的重点是让学生观察和记录孩子们的社会互动和友谊，并开始了解课堂上的社会团体（social community）。学生们还会撰写一份案例研究，重点放在教室里的一个孩子身上，个案研究选取的主题与他们在大学里所学的特定课程有关。在第一年后面的学习时间里，成对的学生回到原来进行见习的教室，之前绘制孩子们课

---

13 根据访谈录音总结得出。

堂上的社会互动图表是因为他们正在学习他们的学生是谁（they are learning who their students are），并花三周时间专注于芬兰语（必须至少教 10 个小时）和戏剧课程的教学，因为在第一年的这个时候，他们只完成了芬兰语和戏剧的教学方法的课程。学生们成对教学（9 节/组，共 18 节），每一对学生一起进行课程和教学规划，在彼此的课程中担任共同教师（co-teachers）。他们还需要根据芬兰语和戏剧的主题开发至少一个简短的综合项目。

第二次实习安排在第三年，为期六周，包含计划周（planning week）1 周和教学周（teaching week）5 周，其中教学周 10 节课/周，同样需要学生成对完成。也即学生在除芬兰语和戏剧之外的所有剩余学校科目（数学、科学、历史、音乐、体育、艺术、纺织和技术工作）中共教授 50 节课。成对的学生一起撰写 50 节课的教学计划，然后把课程分成两半，每周他们都要负责 10 节课中的一半。另一位学生扮演合作教师的角色，观察、帮助有困难的孩子，也在课程需要的时候提供帮助。在教师培训学校督导教师和大学讲师的监督下，由学生教师自主构建所有科目的课程教学计划。每节课后，学生和督导教师都会反思课程，大学讲师不时出现。不论教师还是学生每天都能收到及时反馈，督导教师还与学生教师、教师教育项目的合作伙伴（一般指大学讲师）共同策划教学活动。学生教师就教学实习期自己的表现写一份总结性的反思报告。学生教师应该学习分析学习过程和学习环境，学习分析和实施不同的教学方法以及运用不同的学习材料，同时教授和学习学校科目。他们还学习为小学教育和教学做协同规划，以及如何支持不同学习者的需求。最后，他们学会在学校课程的背景下分析和反思自己的教学。更重要的是，在反思报告中，他们还在教学实践的官方目标背景下考虑他们的个人目标。[14]赫尔辛基大学维基（Viikki）教师培训学校一位小学五年级的教学督导教师 S 描述了学生在她负责的小组实习时通常会发生的情况：

当实习生在上课时，我坐在教室里属于我的办公桌边（在教室的一个角落，见图 4），桌上放着我写的关于这堂课的教案。他们有自己制定的教学顺序，也有更详细的课程计划，比如某项活动的具体目标是什么？他们将如何实施这个计划？他们将如何评估孩子

14 Loukomies, A., Petersen, N., Lavonen, J. A Finnish Model of Teacher Education informs a South African One: A Teaching School as a Pedagogical Laboratory[J] South African Journal of Childhood Education, 2018,8（1）,3.

们的活动？通常，我会提前检查课程计划，他们会简要地告诉我计划中的要点，然后，我们坐下来讨论课程。我试着引导这些讨论，这样如果下次有什么问题需要改变的话，这个问题就会由实习学生自己来解决。通常他们会很好地反思自己的教学过程，所以他们通常会注意到问题所在。（编号：H20170920P）

图 4　教学督导教师 S 的办公桌

最后一次教学实习一般发生在第四年或第五年（学生可根据学习情况进行自主选择），可以在教师培训学校，也可以在"实地学校（field school）"，后者更像一所普通的（regular）学校，但它的办校宗旨之一是培养教师。在最后的实习期，学生有 1-2 周的计划周，并将全权负责为期五周的教学。在这段时间里，一名实习生教授一星期的课程，另一名实习生进行课堂观察和提供帮助，他们将五周中的第一周用于共同规划课程和观察。第二周两名实习生一起教授所有课程。第三周，一名实习生教课，另一名实习生协助教学（co-teaching and assisting）。第四周，两名实习生互换角色。最后一周，两名实习生再次一起教授所有课程。因此，每位实习生都有机会在一天中教授学生，到这个时候，他们已经有了四年半的准备、制定了课程、在课堂上进行了观察，已经在一个支持性的环境中进行了教学实践，并逐渐被引领着进入教学行业。

如果在实习期，教师培训学校通常都有 30-36 名学生教师分布在各个年级的不同教室里。教师培训学校的特色之一是布置一套供师生使用的房间（见图 5），包括供师生会议用的桌子、储物柜、书架、衣帽间和午餐空间。整个房间配备了最新的多媒体信息技术,整体设计便于召开学生教师和教学督导教师之间的会议,教师培训学校不仅重视学习教学,而且更重视分析教学。在笔者最近的一次访问中,观察到学生教师在会议室里与他们的实习督导教师会面,听取教学计划并讨论下一步进展。这种对计划、行动和反思/评价周期的关注贯穿于整个教师教育,展示了全职教师在为自己的学生做计划时所做的全部工作,实习生将来会在自己的工作中从事类似的研究和探究。这些会议强调了这样一个事实:如果教师没有机会分析他们的经验,将经验与研究联系起来,并进行元认知反思,那么实践中的学习就不会"独自"发生。在某些方面,它模拟了整个教育系统将要经历的过程,即在教室、学校、市政当局和国家层面上进行持续的反思、评估和解决问题的过程。开展教学实践的主要目的是让学生将理论与实践相结合。这些经历帮助学生成长为"从教育学角度思考"的教师,找到自己在专业中的位置,并意识到自己"关于教育问题的实践理论和观点"。

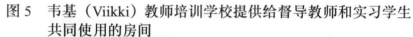

图 5　韦基（Viikki）教师培训学校提供给督导教师和实习学生
　　　　共同使用的房间

（二）教学实习的特点与作用

1. 使用视频

教学视频可以帮助学生教师提高实践能力。这个实习案例是由欧洲联盟资助的一个名为"行动导向教师知识（for action-oriented teacher knowledge,简称 ACTTEA）"的项目的一部分,赫尔辛基大学和其他机构在该项目中进行了合作。这个项目的重点是帮助未来的教师发展从他们的实际经验中获得的有效教学与学习的能力。"当你明白发生了什么以及为什么发生的时候，你的知识就会增长。我们总是说，反思很重要，但要看到什么是最有价值的，并不总是那么容易。"一位合格的督导可以提出问题，帮助学生教师从反思中获得更多。ACTTEA 项目的参与者开发了一个程序来指导未来的教师对视频课程进行反思。在练习中，学生教师观看一段他们自己教学的录像，其中的重点是他们的行动。未来的教师被要求找出课程中最重要的两个事件，一个是积极的，一个是具有挑战性的，并单独或与他们的同辈和督导一起对这些事件进行反思。他们描述了为什么这些事件如此重要，以及它们揭示了什么，然后就他们如何在自己的实践中进行反思来回答问题。当他们有机会反复观看视频时，分析他们在课堂上所做的事情（即教学决策）就会容易得多。

2. 最专业的督导（教师培训学校教师/督导教师的资格）

想要培养出高素质的精英教师，培养具有"理论联系实际"能力的新教师，教师培训学校会特别挑选优秀的教师到培训学校任教，他们通常有更多的教学经验，他们中的许多人积极参与教育学术研究。在教师培训学校开展教学工作的资格在技术上不是特别严格（必须有两年教学经验），教师培训学校对教师的规范和期望是：具有较高造诣、经验丰富、积极从事研究工作。赫尔辛基大学维基（Viikki）教师培训学校的教学督导教师 S 解释道："虽然规定的要求看起来微不足道，但实际上是很难进去的。你必须有非常深入的成熟的研究或者大型的研究。我得到这份工作是因为我有很多不同的研究。事实上，如今入行非常困难，我们的大多数新手督导都有博士学位。"，即官方明文规定的教师培训学校教师的资格要求不是很高，但在实际招聘过程中应聘者越来越难进入。S 教师具有教授初中数学的资格，也有教授学前儿童的资格，还有教授小学生的资格。她参与了三个研究项目：12 个不同国家的数学教学法国际项目、与东芬兰大学课题组就东芬兰大学教师培训-教学的某些方法进行设计导向教学法的研究以及不久前刚和一位同事出版了一本关于创意写作的书籍。她还和培训学校其他四名教师一起，为三年级、四年级和五年级的学生编写宗教教材。S 教师任教已有 26 年。她说，在一所教师培训学校工作实际上是她的一个梦想，部分原因是那里的教学氛围浓厚，以及她作为一名教师培训学校的学生教师时所体验到的浓厚的知识氛围：

> 当我年轻的时候，我学习成为一名小学教师，我在海门林纳
> （Hämeenlinna）的教师培训学校实习，那时我已经喜欢上了教学，

我喜欢教师培训学校的氛围，我钦佩我所在班级的小学教师。那时我已经有了这个梦想，如果有可能的话，我想成为一名教师培训学校的教师。（编号：H20170920P）

来自芬兰两所大学（J 大 2 位、H 大 1 位）的三名教师培训学校受访教师要么拥有博士学位，要么正在攻读博士学位，要么参与了多个研究项目。笔者访谈的第二位教师 A，目前在 J 大教师培训学校教授小学五年级，她拥有心理学学士和硕士学位。此外，她还获得了两个学士学位，一个是数学教学，另一个是物理教学，每一个都花了两年时间才完成。因此，她有资格在初中阶段教授数学和物理，但她选择了小学阶段的教学工作。所以，实际上，A 教师所积攒的教学经验远远超过了担任小学教学工作所需的 5 年，就在去年，她完成了博士学位。在加入 J 大教师培训学校小学部教师队伍之前，她已经在一所普通小学教了 12 年书。第三位教师 M 是 J 大教师培训学校的一名音乐教师，经常教授小学三年级的课程。她拥有小学教师教育的学士和硕士学位，和另外两名教师一样，M 深入参与了多个研究项目，包括一些关于音乐课程更新过程的项目。M 教师曾经不相信自己可以在教师培训学校找到一份教职，因为当时一起申请这一职位的人数很多，自己只是抱着试一试的心态投了简历，面试的过程中也没有很紧张，当被问及之所以能被录用的原因是，M 教师微笑着说："也许是自己对音乐的热爱，喜欢与孩子在一起、愿意与孩子一起成长的那一颗童心发挥了作用。（编号：J20170911B）"

图 6　J 大教师培训学校 M 教师的音乐教室

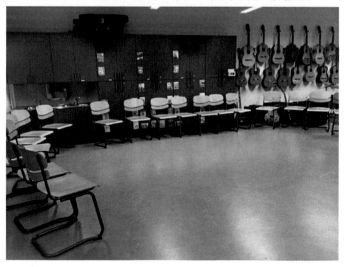

3. "我是理论与实践的桥梁。"

S 教师清楚地描述了作为一名教师培训学校教师的益处，既能分享专业知识的价值、与新的教育研究保持同步，又能挑战自己的智力水平、不断学习与进步：

> 我认为最重要的是，作为一名教师，我有这么长一段时间的经验，而且经验还在不断积累和增长；我对教学和与学生互动有着非常浓厚的兴趣，我觉得分享这些经验和我的职业技能是非常有意义的。此外，我喜欢和学生讨论。我也觉得，作为一名培训学校的教师，了解教育方面的最新研究和最新的教学方法是非常重要的，以便能够在课堂上与学生一起应用它们，并反思自己的方法。你知道，这一点能让我一直坚持下去。与学生们的这种日常合作非常有趣，因为他们挑战我的教学方式，以及我的职业技能。（编号：H20170920P）

A 教师还指出在这样一所学校工作的价值和好处是可以一直致力于教学学习，同时保持继续教授年轻学生的机会：你可以和学生们一起工作，这是一个很好的支持未来的教师的发展、影响未来教育的机会。A 教师描述她在教师与学生合作中所扮演的角色是作为一种理论和实践之间的"桥梁"，帮助师生双方充分了解理论和"真正的教室"之间的相关性，也构成整个教师准备过程的重点教育研究和理论经验。她指出，学生经常认为，实际的实践在某种程度上与理论脱节。他们会说："好吧，现在我们要摆脱理论，现在我们开始真正的实践。"但是，她解释说，她的工作是帮助学生看到研究和课堂实践之间的关系：

> 作为教学督导，我试图找到一种合适的方式来告诉他们……这是你们应该结合之前学习内容的地方。那么，你应该通过哪些概念来反思你在这里所做的事情呢？你们在这里遇到了什么现象？如果要我用词语来描述我的立场，我会说我是理论和实践之间的桥梁。我必须以某种方式把这个想法传达给学生，并成为一个例子，告诉他们如何从实际生活中，用理论术语来反思现实中的问题。（编号：J20170911A）

4. 如何学会为小学生选择不同的学习材料

> 这是我们教师教育项目中的基本学习部分。他们在不同的课程

里学习这些东西，也在教学实习中学习。在第一次教学实习中，他们做一些课程的计划，在第二次教学实习中，他们对一些主题做一些计划，这大概花 3 周，越往后这些计划就越大并且全面。这背后有一个很好的理论和框架，这是一个教学方法理论，比如说，当你准备一门课，或者做一个主题，或者一个年度计划，首先你得理解这个内容和这个话题，这是一个理论上的知识点。然后你得理解我现在对这个话题有什么样的理解。对这个话题我是怎样的信仰和态度。因为如果你对这个主题或者话题不喜欢的话，你不可能教得好，因为你的不好的态度会传染给那些小孩。你首先得改变你自己的态度。我认为这是第一件事，然后你得有理论知识，得知道国家课程大纲对这个话题是怎么规定的，比如说它的目标是什么。当你有了目标和内容后，然后你得看你有什么类型的小学生，哪些事情是他们可以做的，他们喜欢什么样的事，他们如何才能学得最好，他们是不是想通过行为来学习，他们想不想小组学习……等等。然后，你有很多学校的学习材料，当你对这些理论上的知识有想法后，你得理解课程大纲，之后你可以评价测量教学材料对教学是否是合适的。接着你做一个教学计划，是使用自己制作的材料还是已经存在的材料，最后对学生可能的学习结果进行评估。我们就是这么来做的。比如说，我总是这样教我的学生，你们得有什么样的理论知识，教学大纲是怎么写的，你有什么样的小学生，你有什么样的材料，这些材料是好还是不好，你需要做自己的材料吗，你怎么评估小学生的学习。这些学生教师一直都有这样的课程，在他们学习初期，我们就是这么教他们的。（编号：H20170912X）

第三章 芬兰"研究取向"的小学教师教育的影响与评价

从 20 世纪 70 年代开始，芬兰综合学校的所有教师都拥有硕士学位，这一变化体现了教师工作状况的提升，教学和教师教育研究的更加广泛化，研究的重点也逐渐转向教师的思想、知识、信仰和课堂实践。那么，"研究取向"的小学教师教育实施至今，对芬兰的初等教育、高等教育分别产生了哪些影响、小学教师教育不同利益主体对其如何评价呢，这是本章重点阐述的两方面内容。

第一节 芬兰"研究取向"的小学教师教育对初等教育的影响

此节内容从行为（学生和教师）和关系（师生和同事）两个角度梳理与分析芬兰"研究取向"的小学教师教育对初等教育产生的影响。

一、对学生行为与教师行为的影响

（一）学生行为

这里的学生行为指的是 1-6 年级小学生的行为。"研究取向"的小学教师教育对小学生的行为活动产生了极大的影响。

笔者所参观的两所小学（分别位于赫尔辛基和于韦斯屈莱）都弥漫着一种愉快轻松又井然有序的氛围。"研究取向"的小学教师教育的主要理念之一是"以生为本","研究取向"的小学教师为小学生营造的是一个自由、平等的学习环境，教师在教学过程中的一切行为都突出了学生的主体性。课堂上，小学生可以自由地行走于教室（一般包括自行去走廊的厕所，去教室内的水池接水喝、洗手或者取放置在教室某个位置的图书、文具，与同小组的学生讨论或合作等情况），上课时间没有发现学生有纪律问题，只是有个别学生个子比较小，写字桌与其不匹配，教师会给学生塞一个坐垫；或者有个别学生注意力不集中，教师会专门针对这个学生做出一些举措帮助其集中注意力。在教师的引导下，学生积极主动发言，也能很好进行并完成小组内部及小组间的学习合作。学生直呼教师的姓名，与教师的关系很近，没有身份上的差异和距离。芬兰小学教师已经摆脱了传统的教学实践，开始采用更具创新的教学方法。在芬兰，政府的重点是信任教育工作者，让他们跳出思维定势，发展基于孩子全面发展的教学策略，摆脱严格的控制。教师的教学方法是影响学生行为的关键。在芬兰的每一所小学，所有年龄段的孩童每小时都要花 15 分钟去到户外呼吸新鲜空气。此时，教师也会休息和脱离工作任务。

（二）教师行为

这里的教师行为指的是芬兰全职教师在日常工作中的行为。笔者将"研究取向"的小学教师教育实施之后对教师行为产生的影响分为三个主要的方面：思想观念、日常工作和职业能力。

1. 对教师思想观念的影响

芬兰"研究取向"的小学教师教育强调教师的教学思想、个人实践理论、反思和探究导向的重要性。基于研究的教师教育以教师的教学思想为基础，即教师如何思考和做出决定，特别是教师如何证明这一点。研究取向的教师是指教师可以将理论知识和实践知识相结合，并在此基础上形成不断发展的个人实践理论。因此"研究取向"被理解为一种工作和思考的方式，而不仅仅是产生研究。

部分芬兰小学教师（并未在附录的访谈列表中）对"研究取向的教师"的看法如下：

> 我所理解的研究取向的教师就是以教师日常工作中的研究为导向显示出对培养自己专业素质的全方位兴趣。要学习新事物，不断发展自己的教学。研究取向的教师渴望从许多角度来研究这个主

题。（家政科教师，女）

研究取向的教师勇于打破常规。这包括分析不同课堂或学习情况的能力，并根据学生的反馈（例如，测试结果、获取信息和学习的基本技能）进一步开发它们。（家政科教师，女）

这是在教师的反思中实现的。一种批判性地思考他/她的工作方式、教学思想和行动的方式。研究取向的教师与其同事讨论和测试新的教学方法等。（家政科教师，女）

人们必须始终关注我们身边所发生的变化和发展（即跟上时代）。教师有能力以复杂的方式向学生传授这一点，以及良好的思考和规划。（小学教师，男）

研究取向的教师想要尝试新事物并接受新的挑战。对他/她的工作之外的其他事物即我们周围的世界感兴趣。他/她将这些影响带到课堂上，并与学生讨论相关问题。（小学教师，女）

教师应该充分了解孩子。教师应该知道孩子的背景和他/她的问题和优点。他/她应该支持孩子并为他/她提供不同的教学风格。教师应该想知道不同的学习风格和方式。（小学教师，女）

教师应该开放性地尝试不同的工作方式。他/她还得从他/她的学生处学习。（小学教师，女）

由此可见，"研究取向"的小学教师与传统的小学教师最大的区别在于思想观念的转变。解释范式包括定性、案例研究、参与观察、象征互动、现象学和叙事等。解释范式的基本原则是人的行为是有意义的，如果一个人不试图解释教师和孩子自己的条件，就不能理解教室和学校会发生什么。因此，解释范式假设教师主观掌握的学校相关知识在很大程度上决定了课堂上发生什么。教育被理解为一种有意识的活动，这意味着它是由行动者引导的，即教师的意识、信念、观念和价值观。因此，如果我们要理解或改变教师的行为，就需要对教师的感知和思考进行研究。教师的性格、信仰和观念被认为是最重要的，不仅是为了理解他们的行为，而且是为了帮助他们理解学生的学习动机和成就。

2. 对教师工作的影响

在实施"研究取向"的小学教师教育之前，芬兰学校的发展和创新是通过自上而下的模式实现的。教师机械地、统一地采用和应用研究者、专家开发的创新理论，教师通过个人实践知识进行创新的事实被忽略，然而，不基于课堂研究的教学规范被概括为"危险的、不值得信任的"。教师被视为技术人员，他们的教学方式由校外专家制定和决定。教师还受到外部评估系统的影响，该系统旨在最大限度地提高课程的有效性，并使教育成果标准化。这意味着教学行动受到外部监管和评估。20 世纪 70 年代，芬兰教师职前的学习是基于学徒和工艺传统，教师的内心世界，即他们的思想、意图、目标、价值观和个性，在很大程度上被忽视了。

20 世纪 80 年代和 90 年代，伴随着"研究取向"的小学教师教育的深入全面推进，芬兰教育制度的发展经历了一个权力下放和放松管制的过程，这为当地学校进行自主行动提供了可能。权力下放过程的一个重要部分与课程体系的变化有关。这种变化部分可以看作是对早期国家课程的批评的回应，这种批评往往集中在过分强调学生的认知活动、学校官僚机构的增长以及国家课程与教师日常工作的不相关性等方面。改革的重点是制定以学校为基础的课程，不断扩大教师的专业自主权，给予教师个人和集体参与其工作所在教育环境的决策的新机会。

由于芬兰在管理和课程决策权力下放之后教师的专业角色得到了扩展，教学实践的传统内容受到质疑。现代教师工作时间的近一半都花费在学校课程作业、集体计划、与父母合作、户外活动等"非教学"活动。以这些活动为主要形式的教师准备并不能使学生教师面对学业现实。现在构成教师工作的所有要素之间需要建立更广泛的联系。重点不仅包括课程规划和现代课堂教学的实践，还包括探索新的教学策略，参与同事、家长和地方当局等团体的合作，辅导有特殊需要和问题的学生、解决社会冲突等。

"研究取向"的小学教师教育实施之后，教师的自主权大大提升，教师们积极参与课程开发和评估过程，并参与学校决策和创新活动。"研究取向"的小学教师教育对芬兰教师的工作产生影响的过程可以归纳为以下两点：第一，"研究取向"的小学教师教育主张研究生成的知识，以及伴随的基于研究的思维和行为方式，这将极大的提高小学教师的专业性。第二，"研究取向"的小学教师教育致力于培养自治的小学教师。"自治"意味着更多的专业自主权。芬兰实行学校管理权力下放的政策，预示着小学教师更多地参与学校管理和课程制定过程的决策，从而为制定独特的针对每所学校具体情况的政策开辟了新的选择。就芬兰的教育而言，权力下放践行了这一理念，即教育决策应尽可能接近行动层面。[1]当地学校、教师被赋予了课程制定过程的责任，过去这一过程一直是国家政府的职责。这也意味着在教师工作重建的基础上出现了扩大的专业主义意识，正在改变着芬兰教师的工作。这种改变促使芬兰人认真考虑谁有责任为教师做准备，以及教师应如何为不断变化的教师工作的形式做好准备。芬兰"研究取向"的教师教育的目的是帮助未来的教师了解自己的行为和影响他们的工作的因素，让他们为未来的教师工作做准备，从而使他们能够控制自己的活动（也许是控制影响其行为的因素）。

表 9 一位芬兰教师个人日常工作中的研究取向

发展和教育（自己）
评估自己的行为
建构主义的教学观
在教学中使用多种方法
与学校的教师或其他人合作
积极的、社会的和批判的教学方向
教学方法的探究与学生和班级的关系
收集反馈意见
评估
更新主题（内容）知识

教师在学校决策和创新活动中的作用：芬兰学校决策中的教师自主权在不断增加，以前用来指挥和控制教学的机构不再扮演这类角色，而是越来越多地希望教师自己定义自己的实践规范。1985 年，芬兰中央开发的课程被市政、地方课程所取代，并启动了一个动态的课程开发过程。1994 年，芬兰出现了基础教育核心课程，每一所学校都创建自己的课程，并根据核心课程的总体原则描述学校的教育原则和行动。[2]在这个过程中，教师被视为教育情境中的积极推动者，他们不仅提供学习的课程，而且还与学生一起解释、制作

1　Westbury, I., Hansén, S., Kansanen, P., Björkvist, O. Teacher Education for Research-based Practice in Expanded Roles: Finland's Experience[J]. Scandinavian Journal of Educational Research, 2005, 49（5）, 475-485.

2　Lauriala, A. Changes in Research Paradigms and their Impact on Teachers and Teacher Education: A Finnish Case [J]. Teacher Thinking to Teachers and Teaching, 2013, 19,573.

和共同发展这些课程。

给予学校和教师的自主权并不总是导致课堂层面的变化。通过集体参与课程开发，教师们开始一起讨论教育问题，并开始重视在学校广泛开展的经常涉及家长的讨论。以学校为基础的课程工作也推动了学校的协作教学。芬兰教师学会了一起讨论专业问题，这在一定程度上打破了教师文化中隐藏的隐私规范。然而，协助教师进行决策，帮助他们成为工作和发展的积极推动者并不容易，特别是因为他们习惯于被告知规则，至少在那个时间点应该做什么和怎么做。因为变化使得教师在情感上产生负担，所以在创新工作中也表现出不那么积极的教学情绪，如内疚、羞耻、愤怒、嫉妒和恐惧等。它涉及的不仅仅是简单地改变身份或正式宣布教师是自主的。为了让教师掌握所有权并致力于改变，他们需要反思自己的经历。在这方面，"研究取向"的教师教育已扩大到包括教师在学校决策、行动和发展中的作用，以及如何变得更加积极和自主等方面，这标志着教师作为一个整体的被授权。

芬兰教师在决策方面拥有很大的自由，他们的行动不受外部当局的控制，这使他们能够灵活地采取适当的方式行事。使用面向探究的方法和解释一个人的经历被认为是目前芬兰教师教育中教师成长的基础。芬兰的教师教育不再以表现、讲述和指导实践为主，而越来越多的是基于"未来的教师作为研究者"的方法，其涉及研究实践和构建个人的、原则性的知识和策略。

坦佩雷大学一位教师教育系讲师将教师工作发生的变化描述如下：

> 教师的工作强度是变得很大，教师不仅仅是课堂的操作者，与儿童互动，教师也要计划整个教育，教师需要对学生在学校的整个受教育的过程有想法，教师需要这些方面的素养，不仅仅是一些实际的工作和课程内容方面的，而是整个学校教育的创新。（编号：T20170907A）

3. 对教师能力的影响

在芬兰，当我们将"研究取向"的教师的能力与所谓的"传统"教师的能力进行比较时，可以发现前者属于教师的扩展能力（teachers' extended competence）。粗略地说，教师的扩展能力，即正式定义的教师职责范围，可以分为四个层次。[3]

---

3 Hansen, S. Preparing Student Teachers for Curriculum-making[J]. Journal of Curriculum Studies, 1998, 30（2）, 165-179.

能力等级 1（C1）：第一级代表教学活动（teaching activity），即教师与学生的互动，通常是在课堂环境中。在这个层面上，活动的类型通过所选择的教学方法表达，其中一个部分是可见的，另一个部分是不可见的。例如，可以明显地区分小组工作和教师是主导的具体知识的传播情况。另一方面，指相互作用下的心理方面，学生的思考和理解，是看不见的，部分在教师的控制范围之外。

能力等级 2（C2）：第二级涉及教师不断规划着的他/她自己的教学（teacher's continuous planning of his or her own teaching），教师与教学情境没有直接联系，而是面对教学的概念，专注于围绕教学的目标、内容、顺序、时间使用等意图，以便在日常的教学计划中实现。

能力等级 3（C3）：计划（planing）。上一级的规划主要是个人的，并且被定性为连续的日常规划，但课程工作是一个集体的长期项目。C3 规划活动在制定 C1 和 C2 级行动计划的过程中将个别教师的意图、学生的意图以及课程指导中表达的意图结合在一起，反映了围绕学校课程的集体协作和持续规划过程。这些活动在教学方面创造了集体意图的意识，并涉及一系列选择和优先事项，例如目标、内容、教学方法和评估。这里需要说明的是，C3 在芬兰的分散课程体系中非常重要。奥布专科大学（Åbo Akademi University）为了帮助学生教师实现这一能力等级的水平，其教师教育计划已经启动了两门新课程：《教师工作》（重点强调传统意义上的课程的教学）和《课程埋论和工作》（旨在明确地将理论观点与校本课程作业联系起来），在与这两门课程相关的实践部分中，学生通过访谈收集和讨论课程材料以及与大学教师和他们的教学负责人（教学实习督导教师）展开讨论，熟悉正在进行的校本课程工作。

能力等级 4（C4）：这个能力等级突出了以口头形成表达集体反思的作用，暗示了"专业语言"的互动和内化。这种专业语言源于教育的理论和研究话语，但是由教师自己的理解来实现。也即经常使用教师教育中的反思概念。一般而言，情感被视为个人和集体实践的活动，旨在扩大对动机和原则指导行动的理解。在教师教育的背景下，反思旨在提高和深化个别学生教师对教学专业的理解的知识探究，特别强调理论与实践之间的关系。因此，反思可以被视为将实践提高到理论的活动。

传统的教师能力主要集中在教学过程的水平（C1）和个人主导的日常计

划水平（C2）上。当代芬兰对教师这一角色的能力要求已经提升到程序开发（即课程制作）水平（C3）和集体反思水平（C4）。由此产生的对教师教育的需求涉及如何培养学生教师的反思性课程制作过程的能力问题，在此过程中，持续互动的机会成为实现这一能力等级的基础。然而，根据相关研究报告，校本课程工作似乎已经成为芬兰学校发展的一个主要问题，在学校创建集中和持续的集体话语是非常困难的。[4]

"研究取向"的小学教师教育旨在培养反思型实践者，让学生教师熟悉将教学、学习和课程制作联系起来的想法和技能。集体反思是一种口头活动，这个过程意味着互动和特定语言的内化，使学生教师能够将发展中的知识与基于研究的话语结合起来，并在实践中实现这一点。学习成为一名教师是与他人在各种环境中，基于学生教师的道德承诺的积极的知识建构过程，它是合作和协作的，因此，最好通过对话和反思实践来实现。认知-情绪过程，例如思考、记忆和管理情绪，是我们执行的所有任务的重要组成部分。它们可以实现有意识的计划、目标设定，维持面向未来的问题解决活动、跟踪、评估和管理学习进度，即帮助学生教师在学习、工作和生活中实现自主和自我指导的技能。反思在上述过程中起着重要作用，它通过在学习情境中构建实践经验和理论知识之间的桥梁，将经验转变为现实理解，它使学生能够重新认识自己。学生教师必须学会提出相关的问题和目标，采取行动以实现目标，反思自己及他人在学校的日常行为，并在此基础上发展他们的工作。为了在教师教育的过程中取得成功，学生教师需要掌握或记录他们行动、经验和理解的技能，以及处理材料和得出结论的技能。他们必须采取行动、实验、观察和记录经验的方式，进行反思和概念化。当然，还需要与同龄人和教师分享整个过程。因此，学习成为一名教师的重要性在于学生所描述的学习过程。[5]

作为专业人士，教师需要无数的实用技能，使他们能够将内容传播给个人或团体，并共同构建知识。学术内容和实践技能不能被视为单独的或排他

---

4 Westbury, I., Hansén, S., Kansanen, P., Björkvist, O. Teacher Education for Research-based Practice in Expanded Roles: Finland's Experience[J]. Scandinavian Journal of Educational Research, 2005, 49（5），475-485.

5 Jaatinen, R. Student Teachers as Co-developers in Foreign Language Class-A Case Study of Research-based Teacher Education in Finland[D]. Naruto University of Education, 2015:18.

的，它们在教学领域始终是互补的。教学专业人士需要具备以下能力[6]：1）支持不同学习者（年龄、性别、文化背景、学习困难等）的能力，2）与学校其他教师合作的能力或身处其他教育环境的能力，3）促进与利益相关者合作的能力，4）发展和改善课程和学习环境的能力，5）解决学校生活或教育机构中的问题的能力，6）反映自己的职业身份的能力。

二、对师生关系与同事关系的影响

（一）师生关系

这里的师生关系指的是小学教师和小学生之间的关系。芬兰教师与学生的关系大多被定性为平等和民主。教师的目标是建立基于与其学生之间平等关系的教学权威，而不是以专制的自上而下的方式。这种处理与学生之间的关系的方法的指导方针是芬兰于2004年颁布的作为国家核心课程中平等原则的《基础教育法》，同时这也作为人文观念和社会建构主义学习观念的一种形式。除了支持、指导和鼓励学生的学习之外，不定期评估的任务是帮助学生形成他们的学习和发展的现实形象。还有学者指出：如果将学生评估视为一个整体，教师持续的反馈意见是其中的一个重要部分。在评估的帮助下，教师引导学生意识到他们的思想和行为，并帮助他们理解正在学习的内容。学生与教师之间不会因为外部的绩效考核、标准测试或测评而变得关系紧张，有的只是以帮助、引导为目的的对学生学习的持续性的反馈、评估和报告。

坦佩雷大学教师教育系的系主任在受访过程中反复强调："我们都是人类，不论是学生还是教师，在教学过程中的地位是平等的，由双方共同完成教学工作，而不是教师单方面进行或完成。"笔者曾在赫尔辛基、于韦斯屈莱两地的小学分别进行了为期两周和一周的课堂观察，图 7 为赫尔辛基波基那斯哥（Poikkilaakso）学校科学课课堂。学生与教师之间是朋友，而且由于芬兰"儿童中心"的教育理念根深蒂固，课堂中的一切行为与活动都以学生为中心。

---

6 Uusiautti, S., Määttä, K. How to Train Good Teachers in Finnish Universities? Student Teachers' Study Process and Teacher Educators' Role in It[J]. European Journal of Educational Research, 2012, 1（4），343.

图7　波基那斯哥（Poikkilaakso）学校小学三年级科学课课堂教
学师生互动情景

　　我想说我们的小学教师教育运作良好。它有很多优点。可以进一步开发的是，这些学生如何学习更多的协作（一起工作而不是单独工作）。这意味着他们应该合作，他们也应该进行不仅是个人的而且是对合作的评估。然后有不同类型的课程的学习，不仅仅是具体的学科内容的学习。学会从不同的角度看待不同的现象。不仅要了解事物、记住事物，还要进行批判性阅读，掌握分析技巧。同样重要的是，学校可以成为任何背景的学生能够来到的地方，他们有平等的机会。我认为这非常重要。我希望我们的学生将来不会在学习成果方面有很大差异。如今，我认为与其他任何国家相比情况都相当不错。特别是小学应该能够提供平等的机会。这是我们需要保持甚至加强的地方。我认为芬兰教育最重要的价值之一就是它为所有学生提供了平等的机会，我认为这个价值应该保持和加强。（编号：J20170809K）

　　我认为那些才华横溢的人和有学习困难的人，他们都需要帮助或支持。我说的"平等"并不意味着你以同样的方式对待每个人，而是你给每个人留下了机会。所以那些才华横溢的学生可以拥有更高级的知识，而那些有学习困难的人则可以得到支持。我认为这非常重要。而那些在学校里学习的学生都可以找到自己的实力："好吧，原来我不擅长那个，但我很擅长这个。"（编号：J20170809K）

（二）同事关系

这里的同事关系被狭义定义为在职教师之间的同伴指导（peer mentoring）和学生教师在职前教育阶段的小组合作教学（co-teaching）关系。这两种关系都体现了实践中教师的研究与探究取向。那么，在教师教育中刻意植入的对研究和探究的强调，如何在真正的教师的课堂中得到体现呢？作为案例研究的一部分，笔者采访了赫尔辛基两所学校的教师，了解他们在教学中使用（或不使用）研究取向的方式。教师在教学中所描述的方法反映了他们的工作具有创新性和实验性。他们使用研究取向的方法开发教学材料、课程，甚至学生群体结构的变化过程，收集关于这些问题的数据，分享结果和实践中的变化。

例如，位于埃斯波（赫尔辛基附近的一个城市）的寇卢莫斯特里（Koulumestari）学校，是一所从一年级到六年级有近 350 名学生的学校，专门为有特殊需要的学生（约占学校学生的 20%）服务。它还特别注重将新技术融入学习。学校教师的工作体现了强烈的实验、假设检验和与同事分享结果的倾向。学校的教师每月都有工作例会，每年举办四次"教学咖啡馆（pedagogical cafe）"。在这些时候，教师们会与学生们分享他们正在做的事情，尤其是使用不同技术的试点实验。

这些活动的结果之一是教师对课程进行安排和设计，比如，让学生测试在学校使用手机的情况，以便追踪学校的作业；开发 门课程，让孩子们参与设计一种新技术（如：一个孩子开发了一种不会掉的雨靴）；此外，孩子们参与了学校对未来新一代成年人的新技术教育。例会和"教学咖啡馆"产生的另一个结果是"组合班"的出现，这是在初期的教学实验中产生的，当时一个年级的几位教师决定尝试组合他们的班级（如：20 个普通班级的学生和 10 个有特殊教育需求的学生组合为一个班级），当其他教师了解到这种"组合班"是如何运作的，它被传播到其他年级的教师群体。

同样地，在波基那斯哥（Poikkilaakso）学校，合作教学和协作（co-teaching and collaboration）被认为是学校作为一个组织的指导原则。与笔者交谈的教师描述了合作教学以及为学生创造跨年级和跨小组合作学习机会的情形。校长玛丽亚．瑞塔．罗塔帕塔（Marja Riitta Rautaparta）描述了学校教师合作工作的情况：

> 我们不再称它为"合作教学"，因为我们认为它是更深层次的

东西。每两位教师有共同的学生，他们共同负责大约 50 名学生的教学计划、具体教学和评估。此外，两名教师和另外两名教师配对，这四名教师和 100 名学生组成了我们学校的一个基本单元。[7]

该校的设计是这样的：1-2 年级和 3-6 年级有两个学习小组，2-3 年级和 4-5 年级有一些机会在一起，这样他们所教的科目的内容就不会被认为是与年级"捆绑"在一起的。波基那斯哥（Poikkilaakso）学校的一名教师基尔希.玛丽亚.凯托拉（Kirsi-Maria Ketola）说：

> 这些小组是根据年龄组成的，把儿童放在一起组成一个"家庭小组"是很自然的标准。在实践中，学生总是从整个学习系统中学习内容，而不是某一个年级。但原则上，如果学生更有可能按照自己的节奏学习的话，其结果是，学生可以在同一天学习与三个年级相关的主题、内容和问题，一直到六年级。事实上，学校已经开发出反映一系列年级的课程，内容被认为更广泛地与 1-2 年级或 3-6 年级挂钩，而不是与特定年级和年龄挂钩。[8]

在这两所学校进行教师访谈时，教师们普遍反映：教师之间成对工作意味着他们经常从事一种"探究（inquiry）"教学，并且在日常工作时一直测试教学假设在实践中对于他们的学生而言是不是有效的，当然，他们还有大量机会将观察和分析的结果反馈给他们的同辈教师。此外，波基那斯哥（Poikkilaakso）学校的合作理念也涉及到学生。他们成立了学生工作小组，由教师指导，这些组织计划学校活动或教育其他学生和教师关于回收利用等问题。因此，学生有责任作为学校社区的一员，并被鼓励为改善社区而工作。

教师专业发展的过程根植于对职业实践的批判性自我分析，与工作相关的信念和假设的改变对专业发展至关重要。教育学者鲁伦堡（Lunenberg）、丹哲瑞克（Dengerink）和柯斯根（Korthagen）在其广泛综述研究的基础上提出了影响教师教育者专业发展的八个因素，并将这八个因素分为四类，即情境（Context）、教师教育者个人素质的构建（Building on personal qualities of teacher educators）、支持（Support）和研究（Research）。[9] "情境"指某种职

---

7 笔者与受访者对话时间不长，故未编入附录中的访谈列表。
8 笔者与受访者对话时间不长，故未编入附录中的访谈列表。
9 Maaranen, K., Kynäslahti, H., Byman, R., Jyrhämä, R., Sintonen, S. Teacher Education Matters: Finnish Teacher Educators' Concerns, Beliefs, and Values [J]. European Journal of Teacher Education, 2019, 21（1）, 2-3.

业标准或参考系的存在，该标准或参考系提供了对教师教育者工作复杂性的理解，并作为专业发展的知识库和轨迹。在"构建教师教育者的个人素质"这一类别中，将他们的分析分为个人素质和对现有知识和经验差距的认识。对新思想的开放、学习的渴望、乐于分享、对技术发展的兴趣、以学习为中心的关注、对学科的兴趣、对学生和对教师教育工作者专业发展的贡献等属于个人素质的内在动力。然而，教师教育者的学习通常是非正式的，是在工作中进行的。同事的支持，尤其是有经验的同事的支持，在这个学习过程中起着至关重要的作用。同事们也可以帮助找到研究和教学之间的平衡，这是一个中心问题，特别是对于初任教师教育工作的教育工作者。此外，有经验的研究人员在研究方法上的帮助对于教师教育工作者的专业发展也是非常重要的。

第二节 芬兰"研究取向"的小学教师教育对高等教育的影响

这部分内容从小学教师教育体系的变化和研究范式的变化两个角度梳理与分析芬兰"研究取向"的小学教师教育对高等教育产生的影响。

一、对小学教师教育体系的影响

（一）学术地位的变化

芬兰的小学教师教育经历了巨大的变化，从 20 世纪 70 年代之前的学术地位不高，到今天被高度赞赏的"研究取向"的模式。小学教师教育者的学术地位逐渐发生了转变。在早期，教师教育部门中只有少数教师取得了博士学位，但现在基本上整个部门的教师都是博士。这种学术地位的提高增强了研究作为小学教师教育工作的一部分。芬兰小学教师教育者的任务之一是进行研究，大多数以教育为主要学科的教授在国际领先的教育期刊上发表他们的研究。小学教师教育者从关注教师个人的课堂管理能力转向关注作为教师和个人成长的能力。

（二）教学目标的变化

传统的小学教师教育范式往往难以将理论融入实践，教师教育对学生教师的先前信念和教学观念的影响较弱。而"研究取向"的小学教师教育范式之下，教师教育者在自己的课程中使用各种方法来培养反思-探究型教师，从而将理论与实践联系起来，其榜样作用有助于影响未来教师的行为和思维。"研究取向"的小学教师教育旨在在教学中传播理论，培养学生的反思和批判能力，发展多元化思维，最终培养出会质询的教师。

如何将理论与实践联系起来，使教师能够通过基于理论的行动来处理日常教学中的问题，这是教师教育中讨论最多的问题之一。关于芬兰教师教育理论知识的主要问题涉及如何为学生教师提供或获取这些理论知识。长期以来，通过一些调查研究，芬兰学者已经认识到，对于一名学生教师而言，观察一名有经验的教师或指导教师并不足以让他/她实现这个目标。近年来，芬兰已经成功地尝试以案例描述和叙述的形式为学生教师提供理论知识。[10]芬兰学者指出改革必须从教师教育者自身开始，并在他们自己的教学中应用最新的教学方法。"研究取向"的教师教育者，无权向教师推荐他们自己在大学里没有成功使用过的任何教学实践。教师教育者使用从学生教师最近的实践中获得的现实例子，并同时尝试通过将例子与理论联系起来加深他们的经验。这种做法被称为"行动反思"，即在作为专业人士工作时，情境和理论知识之间的持续对话。

理论在教学中的传播：芬兰教师教育者的一个非常典型的特点是，他们通常努力在自己的教学中对不同的理论和教学进行建模。所有受访者中，有两位教师教育者对此进行了简短的讨论。根据受访者的回答，他们在教学中使用不同的方法，如行为主义、建构主义、社会文化以及人类心理学方法。在使用各种方法时，教师教育者希望激发学生教师找到属于自己的教学风格。教师教育者已经放弃了只有一种教学方式才能产生良好结果的想法，教学实践需要多样性。教师教育者认为，芬兰教师教育项目是以理论为基础的，在理论的帮助下，未来的教师能够找到解决问题的方法，甚至能够找到他/她在实际工作中遇到的问题。芬兰"研究取向"的小学教师教育的崇高目标是探究型教师，这类教师不仅能够提出问题，而且能够在工作和教学中发展自己，并掌握促进学生学习的方式方法。

如何培养反思和批判性思维？学生教师必须证明他们为什么以特定的方式思考。增强反思的一种常用方法是让学生教师编写反思日志。有关如何编写

10 Tryggvason, M. Why is Finnish Teacher Education Successful? Some Goals Finnish Teacher Educators have for their Teaching[J]. European Journal of Teacher Education, 2009,32（4）: 369-382.

此类日志的说明各不相同。一般就读教师教育项目开初，学生教师应该记录教学研究开始时的思考方式、以及优秀教师应具备的素质。在第一学期之后，他们写下自己的学习经历，并将他们对理论和他们对教学的初步想法联系起来。学生老师在第二学期和最后一学期重复这一点。此外，还有一些教师教育课程让学生更自由地针对这一主题进行写作。学生教师的课堂实践被认为是基于反思的。许多教师教育项目的教学研究包括几个模块。每个模块都有自己的目标。每个模块都是通过识别模块的目标，由学生教师根据自己的水平设定个人目标来开始的。学生教师进行每一堂教学之后将由学生教师和教师教育者共同讨论和反思，并由学生自己将目标与实际表现进行比较。通过反思，教师教育者强调了从学生教师自身经验中发展感性知识的重要性。

如何发展多元化思维？芬兰小学教师教育的一个重要部分是为学生教师提供工具，以便学生教师在与小学生互动时处理不同观点这一问题。小学教师教育者以及未来工作中的学生教师必须容忍不同的意见，并能够引导自己的学生从不同的角度看待问题、容忍有关它的各种意见。此外，还需要让学生教师意识到他们自己（通常是隐藏的）对各种问题的态度，因为一名教师应该是客观和中立的，而不是有意识地站在一边，学校的任务不是教导对错，一个人必须能够与那些思维方式不同的人相处，这是多元化和全球化世界中非常重要的能力。芬兰教师教育者已经制定了许多处理不同意见的策略，如使用不同的教学方法（讨论、戏剧练习和角色扮演等）。发展多元思维的一种方式是从学生的角度进行公开讨论。

二、对研究范式的影响

实证研究在 20 世纪 60 年代占主导地位，20 世纪 70 年代，教育研究中的实证主义反对派的声音有所增加。主要体现在 1972 年在瑞典隆德举行的北欧教育学研讨会中一些学者的发声，并于 20 世纪 70 年代末在赫尔辛基举行的芬兰教育年会上进行了强化。[11]

（一）实证主义范式的弊端凸显

在实证研究方法中，研究的功能是预测和控制教育现象，这是一种工具

---

11 Lauriala, A. Changes in Research Paradigms and their Impact on Teachers and Teacher Education: A Finnish Case [J]. Teacher Thinking to Teachers and Teaching, 2013, 19,572.

性的立场。教学和教师研究的重点是教师的外在行为，这与学生的成绩有关。课堂在每次研究调查中，只有一些特征（即变量）被研究。在寻找个体因素之间的因果依赖性时，教学/学习情境的复杂性以及课堂教学中的一些问题都没有受到重视。教师工作的复杂性、整体性以及其所处的文化、社会环境被忽略了，教师自己的意图、目标和信仰也被忽略了。实证研究提供了碎片中的客观知识。

　　基于理性主义教学方法的实证主义原则是19世纪初期在行为主义的背景下发展起来的。行为主义者试图将学习理论转化为有效教学的方法，目的是使教学有效。然而，20世纪80年代，这一方法并未提供关于教师行为与学生成绩之间关系的大量证据，实证研究未能带来更好的教学或更好的学习成果。教师经常以统计概率的形式呈现研究结果，这些研究结果显得微不足道、琐碎，并且远离教室的日常关注。这也许可以解释为什么到今天有些教师无视教育研究和理论。总而言之，实证主义研究范式应用于教育之后，在其基本原理中受到了抨击，并且未能带来教学和课堂生活的变化。研究者与教师的关系是有等级的和遥远的。教师的角色是研究人员创造的知识的被动接受者。潜在的理论与实践的关系是教师要采用和实施其他人为预先确定的外部客观知识。

（二）解释范式逐渐兴起

　　解释范式包括许多不同的形式，如案例研究、参与式观察、现象学、叙事和建构主义/解释研究等。然而，重要的是它们的共同目标是在个人（以及集体）意义的基础上寻找、描述和理解人类行为，并理解人们的主观内心世界及其对行动的影响。解释范式观点的基本原则是人的（社会）行为是有意义的，如果一名教师不试图解释教师自身和学生的条件，就无法理解教室和学校会发生什么。因此，解释范式假设教师的主观学校相关知识在很大程度上决定了课堂上发生了什么。教育被理解为一种有意识的活动，这意味着它是由行动者引导的，即教师的意识：信念、观念和价值观。因此，如果我们要理解或改变教师的行为，就需要对教师的感知和思考进行研究。此外，解释性研究重视语境敏感性。换言之，这类研究可以在特定情况和背景下帮助理解所有复杂的现象。教师的性格、信仰和观念被认为是最重要的，这可以被视为理解他们的行为的方式，也可以帮助理解学生的学习动机和成就。除了教师的讲述和写作外，教学中的解释性研究还依赖于参与者的观察，特别是在互动论和人种学研究方法上。它假设教室的性质是社会和文化组织的学习环境。研究涉及参与者的经历和意义、学校教育的社会历史背景、主观意义及其与行动的生态环境的关系，这就是教室的微观文化和微观政治。

解释范式背后的本体论假设是世界是真实的，但个体的感知和经验各不相同。因此，在教师研究中，目的是描述、解释和理解教师的工作/生活世界，表征和理解教师理解他/她的经历的方式，以及教师如何理解试图根据他/她所感知的不断变化的现象调整学校和教室内的教育环境。解释性研究不是专注于广义知识，而是通过案例研究和民族志研究来努力理解特定个体的观点，这些案例研究和民族志研究特别关注参与者的语言和互动。如果要加强教师的专业发展和改善教学实践，就要使教师成为教育情境中的积极推动者。随着对教师思想的理解的提高，这将为未来的教师教育实践提供有益信息。

随着研究范式的转变，研究人员的角色发生了变化，通过分享思维过程并考虑彼此的观点，实现研究者和教师之间的主体交流变得很重要。对于研究人员来说，创造条件变得至关重要，这样教师才能分享他们的想法，这需要研究人员的积极参与，以便他/她能够理解他人的观点并获得他们的个人知识。毋庸置疑，研究人员需要与教师建立融洽、信任和认同。"真理"不是由研究人员根据科学严谨的规则创建的，而是在研究人员和研究人员之间达成了主体间的关系。实际上，研究过程（即访谈）提供了创造新语言和知识的可能性。此外，假设通过研究者和教师受访者之间的互动来创建，主体间性本质上涉及对教师及其经验的重视，这意味着赋予教师权力：给予他们发言权。教师被认为有一些贡献，并被认为经历了值得谈论的经验。总而言之，研究人员对教师的意见很感兴趣。研究人员的角色不再是以前理性、客观和遥远的立场，而是变得敏感、尊重教师并欣赏他们的感受和认知取向。

第三节　不同利益主体对"研究取向"的小学教师教育的评价

芬兰对小学教师进行"研究取向"的教育这一做法已经存在和发展了近50年，其发展轨迹足以给世人提供评估其有效性的空间。芬兰学生在国际测评中的高分表现，被视为"芬兰的教师教育一直走在正确的道路上"的有力证明。真实情况是不是如此？本章重点阐述的是"研究取向"的小学教师教育的两大利益主体——就读小学教师教育专业的学生和小学教师教育者，对

"研究取向"的小学教师教育的看法和评价。

一、小学教师教育专业学生

已有相关研究文献中，芬兰学者对学生群体对"研究取向"的小学教师教育的看法与评价所做的调查研究比较丰富。这部分内容主要对这些已有研究进行了梳理与分析，此外，笔者在调研过程中对四位就读小学教师教育专业的学生进行了访谈，而对其中两位学生（阿达和米勒尔）的访谈内容成为学生评价的一个重要补充。

（一）关于职业能力的评价

2010 年 5 月，芬兰学者向芬兰两所大学的学生教师发送了网络定量和定性调查问卷。学生在回答的过程中评估了"研究取向"的小学教师教育如何为他们提供高标准职业所需的能力、他们在哪些方面积累了学习经验、他们所开展的教师教育研究以及教师教育研究如何促进他们的专业发展。该研究的参与者评估他们在规划教学和课程方面取得了很好的技能。他们能够使用不同的教学方法，了解自己的教学理念以及他们作为专业人士和终身学习者的责任。学生普遍认为"研究取向"的小学教师教育项目中的研究训练对他们独立的批判性思维的形成很有帮助。他们对研究非常投入。芬兰的职前教师教育运作良好，能够有效地提供教师作为独立专业人员工作所需的技能。除此之外，受访者认为自身还需要更多的监督和指导，还需要进一步提升与学生家长及其他利益相关者合作的能力。[12]

当被问及教师教育研究如何为学生教师提供广泛而全面的专业能力时，答案显示学生教师的专业能力被分解为以下七项：（1）教学设计，（2）对自己工作的批判性反思，（3）了解教学专业的道德基础，（4）终身职业发展，（5）对自己教学的自我评价，（6）运用教学方法，（7）发展自己的教育理念。只是大部分受访学生指出，这些都是开发自己工作的专家所必需的高水平专业技能。非常接近这些技能同时也是受访者提及较多的是以下能力：掌握课程的学术内容、教师任务的独立管理、对教学专业的承诺、研究自己的工作、教育学生的整体人格、对教师教育进行批判性评估以及应对多元文化挑战。

于大一位小教专业的硕士生在访谈中针对自己在学习过程中所获能力的

---

12 Hannele, N. Educating Student Teachers to become High Quality Professionals-A Finnish Case[J]. CEPS Journal, 2011, 1（S）,53.

表述如下：

> 通过这个项目的学习，我认为获得组织性的技能是最重要技能之一，还有我们先前提到的反馈能力（reflective skills）、合作技能以及交流方面的技能。此外，获得这些职业能力是为了和同事一起协作教学（因为共同教学是将来发展的一种趋势），你得意识到如何与同事交流，开放地和同事讨论哪些是令你心烦的事情，当然也要反思自己。（编号：J20170810S）

阿达（Aada）是一位温和娴静的年轻女士（见图8），来自芬兰东部靠近俄罗斯边境的一个小镇。她的叙述突出了进入大学的申请流程，从入学笔试开始。阿达在这次定时的多项选择考试中获得了足够的分数，参加了面试。在与她的面对面访谈中，当被问及成为一名小学教师的可能性时，她回答了教师每天在课堂上与学生一起研究的必要性。当被问及如何使用数据和研究时，阿达分享道：

> 这可以像调查学生一样简单，以确定哪些行为（如果有的话）被排除在课堂教学之外。也许你会观察到，例如，一个女孩在另一个女孩看起来奇怪，并想知道为什么会这样。此时，你可以针对这一情景进行不同类型的研究。（访谈编号：H20170914S）。

让笔者印象深刻的是阿达描述了自己基于现象的学习方法，这是大学教育心理学系课程结构的一个关键特征。大学教师不是彼此独立地教授科目，而是开展完全整合不同科目的教学项目。

图8　阿达在实习期午休时间为第二天的大学课程（家政）做预习[13]

---

13 注：该图片的使用已经征得受访者本人的同意。

　　米勒尔（Minea）是一位勇敢、外向的 29 岁学生教师，自上个学期以来一直在一所学校任教（教学实习），这所学校在很多方面都是独一无二的，150 名学生中大约 30%是移民学生。米勒尔的学校也是芬兰仅有的两所采用弗雷内（Freinet）教学法的学校之一，而传统学校经常"停止个性化和天才儿童的发展"。米勒尔和她的合作学生教师负责 28 名特别具有挑战性的一年级学生，其中许多人被转到特殊教育课程。虽然这是一个漫长的过程，但她解释说："如果我要把有特殊需要的孩子带到较小的教室，这个责任是至关重要的。"（访谈编号：H20170915A）。在笔者与米勒尔的整个面谈过程中，她分享了几个关于如何使用"研究取向"的方法来做出教学决策的例子。例如，当她坚持帮助有精细运动困难的学生时，她开始接触她的"前任"（即担任她这项工作的前任教师）——艾诺。米勒尔说："艾诺经常和我交流，反复确认我的想法；她向我发送了一些她已经完成的研究的链接，还建议我读一些专门针对移民学生的干预措施的文献。"（访谈编号：H20170915A），这让她想到她应该和她的学生一起度过多少小时，因此，在放学后米勒尔开始对有特殊需求的学生进行每周两次的辅导。通过这个例子可以发现，米勒尔使用已发表的研究来决定她的教学，特别是在如何最好地帮助移民和特殊教育人群方面。而且，艾诺的叙述突出了教学与研究之间的直接联系，她研究了有利于她教学的领域，并利用研究成果来决定她的和影响她的下一任的教学工作。

（二）关于小学教师教育项目的评价

　　芬兰"研究取向"的教师教育项目包含三个主要部分：教育理论、研究和学科教学与实践。在整个教师教育课程中，小学职前教师学习如何区分教学内容、创建和实施评估、诊断小学生学习障碍、进行原创性研究，同时创建个人实践知识。职前教师的教学实习占职前教师教育时间的六分之一或四分之一。此外，芬兰小学教师教育项目致力于确保教师在处理道德、政治和情感问题时感到舒适和称职。[14]

　　大部分就读小学教师教育专业的学生对硕士学位课程的高水平表示赞赏。换言之，他们认为教师遵循相当广泛的学术研究而不是更实际的教师培

---

14 Franco, A. The Reality of Research Based Practices in Finnish Elementary Teacher Education Programs [J]. Curriculum and Teaching Dialogue, 2017, 19（1&2），89.

训是有价值的。[15]2005 年春季，在芬兰开展的一项针对小学教师教育项目的网络问卷调查主要围绕以下三个问题对学生对"研究取向"的教师教育的评价进行研究："学生教师是否理解他们的教师教育所依据的以研究为基础的导向？"、"学生在教师教育学习中有哪些经验体现了'研究取向'？"和"这种理解或欣赏与现实之间是否存在差异？"，学生需要回答对"研究取向"的小学教师教育的态度和就读经历，旨在调查学生是否欣赏他们接受的教育所依据的"研究取向"这种导向。

调查结果显示，一共有四个因素影响了学生对"研究取向"的小学教师教育的看法。因素一：在小学教授的学校科目的教学内容知识。这个因素涉及小学教师在课堂上教授的那些科目的教学内容知识。学生在学习（包括教育理论学习）期间，将他们的日常工作与学科教学学习联系起来。多模式教师教育（multimode teacher education）的一个特点是，学生作为教师的工作旨在与他们的学习相结合。学生在进行学校学科学习时，课程中的作业是在学生自己的班级中完成的。因素二：与学士或硕士论文相关的工作。第二个因素涉及撰写学士或硕士论文并在写作过程中参加研讨会。其中包括组织方法论研究的学习，即它们看起来是一个连贯的实体，并为学生提供各种不同的方法。学士和硕士学位论文工作要求学生对学术文献进行持续独立的学习和研究，并对学生自己的数据分析工作有较为深入的理解和相关研究方法的熟练运用。由于学生以前没有太多的开展科学研究的经验，系统地开展研究工作的要求对学生来说存在一定的困难。因素三：监督和咨询。这个因素与学生参与教学实践时期的实践监督的方式有关。因素四：学习的专业学科是教育。学生强调就读教师教育过程中，他们所进行的是教育作为主要学科的多元化的学习和研究。

总而言之，学生将"研究取向"作为教师教育的主要组织主题，他们认为这种导向在他们的学习的每个部分都是可检测的，在学士和硕士论文工作和研讨会中缺乏"研究取向"的导向是主要关注点，需要进一步评估，这项工作也比预期的更具挑战性。另外一个研究假设可能是研讨会和教学实践两部分存在监督不足的情况。大部分学生认为在"研究取向"的教师教育项目

---

15 Jyrhämä, R., Kynäslahti, H., Krokfors, L., Byman, R., Maaranen, K., Toom, A., Kansanen, P. The Appreciation and Realisation of Research-based Teacher Education: Finnish Students' Experiences of Teacher Education [J]. European Journal of Teacher Education, 2008, 31（1）, 2.

的学习期间，他们可能已经养成了这种"'研究取向'的准备状态"。学生们经历了方法论学习，掌握了不同教育研究方法的全面知识。学生们认为，在教师教育项目中尽早开始方法论课程学习很重要。

在调研中，有一位就读小学教师教育专业的男生总结了这一项目改变了他的思维方式，并认可了这种教育对他的影响：

> 它对我的思维过程影响很大。当我学习了这些课程后，我真正地意识到个人的经历（personal experience）和科学的经验（scientific experience）之间的不同。比如说，今天下雨了，你个人觉得明天也会下雨，但是科学的角度而言，应该是明天下雨有多大的可能，科学的经验是明天下雨的可能为百分之二十二，但是你个人的经验认为明天一定会下雨，而科学的经验是对的。在学习了小学教师教育课程之后，我对事物的思考更加客观中立。不管对于什么样的事物主题，你都会对它有自己的观点，这个观点就会影响你对它的思考。比如说你的朋友告诉你一部电影很烂，你还会去看吗？不会的，因为你下意识里认为这部电影很差。这就是你对某个事物主题已经形成了观点。但是学了一些课程后，就会意识到可能是我的朋友不喜欢这部电影，但是他的观点不能影响我的看法，如果我喜欢这部电影的情节的话我可能就会去尝试看这部电影。这些电影情节和演员可能比我朋友的观点更加重要。这就是我学习了课程之前和之后思维上的一些变化，我看事物会更加地中立，会多想想。（编号：J20170818B）

也有学生指出在芬兰学习教师教育专业尤其小学教师教育专业，就业面很广。

> 有些学生不想成为教师，但是还是想学习教师教育这个专业，因为这个专业对很多职业而言都是很好的一个教育。我们每一个学生都可以成为一个研究者。我们的小学教师可以做的工作有做咨询的，有的是学校系统的决策者，有的也在政府工作。同时，如果你是学科教师，比如数学老师，你可以有更多选择的。我们的大学很好，我们的教育也很好，做很多工作都是合适的。（编号：J20170816B）

当然，学生群体中也存在一些对这一受教育过程的负面评价。比如，一位芬兰教师教育者在2008年做的一项网络问卷调查中，113名芬兰学生教师回答了对"研究取向"的教师教育的看法。根据结果，学生们对这种方法表示赞赏。

此外,他们认为这种方法在研究的每个部分都是可以检测到的,这有助于理论在学生课堂作业中的整合。这与涅米教授在 2002 年开展的一项关于主动学习(active learning)的研究形成鲜明对比,后面这项研究中共有 204 名学生教师批评了教师教育课程中的教学方法:学生教师一直都有动力在教学实践中使用不同的方法,但他们没有在教师教育者的教学中"遇到"这些方法。[16]

(三)一项小学教师职前教育满意度调查

芬兰学者在于韦斯屈莱大学 2008-2014 年间完成小学教师教育专业学习的学生(N=384)的期末考试中附带发放了一份调查小学教师职前教育满意度的问卷,旨在研究小学教师在职前教育中是否获得了足够的知识和经验。根据问卷量表,学习的知识和经验被分为十个方面,每一个方面的认同百分比代表参与者中认同自己获得了这一方面的知识和经验的人数占总人数的比例,详见表 10。

表 10 2008-2014 年于韦斯屈莱大学小教专业学生学习满意度情况一览表

学 习 的 知 识 和 经 验	认同百分比
计划(计划如何进行教学)	93%
反思实践和专业发展(成为一个有能力不断评估自己实践的反思实践者)	89.4%
儿童发展(学习关于儿童的学习和发展)	75.3%
激励和管理(学习如何创造个人和团体的动机,以及如何创造鼓励积极的社会互动和积极参与学习的学习环境)	63.5%
多种教学策略(通过学习各种教学策略以鼓励学生发展批判性思维、解决问题和表现的技巧)	63.5%
交流和技术(有效的沟通技巧,促进积极的调查和合作)	62.0%
学科教学法(学习综合学校的学科以及教授它们的方式)	55.4%
评估(学习成果评估的使用)	51%
学校和社区合作(如何与同事、学生家长和校外更广泛的社区建立关系)	43.8%

---

[16] Tryggvason, Marja-Terttu.Why is Finnish Teacher Education Successful? Some Goals Finnish Teacher Educators have for their Teaching[J]. European Journal of Teacher Education, 2009, 32(4), 369.

特殊教育（如何满足课堂的多样性，如何为不同的学习者提供不同的教学）	35.4%

资料来源：Saloviita, T., Tolvanen, A. Outcomes of Primary Teacher Education in Finland: An Exit Survey [J]. Teaching Education, 2017, 28（2），216.

问卷所包含的问题涉及的十个方面可以被归纳为学生在就读小学教师教育专业时所需掌握的三方面技能：教学技能（Pedagogic Skills）、工具技能（Instrumental Skills）和复杂技能（Complex Skills）。[17]第一项技能与儿童有很大关联，第二项技能与课程有关，第三项技能涵盖了教师教育中不易掌握的技能，一般而言，与课堂上满足多样性有关。如表 10 所示，参与者对不同领域的能力给出了不同的评价，大多数参与者认为他们在特殊教育领域或者课堂上的多样性方面没有获得足够的知识和经验，近一半的人认为他们在学校和社区合作方面的能力不足，而另一方面，在计划和反思实践领域，很少有参与者抱怨获得的知识和经验不足。这些差异反映了小学教师教育中的一些关键问题，职前教师在教学实践中很少有机会获得针对不同类型学生的实践经验，造成这一局面的原因之一可能是芬兰的常规教室中缺乏有特殊需求的儿童。另外，职前教师通常没有足够的时间专注于个别学生的问题，或与学校、家庭及其他机构进行合作。这可能是由于在相对较短的教学实践期间，不足以为学生教师提供足够的机会，让他们进入到教学的最后阶段并认识到个别学生的需求是什么。特殊教育和合作领域的满意度较低，这可能会阻碍全纳教育的发展，需要引起关注。为了提高学生对特殊教育的满意度，可以给每位学生创造在全纳性课堂进行教学实践的机会，从而加强他们满足不同学生需求的技能。

尽管这项研究只在芬兰几所拥有小学教师培养资格的大学中的一所进行，但由于全国范围内所有小学教师教育方案具有高度的同质性，其结果应该具有普遍性。这项研究显示芬兰小学教师临近毕业时对其学业的满意度总体上是积极的，处于中等水平。此外，不同领域的反馈情况有所不同，这表明小学教师在某些关键领域的知识和经验的获取程度方面存在不满。

---

17 Saloviita, T., Tolvanen, A. Outcomes of Primary Teacher Education in Finland: An Exit Survey [J]. Teaching Education, 2017, 28（2），219.

二、小学教师教育者

小学教师教育者包括两类，教师培训学校教师和大学讲师或教授，这两类教师都可以被称为"教师的教师"，即教师教育者。芬兰学者将教师教育者定义为负责教师教育研究、学科研究和教学工作的高等教育学术人员，教学实践指导人员、学校导师、入门培训导师、入门培训网络的支持者，以及负责教师持续专业发展的人员。[18]在芬兰的教育体制中，首先把教师教育者看作是在大学教育学院工作并负有培养未来教师任务的专业人员。他们大多是大学的高级讲师和教授，拥有博士学位，通常从事教育领域教学与研究工作。其次，认为教师教育者是在芬兰大学教师培训学校工作的专业人员。这些专业人员的主要任务是教育小学生和中学生，次要任务是监督教学实践。教师培训学校的许多教师拥有博士学位。在高校中，也有参与教师教育的博士后科研人员和博士生，他们的教学时数较少。除此之外，也有实地学校的督导人员，但他们不在本文的讨论范围之内。因为他们的雇主是学校所在的市政府，主要任务是教小学生和中学生，他们不经常监督学生教师（1次/年）。

（一）大学讲师或教授

最渴望促进教学专业化的人不是教师本身，也不是他们的工会，而是教师教育者群体中的一种主要类型——大学讲师或教授。大学讲师或教授通过建立基于理性主义的教学科学来提高其专业地位。以研究为基础的方法代表着芬兰教师教育的一般观点，它被认为是对教师教育部门的专业承诺。"研究取向"的小学教师教育是大学学术课程的一部分，它的起源不仅仅是小学教师教育的历史，也包括高等教育学术研究的组织原则。"研究取向"的小学教师教育影响了从事小学教师教育工作的讲师或教授在大学中的学术地位，也改善了教师教育部门的气氛和条件。

1. "我们不是培养研究人员，而是培养具有独立教学思维的探究-反思型教师。"

大学教学的典型特征是大学讲师或教授对他们教授的学科进行研究。芬兰小学教师教育课程中的方法论研究是双重的。小学教师教育者为学生提供进行研究的手段，使他们在学习期间表现得像研究人员。学生撰写学士和硕

18　Maaranen, K., Kynäslahti, H., Byman, R., Sintonen, S., Jyrhämä, R. 'Do you mean besides researching and studying?'Finnish Teacher Educators' Views on their Professional Development [J]. Professional Development in Education, 2018, 13（1）, 5.

士论文,这种生产知识的能力也得到了提升和认可。然而,小学教师教育的主要目标不是产生研究,而是让学生以积极的态度理解教育研究。"研究取向"旨在培养学生教师的教学思维。因此,其主要目标不是培养研究人员,而是培养以探究的方式思考他们的工作的小学教师。这意味着教师必须理解教学理论及概念并正确应用于实际的日常环境中。"研究取向"的学习不是提供学习提示和答案,而是鼓励学生做出独立的教学判断。

笔者通过对访谈录音进行转录和整理,现将芬兰大学教师培训学校和教师教育系的讲师或教授对"研究取向"的小学教师教育的看法与评价归纳如下:

> 通过研究,我们才能在大学拥有一席之地,没有研究,我们不会在这里……学术总是意味着涉及到研究。我们在这里所做的一切都是基于研究,我们使用研究结果来证明我们的观点,相比经验,这科学得多。(编号:T20170907A)

> "研究取向"的教师教育背景下,作为教师教育者,需要积极解决的核心问题是如何在自己的课程中进行教学,从而将理论与实践联系起来。未来的学校教师需要熟悉教学方法,能够以各种方式使用它们,并且他们得为满足所遇到的不同的学习者的不同学习需求做好准备。为了使教师能够通过基于理论的行动来处理日常教学中的问题,已经成功地尝试以案例描述和叙述的形式为学生教师提供理论知识。(编号:T20170831X)

> 教师教育必须使教师掌握以研究为基础的知识以及开发教学和学习的技能和方法,这是一个公认的原则。这一原则得到了行动研究教育家的支持,他们鼓励教师调查自己的教学。让教师成为自己工作的研究者,并在工作中更新研究知识,这样他们不仅是研究知识的消费者,也是生产者,这种做法是进步的。(编号:T20170825B)

> "研究取向",与其说它是一种方法,不如说它是一种倾向,教师教育的目的是培养自主教师,将他们的教学决策建立在正式的、系统的论证之上。此外,与不同类型的学习者一起工作一直是芬兰教育的一个主要问题,因为现实情况下必须努力使芬兰社会更具包容性,今天的教师必须在多元文化社会中充当负责任的教育者。"研究取向"是实现多元化教学的最佳途径。(编号:T20170828C)

以研究为基础意味着它是学术教育，就像你说的，学生在做硕士论文，现在也在做学士论文，课程包括定性或定量的研究方法，但他们不需要发表任何论文。他们写论文，但不发表论文。它们（论文）将在大学图书馆发布。更重要的是研究取向的教师教育意味着教师应该明白在他们的专业工作中没有所谓的正确的答案，也没有一种固定的技术是最好的。但更重要的是，教师应该通过自己的努力，从多个角度来看待这个现象或事情，而不仅仅是从一个角度，我的意思是，不是我们过去的教师教育时代所采用的方法。（编号：T20170829D）

我认为这种培养模式是很奇妙的。这种模式已经很长时间了，在以研究为基础的培养模式刚开始的时候，它更多地被定义为科学上的研究，如我说过的，当我们刚开始的时候，更重要的是关于世界的态度，这种培养模式一直是科学化的，不是古典意义上的科学的方式，如对于文献的讨论，而是一种对于世界的多视角的方式。当你面对一个问题时，去思考它，或许没有一个正确的解答，但是你努力去思考它，这是以研究为基础的教师教育最好的方式，它给予了学校巨大的资源，如果教师真正地思考学校的发展，思考他们如何在学校工作，对大家来说这是很奇妙的事情。可能存在的劣势是，如果我们把以研究为基础这种模式定义得太狭隘了，它给你一些科学的工具，但是实际操作中它可能会太广了，这些科学的工具反而不能为你所用，如果你不能把学生和教学情景联系起来的情况下。教育既可能失败，也可能成功，两者都可能是以研究为基础的教育模式。（编号：H20170906B）

研究取向的模式曾引起一些争辩，尤其是在刚开始的时候，有很多。其实这一模式在中小学已经实际运作了很多年了，他们害怕这种新的改变对学校会是一个灾难，他们担心这种教育太过于科学化，而忘记了结合实际。在刚开始的时候，我认为这种方式也是很实际的，对于学生来说，只是作为一个教学工具是很难的事情，如果没有和世界的联系，去学习定性的和定量的科学方法。但是现在，理论和实际的联系更加紧密，关于以研究为基础的争辩不再那么激烈了。对于大学来说，这是唯一可行的办法，我们只会向前走，不

会往后走。（编号：H20170904G）

芬兰研究取向的小学教师教育中，一种最普遍的价值观是教师教育的任务或目标是理论与实践相结合，以及如何将它们组合在一起。因此，这一培养模式下最主要观点之一是所有教师都应该理解如何将理论作为练习的一部分。我认为在未来的发展中，也许教学和培训更具实验性，理论与实践之间的联系越来越强，我希望如此。我认为可能会更好。（编号：H20170920P）

以研究为基础的重点是研究二字，但其实我也说不清楚基于研究是什么意思，我昨天问过一些学生，他们说他们不用发表学术论文，但是他们得写毕业论文。他们得收集数据，并且分析数据。我们已经有很多数据被使用，也已经有了很多的项目，所以我们已经有了很多已经存在的数据，学生也有机会去国外收集数据，比如说你对特殊需求教育感兴趣，也对个人学习（individual learning）感兴趣，你可以去某一个学校，跟踪某个特殊教育课堂 2-3 周，做一些测量，收集一些数据，进行一些内容分析，当然你首先得设置你的研究问题，然后分析你的数据，撰写背景理论，使用那些你所感兴趣的理论框架。作为教授，我们并不强迫他们做哪方面，他们可以做任何自己想做的。他们有不同的小组，在语言学习和母语学习方面，我们有非常好的教师。特殊需求教育、社会学、教育心理学……学生可以任意选择自己感兴趣的方向。比如说某天，有个教授告诉我，他有一个非常棒的学生，写了一篇关系学校和家庭的文章，问我想不想看一下，这和我的研究领域比较近。我就看了这篇文章。（编号：J20170809X）

我认为所谓研究取向，最重要的就是选择上的自由，学生教师对这样的学习方式应该是很开心的，这对他们很好，他们也很有动力。给你举个例子，我现在负责早期儿童教育，每年大概 20 个人就读这个专业，他们攻读这个专业的学位，当然他们同时也会成为教师。在这一年里，他们每周五都去培训学校，从早上八点到十点，他们教两个小时的课，他们做教学计划、选择教学材料、选择如何实施，他们和小孩做不同的项目，去很多地方，比如博物馆等，他们也做研究，他们把自己的经历感受写成笔记，他们也做一些国际上很标准的测试，比如说，某些数学中学习方面的问题，他们就会用一些标准的测试来找出问题出在哪里。然后这一年里他们有 4 场考试，所有的考试都是以写论文的形式，他们这一年里都是面对的真实的学校、真实的问题。这些是你所应该了解的关于我们的教师教育模式。（编号：J20170810F）

我认为我们有这个以研究为基础的教师教育系统是很重要的。有时候会有一些讨论，就是小学教师是不是本科学位就行了，或者他们有一个低一级别的学位。对此我是不赞同的，因为如果你是一位芬兰学校的教师，你得具有很多专业技能、知识等。如果我们想要教育我们的小孩有创造力，我们得有一个合理的系统，我们得有一个清晰的想法来如何教他们。我认为这需要理论上的理解，以及基于研究的教育。（编号：T20170831X）

我们这个研究取向的项目对小学的在职教师很有影响。我们有一些项目，就是小学教师和学生教师在一起工作、一起学习。这是一种很好的方式来让小学教育变得更好。这对教师来说也是很好的，这对我们大学的学生也是很好的教育。所以有很多方法来发展和更新我们的学校系统。（编号：T20170907A）

基于研究的教师教育这一个观念不仅仅在芬兰有，在欧洲的其他国家也有，但是基于研究的教师教育的具体内容仅仅是芬兰有的。基于研究的教师教育在芬兰的教师教育中成为讨论最广的话题，我们的教育受到欢迎，因为我们高水平的教师教育，具有硕士文凭的教师，这是为什么人们对芬兰的基于研究的教师教育感兴趣。现在，基于研究的教师教育意味着很多方面，不仅仅做研究，教授教师教育专业的学生，我们也有基于研究的教育方法，在我们的教学中，我们用询问导向（inquire oriented）的方式，我们的学生成为询问导向的（inquire oriented）的教师，他们学习在实际中如何做研究，如何为了他们的教学工作，在实际的课堂中收集信息。这就是用询问方式进行教育背后的想法，尽管他们在课堂上是一位教师，但是当他们进行作为教师的工作时，他们脑子里知道自己也是一名研究者。他们知道课堂是如何进行的，正在发生什么，小学生之间互动时会有什么现象，教师得知道自己是如何影响

课堂里所发生的事的。（编号：H20170915X）

学位的完成是学生的责任，因为即使是最熟练、最专业的教师也无法代替学生学习。然而，培养学生的教学技能、与教师进行愉快互动的能力以及引导学生在大学教育中产生显著的推动力，是教师教育者的责任。优秀的大学教师对其所代表的学科以及对学生及其成功的关注负有重要责任。一位优秀的教师教育者应该具备以下几个特点[19]：是好的学习者；对自己教授的内容充满热情，并希望与学生分享他们的热情；了解他们教授的事物之间的更广泛的联系，并能够利用他们的教学来满足学生的需求；鼓励学生学习，增强理解、批判性思维和解决问题的能力；鼓励学生塑造和扩展他们的知识；设定清晰的目标；使用适当和相关的评估方法；给予学生良好的反馈意见，尊重学生并对学生的专业和个人成长感兴趣。此外，芬兰学者也对学生对良好的指导的看法进行了研究，根据研究结果，良好的指导包括以下要素[20]：1. 专业精神。具体衡量标准为：学生遇到的相关问题得到及时解决，学习或研究取得进展；对教学或监督的情况准备充分；指导是具体的行动，而不仅仅是说教。2. 支持自主学习。具体衡量标准为：给予学生足够的鼓舞人心的支持但不给予压力，明白过度指导会造成减少学生学习主动性的后果；明确学生的学习和发展方向，设置限制和范围也预留个人发挥空间。3. 涵盖整个学习过程的有效互动。具体表现为：在整个过程中给予连续性的规范指导，诚实地与学生沟通，对学生感兴趣并善解人意；始终保持充分和清晰的沟通，使所遇问题得到及时地解答。

综上，芬兰大学教师教育系的讲师或教授在他们自己的教学中使用策略来传播理论知识，具体的做法是基于研究（自己或他人的研究结果）的。他们还旨在通过在自己的教学法中使用各种方法来培养反思和探究型教师。芬兰大学教师教育系的讲师或教授无权向学生教师推荐他们自己在大学里没有成功使用过的任何教学方法或策略，他们的榜样作用有助于影响未来教师的行为和思维。

---

19 Uusiautti, S., Määttä, K. How to Train Good Teachers in Finnish Universities? Student Teachers' Study Process and Teacher Educators' Role in It[J]. European Journal of Educational Research, 2012, 1（4）, 342.

20 Uusiautti, S., Määttä, K. How to Train Good Teachers in Finnish Universities? Student Teachers' Study Process and Teacher Educators' Role in It[J]. European Journal of Educational Research, 2012, 1（4）, 343.

2. 如何看待自身的专业发展

教师教育者作为学生教师学习过程的激活者、支持者和加速者，负有特殊的责任。这一角色十分重要，对自己的工作需要投入大量的资源、时间和精力。芬兰大学教师教育系的讲师或教授认为自己的教学和指导处于特殊且重要的地位：

（1）大学教师不可避免地应向学生教师提供有关培训计划的进度、目标和内容的支持，以及相关指导和信息。必须履行大学申请指南中的承诺，以便每个学生都感到受欢迎，并确信他或她在申请教师培训时做出了正确的选择。

（2）教学和辅导工作中最具深远意义和最有价值的部分是让学生教师感兴趣并抓住他们学科的问题，最后热衷于为科学的连续性和发展而努力。当教师支持和加强学生教师的学习并对他们的技能发展给予信任时，教师会让他们的学生积极学习与发展，甚至达到他们在没有教师的帮助、鼓励和积极反馈的情况下无法实现的最高成就。致力于教学和指导的教师可以从学生的成功中获得快乐。在教师的支持下，学生开始相信自己的才能，并且越来越积极地学习并获得高质量的成果。

（3）从教师作为榜样的角度，教师教育者是宝贵的，或者说他们是学生教师的主要模型和例子。通过他们的工作，可以显示方向，鼓励学生找到自己的学习目标和教学生活。鼓励的力量是巨人的，来自教师的即使是一个最小的手势，学生教师也能获得很大的激励并取得最大的成果。一些令人鼓舞的话或者是一个让学生成为科学世界一部分的自己经历的小故事都将对学生产生巨大的影响。同时，鼓励的能力可以成为一面加强自我的镜子，并展示如何享受监督、指导和教导的能力。

（4）质量监督、指导和教学是整个学术工作领域的核心，也是学术工作最有价值的一部分。研究技能、教学和指导知识可以在大学社区内得到开发和共享。熟练的教师教育者是这一领域的权威专家，他们对学生的学习感兴趣，并知道如何支持它。此外，他们以各种方式发展自己的技能，并积极地活跃于学术界。

目前学界很少有关于芬兰教师教育者的研究，也很少有关于他们的专业发展的研究。这部分围绕访谈中的一个主要问题"在芬兰，小学教师教育者的职业发展涉及哪些因素？"展开，旨在探究"研究取向"的小学教师教育体系下，大学讲师或教授如何看待自身的专业发展。

研究，尤其是关注自身实践的"自学（self-study）"，可以促进大学讲师或教授的专业发展。撰写学术文章对他们的学习过程有积极的促进作用。有经验的研究人员在研究方法上的帮助对于一位讲师或教授的专业发展也非常重要。然而，并不是所有的大学讲师或教授都对他们工作的研究和理论论证感兴趣。这可能取决于教师教育机构的情况，它是一个研究密集的机构，还是一个更注重实际的机构？而在芬兰，所有的教师教育项目都设在研究密集的大学。大学讲师或教授教授他们研究的内容，或者他们的教学基于该领域其他研究人员的高质量研究，是其自身专业得以发展的前提。要想成为研究的"聪明消费者"，大学教师至少要寻求并获得充分的信息。仅仅传授课堂教学中积累的技巧是不够的，理解课堂实践复杂性的多重问题，担忧、矛盾的发现和多种多样的方法需要建立在个人经验之上。自学已成为世界各国开展教师教育研究的一种非常流行的方式。

研究导向意味着学习重点放在探究技能上，课程教学是围绕基于探究的活动而不是主题内容的获取而设计的。研究主导的教学是围绕主题内容构建的，主题内容根据教学人员的兴趣选择，而研究型教学则有意识地对教学和学习过程本身进行系统的调查。研究的主题是教学。

大学教师既是研究人员又是教师——这不仅适用于教师教育，也适用于大学教学的一般情况：要求探究自己的学科。然而，从事小学教师教育工作的大学讲师或教授是少数以探究自己作为大学教师的工作为现实的教师群体之一，即研究的对象是教与学。"研究取向"教师教育范式整合了学术研究活动，同时教育的目标是教育实践性研究者，即通过实践探究来发展工作的教师。大学讲师或教授欣赏大学致力于研究的方法，尽管他们怀疑这种观点能在多大程度上传递给学生。根据芬兰学者关于教师教育者的一些研究，他们最重要的能力是内容能力、沟通能力、反思能力和研究能力，组织能力和教学能力不那么重要。

（二）教师培训学校教师

此小节由笔者对几位教师培训学校教师的半结构式访谈中的一部分内容构成，他们都是芬兰大学教师教育项目的参与者。受访者的平均年龄为 46 岁，教师教育工作经验平均为 11 年。每一个采访持续了大约 50 分钟，在 45 分钟到 1 小时 02 分钟之间变化。访谈提纲由 7 个问题组成，主要围绕"实施'研究取向'的教师教育,对你产生了什么影响?"、"你在工作中遇到的专业问题有哪些?"、"作为一名教师教育者,你认为什么最重要?"等问题展开。

1. 实施"研究取向"的教师教育所遇到的问题

20 世纪 70 年代,芬兰的小学教师教育完全学术化(academization)。随着这一变化,现在芬兰所有的小学教师都拥有硕士学位。教师教育的学术地位逐步提高。目前,芬兰几乎所有的教师教育者都拥有博士学位,教师教育具有"研究取向"的特点。小学教师学术地位的提高带来了研究的增加,教师教育的"学术化"对于教师教育作为一种职业的形成起到了重要作用。许多教师教育者曾经是学校教师,从教师到教师教育者的转变是具有挑战性的。大多数教师教育者需要 2-3 年的时间来建立新的职业身份。

当新的教师教育理念植入,一些担忧开始悄然而至。教师教育者如何让自己与时俱进,如何找到时间做研究,以及从哪里获得这些科学知识?大多数教师教育者开始担心自己太忙、工作量太大、工作要求太多,怀疑自己是否有足够的能力跟上正在产生的新事物。同时,一些教师教育者提到,他们对芬兰的社会和政治变化以及国际的教育环境十分关注。世界各地发生的社会变化在芬兰也有着明显的痕迹。学生需要有效和快速地学习,但同时也有一种压力,包括如何更新课程中的新的内容。当世界快速发展,但使用的教学资源却和从前一样,教师教育将无法满足当前学校及社会发展的需要。

2. 价值观和信念的变化

教师教育者所表达的价值观说明了教师教育者所看重的是什么、他们持有什么样的信念、他们如何看待自己的身份以及他们作为社会的一部分的身份。在访谈中笔者发现,"研究取向"的小学教师教育使教师在价值观和信念方面发生了积极的变化。当被问及"最看重的是什么",答案中出现最多的词语是"学生"。对于教师教育者而言,学生是非常重要的,比如:什么是学生的最大利益?应该为学生选择什么样的作业?以及什么是学生最好的或最有益的学习经验?等一系列问题被充分考虑。一位资深教师教育者解释道:"在我的课程中,充分考虑了学生的目标,即作为'教师的教师',你必须考虑学生将来的教学职位是什么,他们学习的意图是什么,你应该了解他们将来打算在哪里任教"。受访者对"对教师教育者而言什么是重要的?针对这一问题的答案中出现的频次由多到少的内容排序如下:"学生"、"研究和研究取向的教师教育"、"社区和合作"、"我的学科或专业化"、"价值观"、"互动" 和"热情"。"我的任务是，让我的学生得到尽可能好的教育。我对他们负责，而不是对其他人。我有责任尽我所能做好这件事，这是我工作的一部分。所以我想我的任务是把学生放在第一位。"，"研究是身份认同的核心部分，我对研究所持的态度是积极的，我想我对它的质量也有很高的要求，我想一直把研究质量向前推进。现实中的高等教育的发展需要我们开展研究，我们有研究取向的教学，我认为这很重要。"，"作为一名教师教育者，我是一名合作者。"。

协作是芬兰国家核心课程和学校工作实践中一个非常重要的课题，应成为教师教育的一个有机组成部分。良好的教师教育应该是一个社区，在这个社区中，人们相互鼓励和支持，也对彼此的工作感兴趣。"自己的学科或专业化被认为对教师教育者很重要，是他们觉得自己能胜任的工作的关键，这种能力也被认为是一种使命。我必须掌握重要的知识和理解自己的专业领域，并帮助学生获得专业领域内最新的研究知识，然后他们有能力实施这门学科的教学。"，"我想拯救芬兰的儿童，充分理解早期儿童教育的重要性。长期以来，这一直是我的使命，我很高兴，它最终似乎在被推动，也就是，当我们能够为人们提供一个美好的童年时，我们能够对他们的生活产生很大的影响。是的，这是我的主要任务，也是我为之努力的方向。教师需要学习如何与不同的学生一起工作，我可能最擅长与人交流，也最善于理解不同的人。以一种平等的方式看待别人，我不分类。在我的研究中，社会价值、社会正义和批判也都存在。"，互动这一主题在教师教育中也经常被提及，受访者强调与学生见面、沟通以及有良好的社交技巧是专业工作中非常重要的部分："我想这一定是一种互动，一种关爱……我要对自己的行为负责，因为我是学生们的榜样，告诉他们人们是如何遇到（和对待）他们的。这不仅仅是理论上的内容，我真的是学生们的榜样，通过这一点，我认为我如何认识他人（以及与他人互动）是非常重要的。这并不是巧合，而是经过多次思考，你获得了这样的能力和技巧，你通过行动而不是说教来传递这些。"。教师教育者也谈到要对自己的学科或教学充满热情："我必须要努力工作，通过自己的人格使学生觉得教学是很酷的和有趣的，并试图将这种热情传递给他们，让他们相信自己可以而且能够做到这一点。"。

第四章　芬兰"研究取向"的小学教师教育面临的挑战与改革趋势

　　芬兰"研究取向"的小学教师教育由于芬兰学生在国际评估中得分最高而受到了大量的宣传，许多国家也争相学习其成功的教师教育经验。然而，这一体制也受到了讨论和批评。批评者认为，传统的社会科学太过注重培养教师在自己的工作环境中开展研究。学生有时会认为研究和教学专业之间的关系是分散的、难以处理的，他们很难将实际问题与论文的理论问题联系起来。此外，学生意识到研究是专业教师的重要工具，尽管教师有时觉得研究在进入教师工作的现实之前没有给他们足够的实践工具。那么，实施全今，芬兰"研究取向"的小学教师教育有哪些优势？又面临哪些问题？未来的发展方向是什么？这些是本章需要解决的问题。

第一节　芬兰"研究取向"的小学教师教育面临的挑战

一、"如何帮助教师成为学习环境设计者"

　　芬兰"研究取向"的小学教师教育的一个宗旨是帮助教师成为学习环境的设计者，而成为学习环境设计者的关键在于通过教师教育项目的学习，帮助学生教师获得研究性知识。如何才能帮助学生教师获得研究性知识是芬兰教师教育研究的重点。为了分析学生教师如何通过五年的教育获得研究性知识，笔者对受访谈回答的内容进行了整理，确定了三个主要的知识领域：个人发展（personal development）、教师专业能力（teacher professional competence）和研究能力（research competence）。

（一）个人发展

学生在教师教育过程中逐渐成熟和发展。出现了三个具体的特征：成熟与自我认知（maturity and self-knowledge）、人际交往能力（interpersonal ability）和自律与自信（self- discipline and self-confidence）。

成熟和自我认知：学生陈述他们在近五年的教育中成长、发展和改变。当成为教师的时候，这种自知之明是很重要的。"我认为我们有五年的硕士教育是件好事，因为你有时间成熟，也许可以用另一种方式了解生活和人。（编号：H20170915A）"。学生们对于生命有了更多认知，更具体地说，对于他们自身有了进一步的认知。人际交往能力：学生在接受教育的过程中也获得了人际交往的知识。他们发展了自己的社交技能，学会了在别人面前表达自己的观点。他们还培养了转变观点、设身处地为他人着想、接受他人意见的能力。看到差异和理解他人的观点被认为是重要的："我还学会了观察人与人之间的差异：你看待事物的方式不同，学生们也有不同的经验。他们看待问题的方式和我的会不一样。（编号：H20170915A）"。自律与自信：教师的学习也需要自律，学生教师学会了完成他们在学习开始时设定的任务。硕士论文是一个相当大的课题，需要很强的自律性来完成。学生们已经认识到，他们可以完成比他们最初认为的更多的事情，并成为更强大的个人和在他们所学习和认可的知识领域更有信心。学生教师常常受到鼓励自己做决定，并根据自己的信仰做出选择。"作为一名教师，我变得更加安全，……也许，我变得更加开放和安全……你看，我学会了自己反思……我学会了自己看清楚什么是最好的，并做出决定。（编号：H20170915A）"。

（二）教师专业能力

在教师教育过程中，学生成长为专业教师，并获得在学校环境中担任教师所需的特定能力。学生获得学科知识（subject knowledge）和学科教学法（subject didactics），以及教育学理论和知识（pedagogical theories and knowledge）。他们学习使用教学工具（didactical tools）和研究型教学（research-related teaching）。最后，培养学生对教师专业的思考和理解（professional thinking and understanding）。

学科知识和学科教学法：学生们欣赏他们在教师学习的头几年里所经历的更实用的课程和学校科目。他们提到，例如、体育、视觉艺术和纺织工艺品。学生们在学习过程中也将各种学科与真实的学校教学联系起来。"第一年我们需要学习有很多不同的科目，包括综合学校的科目。我认为它们与小学生所学的非常吻合。（编号：H20170914S）"。学生还提到了学科教学法和受到好教师的启发。然而，尽管在教师教育项目的学习中，学科教学法的地位高于学科知识，但学生并不总是强调受教育过程中的这一方面是最重要的。教学理论和知识：一些学生在受教育过程中学习了教育学的理论和知识。学生不仅获得了一般的教育和科学理论知识，还获得了更具体的内容知识，如领导理论。所接收到的知识不仅是定量事实的形式，而且，一些学生将其作为对教学的基本理解来体验："是的，我觉得，从另一个角度来说，你需要理论。现在，我注意到它很有用，它肯定使我对教学有了一些基本的理解。（编号：H20170915B）"。教学工具：学生在教学过程中获得了教学工具。在教师教育的教学课程中，他们获得了不同课堂情境的教学工具和技巧。他们学习为单独的课程和整个学年做计划，并获得如何以不同的教学形式向学生展示材料和知识。"通过课程的学习，我得到很多教学的技巧，我在教室里可以使用……我非常有兴趣尝试它们。你不应该害怕尝试其他东西，所以，也许应该敢于尝试。（编号：H20170915A）"。如引文所示，芬兰在培养小学教师的过程中，也鼓励学生在未来的教学中，采用更具创意的方法。

研究型教学：通过自己的研究项目，例如硕士论文，学生也获得了关于教学过程的知识和能力。他们学会了如何提问、如何与父母和孩子交流。他们开始理解教师作为学生的榜样的作用，以及家长与教师合作的重要性。学生教师对教师工作中各种沟通形式的理解是显而易见的，"在与家长交流时，在课堂讨论中，作为教师，不必总是说话，可以让学生和家长也说话。（编号：H20170915B）"。基于所选择的研究主题，学生也获得了具体问题的知识，例如，网络欺凌，以及在教学环境中处理这些问题的能力。因此，学生能够将他们所进行的研究项目与实际教学联系起来。教师专业思维与理解：学生教师认为"研究取向"的教师教育为他们作为教师的思维和理解提供了专业基础。其中一名学生教师非常清楚地解释了教师思考和理解的本质："从某种程度上而言，先弄清楚所有这些关于事物为什么是这样的理论，然后再回到实践中，这是一种解脱……如果一个人一直呆在学校里，我认为这个人很容易失去对自己正在做的事情以及为什么要做这些事情的关注，因为人们太过关注当下正在发生的事情……作为教师，我们有责任利用我们所学到的东西，我们知道我们所学是真理，一切都建立在这一基础上。否则，任何人都可以和孩子们在一起，但这不仅仅是教育的问题。科学（anchoring in science）已经锁定在整个教育过程中，尤其重要的是对周围世界保持批判的思想。"（编号：H20170915B）。一些学生将研究导向视为教育的脊梁。它给了他们更多的认识，拓宽了他们的视野，有时还改变了他们对教师的理解。他们变得更加善于思考，并发展了批判性思考的能力。他们已经学会了激励和解释自己的行动和决定，使教学成为对他们而言具有深刻意义的工作。

（三）研究能力

在教师教育过程中，学生教师获得了与研究能力有关的更具体相关的知识。学生们解释说，他们学会了如何处理和使用以前的研究。他们获得了研究方法论的知识，学会了如何开展自己的研究项目，对自己的研究课题有了深入的了解，形成了科学的思维和理解。

以前的研究：学生教师解释说，在他们的教育过程中，他们获得了关于以往研究的知识。教师教育者是研究型人才，他们的教学以研究为基础，学生教师对研究持积极的态度。在课程中，学生教师撰写科学论文，学会分析和反思相关的教学问题。"是的，当然，我们读科学文章，我相信它属于研究，然后，一些教师有时自己做一些调查……我只是把它作为大学的一个自然组成部分。（编号：H20170914S）"，显然，一些学生在硕士阶段经历了"研究取向"的教学作为教育的自然组成部分。研究方法论：学生们强调了他们所获得的关于研究方法的知识。总的来说，他们了解了科学论文的结构以及如何自己构建论文。更具体地说，学生确定了各种数据收集方法的知识，如访谈和统计方法。此外，学生还学习了搜索信息和对各种来源的批判。"在过去的五年里，你不可能学到你需要的所有东西，但是我学会了如何找到我想要的信息，这样我就可以自己学习。这是最重要的一点，那就是要知道，你如何能找到可靠的信息，然后你可以……好吧，这样你就可以学习你想知道的一切。（编号：H20170914S）"。自己的研究项目：在教育过程中，学生获得了如何开展自己的研究项目的知识。由于学生是在项目的最后一年完成硕士论文的，这是大多数学生关注的焦点。"当我听到研究二字的时候，我立刻想到学士和硕士论文，当然，还有关于论文是如何构建的知识，诸如此类的知识，你会自然而然地得到。（编号：H20170914S）"，学生们从开始到结束都学习了如何开展一个研究项目，并获得了在这项工作中使用的实用工具。他们也获得了与特定问题有关的具有挑战性的知识，成为更好的研究人员。学生们发展了特定的研究能力，例如，他们学会了如何以科学的方式进行采访和写作。研究课题：所有学生都深入地参与了研究过程，针对自己的研究课题获得了大量的知识。他们的论文涉及许多不同的主题，如移民教育、冲突管理、网络欺凌、语言学习和动机等。学生们获得了对他们所选择的研究主题的见解，以及更广泛的理论框架。"在我的学士论文中，我写的是关于教师如何对待离异父母的孩子。我以后在学校也会遇到这种情况，有很多父母离异的孩子……。"（编号：H20170915A），很明显，学生的这些研究主题与其未来需要撰写的硕士论文和教学工作存在密切的相关。一名学生曾就她的论文接受了日报和电台的采访，而另一名学生只在最后的研究研讨会上展示了他的论文。由此可以得知，"研究取向"的教师教育的基本目标应该在学生的教育过程中更加明确，必须阐明学士和硕士论文的主题对于更广泛的教育和社会背景的重要性。例如，可以通过鼓励学生与该领域的教师合作参与学校发展项目和与行动研究有关的活动来实现这一点。科学思维和理解：在研究过程中，培养了学生的科学思维和理解力。学生们解释说，他们理解研究的概念，并形成了自己的思维方式。他们变得更加深思熟虑，学会了更加批判，也学会了质疑既定的研究结果。学生们对科学研究有了更深刻的理解和更全面的认识。正如一名学生解释的那样，研究被认为不是一个非黑即白的问题："也许是对研究人员如何得出结果的理解或他们如何获得它们，也许，它提供了一个对结果质疑的机会，这是至关重要的。研究表明了这一点，但是我们也可以考虑这些因素。这不是一个非黑即白的问题。（编号：H20170915A）"。

综上，针对所确定的三个主要知识领域，受访的所有学生对教师教育都持积极的看法。他们接受了全面的教育，获得了大量的理论和实践知识。然而，有些学生认为"研究取向"的教学法并不直接适用于教育。他们经历了非常富有成效的实习期，他们有时认为该方案甚至可以更加注重实际。

结果很明显，学生们很容易接受受教育过程中的具体活动，并指出它们与"研究取向"的教育的相关性。学生们学习了如何运用前人的研究成果，获得了研究方法的知识以及如何开展自己的研究项目。此外，他们对自己的研究课题有了深入的了解，培养了科学的思维能力。学生们承认有明确的研究活动，尽管他们发现与其他学科领域（例如特殊教育）相比，研究活动在他们的教育中所占的比例太大。学生们了解这些论文对他们自己和他们未来的教学职业的相关性。然而，他们不知道这些论文如何能与更广泛的教育和社会背景下的其他行动者有关。毫无疑问的是，研究导向贯穿整个项目，目标是培养学生成为自主、负责、反思的教学专业人才。更准确地说，"研究取向"的教师教育培养了教师的职业身份认同感和批判性地反思及系统地审视日常工作的能力。通过这种方式，最终培养的是具有教育学思想的教师，他们能够将教学建立在研究原则的基础上，并成功地将这些原则应用于专业的实际挑战。

当我们从国际视角审视教师教育时，会发现不同国家教师教育的目标、内容和结构都存在较大差异。芬兰学者认为，教师教育方案的不同方法下的不同教学观点可以进一步加以区分，教师培养的目标包含四种——有效（effective）、反思（reflective）、探究（inquiring）和变革（transformative）。每一个教师教育方案在某种程度上都是由其中的几个目标所决定的，但没有一种目标是孤立存在的。[1]当将访谈结果与四种教师培养目标联系起来时，所有这些都可以在学生教师的学习经验中找到。从第一种观点到第四种观点的转变显示了教师专业主义的范围从受限到扩展。芬兰教师专业发展的主要领域（个人发展、教师专业能力和研究能力）具有以研究为导向的特点，芬兰教师专业发展的重点是更广泛的专业化。

通过"研究取向"的教师教育，被研究的学生为其未来的教师职业生涯打下了坚实的基础，他们的教育鼓励他们成为创新的和专业的教师，他们值得芬兰社会给予他们的信任和自主权。尽管研究结果中显示了芬兰"研究取向"的小学教师教育也面对一些挑战，但教师教育为学生提供的宝贵的显性和隐性经验将在他们未来的职业生涯中发挥重要作用。

二、现实生活情况的复杂性

芬兰小学教师培训体系通过重大的结构变化和评估，不断改革，才形成了现在的模式。小学教师培训面临的新挑战也不会以任何方式结束。除了欧洲一体化、全球化和多元文化主义，还包括社会媒体的普遍影响，芬兰社会、

1 Eklund, G. Student Teachers' Experiences of Research-based Teacher Education and Its Relationship to their Future Profession-A Finnish Case [J]. Nordisk Tidskrift för Allmän Didaktik, 2018, 4（1）, 3.

家庭生活和工作生活的不断变化，都需要不断地回顾、反思学校教育和教师。芬兰的小学教师培训正面临着这样一种情况，即必须根据学生和社会的需要发展新的组织教育的方法。这就要求有一个更灵活的小学教师培训计划，使学生教师能够以更灵活的方式面对现实学校教学情境的复杂性所带来的挑战。

随着信息技术的快速更新与发展，几乎每一位芬兰学生都可以通过技术和网络即时获取信息，通过非正式学习管理自己的知识获取，并且已经从知识内容的消费者发展成为生产者和发布者。由于这种快速的变化，传统的教学方法和学习环境在吸引和激励学生学习方面变得越来越低效。瞬息万变的21世纪挑战着教师们，让他们不仅认识到核心课程的重要性，还认识到现实学校教学情境中还需要囊括学生在学校之外所需要的关键技能。在情境教学的学习模式中，学习的重点是强化这些技能，同时，为职前教师提供参与学习情境和学习环境的工具和经验。

"研究取向"的小学教师教育要求小学教师工作的方式更真实、更具情境性，就必须面对现实学校教学情境的复杂性这一挑战。教师通过观察周围的世界来了解学生在真实的生活中所需要的理解和技能，之后，将课程内容与这些现实生活现象进行反思和联系。真实的生活现象将有助于学习者理解课程内容，并将课程内容与外界生活联系起来，发展与真实学习情境相融合的21世纪公民技能。现实生活情况复杂性是学生掌握21世纪公民技能的一大阻碍。《21世纪公民技能教育内容知识》（《The 21 Century Civil Skills Educational Content Knowledge》）试图将21世纪公民技能融入真实的学习环境和课程中。[2]该框架的基础是认识到教学本身是一项高度复杂的活动，需要利用多种知识。近年来，芬兰国家教育委员会（National Board of Education）在课程更新过程中对21世纪公民技能提出了要求，学习情境中的关键问题不再是信息是什么，而是如何使用信息。

21世纪公民技能教育内容知识框架的核心是三种主要知识形式的相互作用：21世纪公民技能知识（21st Century Civil Skills Knowledge，简称21st CSK）、教学知识（Pedagogical Knowledge，简称PK）和课程内容知识（Curriculum Content Konwledge，简称CCK）。作为一名小学教师，找到21世纪公民技能

2　Meriläinen, M., Piispanen, M. Towards New Challenges in Finnish Pre-service Teacher Training[A]. Ireland International Conference on Education, 2015,186.

教学内容的交叉点是至关重要的，三种主要的知识形式相遇，并以此为出发点，创造新的、热情的、真实的学习情境。学习的重点不应该是课程内容（即学科内容），但是这些内容应该作为一种工具，帮助学生在尽可能真实的学习情境和环境中获得 21 世纪公民技能。21 世纪的公民技能也不应被视为孤立的技能或学习目标，而应被视为学习环境中可见的一部分，这三个知识领域将共同创造一个成功的、有意义的学习过程。

　　硕士学位被认为是一种品质标志，可以让就读小学教师教育项目的学生成长为专业的教师，并获得更高的地位和合法性。学生在接受教育的过程中逐渐成熟和发展，获得了重要的人际交往能力，也获得了在学校环境中担任教师所需要的特定能。正是由于以上种种好处，小学教师教育申请竞争十分激烈。然而，对于大多数学生而言，现实生活的复杂性使他们很难确定"研究取向"的教育所包含的隐含方面。他们能够区分教育过程中的个别研究相关活动（如硕士论文），但却难以把握"研究取向"的小学教师教育的整体思路，无法直接进行讨论与沟通。学生在描述批判性和分析性思维以及他们如何发展自己的专业思维和理解时，间接地讨论了"研究取向"的小学教师教育。然而，学生们在一定程度上经历了"研究取向"所存在的问题，尤其是在实践阶段。与更多的理论研究相比，他们无法识别这些实践期间可见的研究活动，也无法直接表达这些活动。

第二节　芬兰"研究取向"的小学教师教育的改革趋势

一、坚持以研究为基础的传统

　　芬兰教师教育自 20 世纪 70 年代开始具备具体而独特的学术、科学和研究性质。如前文所述，芬兰的小学教师教育可以追溯到 19 世纪 60 年代，当时小学教师的教育在教师学院进行。然而，到了 1971 年，这项工作被转移到了大学。早期的小学教师教育课程基于这样一种理念：小学教师主修教育科学并最终获得硕士学位。从这个时代起，"教师作为研究人员"的想法在芬兰的教师教育中也是占主导地位的。践行这一想法的方法是，由于教师处于掌握"研究改善其学校教育质量所需要提出的问题"的最佳位置，他们应该是研究的对象，即通过从叙述研究到行动研究的定性和定量研究。同时，也应该参与到自己的专业发展中来，通过研究自己和同事的教与学，对学校教育产生深远的影响。这些结果也是决策者在 80 年代和 90 年代允许芬兰教师教育越来越分散的原因之一，人们相信教育工作者在不断重新评估和重建他们的学校和大学中发挥着关键作用。

在政策层面，芬兰是一个完全由所有提供教师教育的芬兰大学的教师去构建教师教育政策和教师教育项目的国家。直到 2006 年，芬兰才有了关于教师教育如何在该国运营的全国性"建议"，它不是一份具有法律约束力的文件，事实上，即使是这种政策也是如此灵活，以至于在政策文件中被称为"宽松的框架（light framework）"。这项政策是由教育部发起和资助的一项为期三年的项目："教育科学中教师教育学位项目发展的国家级协调（National-Level Coordination of Degree Program Development in Teacher Education in the Sciences of Education）"（即 VOKKE 项目），这一倡议的指导小组（包括学生组织）的负责人是赫尔辛基大学的副校长。[3]即便如此，每一所大学仍然可以自由制定自己的课程，因为除了大学入学资格考试之外，没有教师教育国家标准或国家考试。所以，这种以研究为基础的传统只会继续存在于芬兰小学教师教育的体系之中。

（一）小学教师作为学校改革者

在"研究取向"的教师教育话语体系中，社会和世界所发生的变化都要求学校做出回应，学校必须跟上社会的新发展，而不是因其传统的生存方式而落后于社会的发展。教师作为学校变革和更新的中心媒介，是导致或阻碍学校变革和发展的关键因素。而教师教育则培养未来的教师成为推动变革的关键人物，他们将承担学校改革的任务，而不是维持一成不变的教育方式。教师教育的方向必须面向未来，教师的教育方向也必须是面向未来的积极预测和准备。

以学术、科学、研究为基础的教师教育是为了培养"面向未来的贡献者"而不是"静态的施教者"。学术教师教育向学生教师灌输的未来发展方向强调"愿意改变"，学校和社区需要的是思考-激励型的教师而不是传统的灌输型教师。学术教师教育需要解决"如何教育面向未来的教师"的问题。教师教育是发展教师和学校的最佳途径，这也是为什么教师教育必须是最高的教育水平的原因。

教师作为学校改革者实现的重要一步是通过学术教师教育让教师获得自

3　Sabrin, M.Elementary Teacher Education in the Top Performing European TIMSS Countries: A Comparative Study[J]. International Education Studies, 2018, 11（4），155.

主权，即让教师远离复制和日常的个人经验，并从无意识的习惯走向有意识的思考和行动。如果教师没有独立思考的能力，不能有意识地找到影响形势的新前提，个人发展就有危险，他们会继续重复教师专业界所认为的实际的原则。"研究取向"的小学教师教育否定非学术性、非科学性的教师培训方法。"双非"方法强调从纯粹的实践出发，从经验丰富的高级教师这一职业或专业群体中学习，这种学习是重复的、复制的，是技术主义的。这类教师教育的风险在于没有为未来的教师提供学术知识和科学理论，这被视为剥夺了教师对自己的判断能力，以及教师对改革提出反对意见的机会。教师教育中科学研究的存在，是为了适应不断变化着的学校，让教师自由地形成自己的教学观，而不是让教师不得不被传统和无可置疑的惯例所束缚。

坚持科学知识和实践需要实现解放教师的承诺，这可以解决学校改革和变革的问题。小学教师教育的学术和科学性质，帮助教师对潜在的常规化做法采取独立的和批判的态度，在增加自我反思的同时，减少对权威的天真信任；让教师批判性地审视被批准的"学校教育的现实"，并且意识到，作为专业人士，自己在学校获得的个人经验也会阻碍其作为未来教师的专业发展和自主性。对于学生教师而言，"教学熟悉"是学习和研究教学的陷阱，这种熟悉感是最不容易接受调查的。根据自己的经验，一个人可以知道的只是宇宙所有可能性的一部分。因此，个人经验可能导致学生教师很难看到替代方案。单纯的习惯和自觉的理解有很大的区别。学术训练的目的是打破教师通过自己的教育背景所获得的熟悉感，并帮助他们思考自己。以科学研究为基础的小学教师教育是要实现开放、没有偏见和诚实的观察，科学被赋予了摆脱无可置疑的习惯、无意识的常规和传统的实践的职责，从而"唤醒"或启发教师以一种批判的方式进行独立思考。

（二）小学教师作为独立决策者

研究取向的教师教育所关注的重点是教师在教育决策方面的自主性，强调的是教师的独立判断的能力，而不是让教师依赖"知识"或者仅仅只是实现外部下达的指令。因为，如果教师教育的最大贡献是教授学生"应该如何正确地教授某些学习内容并进行检查的集合"，而不鼓励学生自主地做出个人决定，那么，教师只会受到外部规定的条件或要求的培训，他们将继续受到外部的控制和指导。这样，教师行业是通过行政手段和指示来加以控制的，人们从外部对教师提出要求，而不是支持教师表达和发展自己的思想观点并形成新的工作方式。教师不应该被传统束缚，相反，他们应该有权建构自己的教学观。实践理想化的危险在于教师职业和教师教育转化为职业传统上的传承，由于一些经验丰富的教师在某种程度上认为自己的原则或策略是切实可行的，所以这种做法从十年前到现在都不改变。每位新教师都是独立的个体，他们有权利找到自己的原则。与传统的小学教师教育相反，研究取向的小学教师教育鼓励学生教师做出独立的教学法判断，而不是为他们提供现成的提示和答案。教师必须拥有教育知识和专业实践的个人所有权，作为专业人员，教师不能只是决策的执行者，还应是这些决策进一步发展的伙伴。

如果教师的认知能力薄弱、知识面浅，则难以选择和完善学习内容和教材。在这种情况下，教师会非常依赖成套教材，并试图教授教科书中的所有内容，而不减少任何内容。研究取向的小学教师教育期望教师有能力评估什么是重要的，什么不重要，并证明自己的决策是合理的。今后走上工作岗位，教师的重要任务之一就是指导学生自主决策。从教师准备这个目标的要求中可以看到，教师必须记住自己是如何做出正当的决定和执行这样的决定的。"研究取向"的小学教师教育通过让教师自主思考来反对服从，同时唤起教师对教学任务的道德承诺。

"研究取向"的小学教师教育将研究视为解决专业所有权和自治问题的方法。芬兰目前的这种教师培训方式和几乎所有的教师教育研究项目培养了比以往更多的独立的教师。这种独立性的表现方式使得教师不需要在课堂之外寻找各种各样的替代教学方法。相反，教师通过本身的思考和自己的课堂试验来发展自己独立的风格。只有自己试图进行研究，才有助于理解教育的实际困难和教学建议的空虚。当教师知道有些困境的解决方案没有人知道会更有利，最终导致独立思考和更加自信，而不是依靠"上面"或其他地方的知识和指导。教师被认为是创新的专业人员，他们通过研究和实验来解决教学问题，而不是以常规方式解决问题。此外，教师还是个人实践理论和教育哲学的构造者。作为一个在教育、教学和学校教育环境下进行辩论推理的专业人士，教师通过反思实践来质疑专制准则，从而形成个人教育理论。研究和反思被视为教师意识到影响他们的实践和他们自己的教学行为及其对学生"成长和学习"的影响的教育目标的手段。教师要通过反思停下来"研究他们的信仰和意图"。总之，受过科学训练的教师在话语中被设想为一个自主的专业人士，他不仅能够做出独立的教学决策和判断，还能表现出个人的、道德上的承诺。研究取向的小学教师教育实施的目的是为了唤起和增强个人的信念、动机和意义感。未来的小学教师应该有自己的看法、对自己的要求、从业的动机和对教师职业的信任。科学研究（以及反思）将有助于塑造作为自主决策者的教师，而不是被动地执行上述命令和指示的技术人员。科学研究不仅启发教师更真实、更理性的教学知识，而且从道德素质和对教学任务的态度上唤起教师的自主性和真实性。

（三）小学教师作为积极学习者

自主性教师作为一个学习者，具体而言，作为一个积极主动的终身学习者，将致力于自己的学习的话语建构。在这种构建中，"研究取向"的小学教师教育的任务是使教师处于不断变化、发展和学习的过程中。作为学习者的教师的培养与不断变化的社会联系在一起。如果教师不是积极的学习者，他们不具备面临社会变革的新挑战的能力，也将无法具备在整个职业生涯中进行学习的能力，受过专业培训的教师有能力面对不断变化的社会带来的挑战。教师作为一名终身学习者，应该能够以一种"调查性"的方式"解决问题"，从而展示和行使自主权。

作为学习者的教师主要是通过认知和心理理论来塑造的，这种理论将学习者视为主动的个体，对自己的学习有意识和负责。教师在专业发展过程中，将他们的依赖立场转变为"有兴趣、有责任感和自我导向的学习者"的立场，教师学习是有意义和有目的的，并拥有自己的学习过程。学习者需要掌握知识、进行反思、理解和掌控学习的能力，并且非常了解自己的个人动机、目标、信仰和情绪。在这样的叙述中，研究取向的小学教师教育体制下培养的教师是作为一个主体而产生的，他们通过对学习的承诺展现出自主性，并对自己的学习的意图、价值和倾向进行反思。此外，他们还要表达对专业学习所持有的开放的和好奇的态度。

"研究取向"的小学教师教育认为教师的专业发展应该作为一个贯穿其职业生涯的过程而得到支持。也就是说，小学教师教育不是为教师提供足够的毕生的职业能力，而是提供教师"固定旧工具、准备新工具和不同情境中能够适当使用的工具"的积累平台。这种持续的准备状态既包括自我更新的能力，也包括意愿或倾向。在科学的小学教师教育中培养学生教师不断发展自我的愿望和能力。

小学教师教育的任务是为教师提供"成长的钥匙"，这是一种准备，包括知识、态度和思维技能，使其能够持续发展。以学术、科学、研究为基础的小学教师教育使能力的持续发展成为可能。小学教师教育研究的存在被设想为"带来专业水平"，没有这个水平，专家将不会在未来 30 年保持专家身份。因此，以科学研究为基础的小学教师教育不仅是发展能力的战略，而且是积极终身学习所需的态度。积极和坚定的专业态度的激励是由科学的小学教师教育发起的，旨在为学生教师在学习过程中"准备和接受在整个职业生涯中进行学习"。

（四）小学教师作为科学思想家

"研究取向"的小学教师教育给予教师成为一个科学的、自主的思想家和行动者的内在驱动力，所要唤起和强调的能力、思维和态度，如深层次的思考、审议、评价、质疑和创造，本质上是建构和自然化的。作为研究者的教师必须掌握基础研究的知识，他们的研究任务与教学的日常规划、对教学情况的观察和对教师自身的任务分析有关。因此，研究的形式是多样的，在某种程度上，它们不同于传统的学术研究。

芬兰教育家马林宁（Malinen）提出增加解释学来补充教师教育的范式或"科学理论"。他认为教师必须能够解释课堂上的事件和过程，而不仅仅是在课堂实践中实施或应用科学知识。与当时流行的典范立场形成对比的是，马林宁认为这种解释是被教师视为一种真正的研究形式来进行的，因此需要重新定义科学性，并提出作为科学研究者的教师的意义。教师的实际工作的一部分是在课外，如与同事、家长、学生辅导人员等进行交谈。在这种情况下，比课堂教学更被需要的是对社会中教育情况的解释。学生教师需要分析与不同情况有关的问题，并了解这些问题产生的后果，与这些方面相关的行动研究意味着对环境、规划和评估等的分析。作为科学思想家和研究人员的教师必须学习参与解释探究和分析过程，不仅涉及教学的过程或事件，而且还涉及个人的计划（即自己的目标和行动，例如与家长）、学校情境（如更广泛的社会和文化背景）以及教材和其他来源（例如课程大纲、研究出版物、教科书）之间的互动情况。教师的知识获取技能还应该包括解释学、现象学的方法，以便他们能够通过观察、讨论、访谈、监督以及哲学分析来检验现象，与此同时发生的是教师思维的建构。科学性成为自主职业思维的迫切需要，是教学日常的组成部分。研究取向的小学教师教育希望把教学专业看作是一个自我更新的专业领域，而这个专业领域的成员是独立的教育者，他们能够做出个人的、负责任的决定，教师应实际上自然而然地进行日常实践研究。小学教师教育的培养使命在于科学思维的发展。

在"研究取向"教师教育的话语中，小学教师教育的学术性被视为一种从技术主义到人文主义的转变的方法，这使教师的"个人成长过程"成为可能，未来教师进入成长和发展过程的空间，通过这个过程，实现真实性和自主性。在对未来教师的监督中，我们必须记住的是，作为一个人的成长和实践科学思维，这是一个缓慢的过程，不能在匆忙中完成。在学分累积的过程中，为未来的教师提供合理的时间成长：他/她未来的职责是什么？通过研究取向的小学教师教育来构建和管理的自主教师，可以被看作是内在的、真实的自我的具体召唤：通过把科学研究融入到小学教师教育之中，教师不仅可以被看作是给定的自治，而且也表现为从内部实现自治。在科学思想的概念中所刻画的是一个教师主体，其天生的品质将被挖掘。

综上，"研究取向"的小学教师教育的好处和适用性，以及作为芬兰小学教师教育课程和教学的原则在芬兰已达成普遍的共识。小学教师教育的学术质量与国家发展阶段之间存在直接的相关性：小学教师教育越是学术化，越表明这是一个发达的国家。这种现代的进步和发展的概念被铭刻在改革小学教师教育旨在使自己更加学术化和现代化的发展战略之中。"更科学"的认知模式的优先化，才有利于教师的解放和赋权，从而实现自主和变革。

二、教学方式的新突破："以现象为基础"

教育的重点是教育者在课堂上"做"什么。芬兰的小学教师教育者从事的是一种互动教育，芬兰学校的最佳实践现在正朝着"以现象为基础"的学习方向发展，这一新的教师教育方式于 2012 年被提出，并在 2014 年正式实施，至今已有 5 年时间。

（一）"研究取向"的新发展："以现象为基础"

"以现象为基础"或者"现象取向（phenomena-based）"的教师教育是"研究取向"的教师教育的新发展，强调教师专业情境的复杂性，鼓励学生教师通过自己的经验并借助各种科学的理论和概念来研究复杂的现实教育现象。[4]在芬兰，"研究取向"的教师教育越来越受欢迎，其论据各不相同，其

---

4 Pusztai, G., Ceglédi, T. Professional Calling in Higher Education: Challenges of Teacher Education in the Carpathian Basin[M] Partium Press, Nagyvárad-Budapest, 2015:12.

中一个主要论点是教师必须是教育的创新者和研究者，因为学校面临着许多要求和变化。教师的广泛自主性强调了"研究取向"的教师教育的重要性，地方决策和校本课程开发扩大了教师在学校中的作用，改变了教师的工作，使对其的要求更高。"研究取向"的教师教育的目标是教育有探究能力的教师，他们有能力在教学和决策中使用研究衍生的能力。这些教师反思并质疑他们的行为和思考方式。而"现象取向"是希望他们能够概念化教育现象并将其与更大的现象联系起来。芬兰的一些学者在评估教师教育学生的学业成果（如硕士论文）时发现，学生的科学思维需要很长时间才能发展，而教师教育课程中过多的单独主题并不支持科学思维的发展，现象教学是将单一主题教学转变为多学科主题教学的重要方式。

小学教师教育专业学生的受教育经历有助于他们学会反思、批判性思考和专业发展。这是"研究取向"的小学教师教育的一个非常重要的结果。另一方面，学生们说他们没有学到足够的知识将教育理论与教学实践相结合。即使这个结果不是芬兰小学教师教育所独有的，也是值得认真反思的。学生们还表示，他们希望为自己的学习和做出的选择承担更多责任。这种经验体现了芬兰小学教师教育的学习文化。可见，即使"研究取向"的小学教师教育在理论上运作良好，但在实践中并不总是如此有效。在于韦斯屈莱大学教育与心理学院，学习和教学经验激励学生和教师一起开发一种更有效的研究取向的小学教师教育形式，这为现象取向的教学提供了一种可能性，并且在两年的密集协作工作中开发了新的教师教育课程。

在芬兰大学教师教育专业中，我们（于韦斯屈莱大学）是唯一应用以现象为基础的课程与教学的大学。早先我们有心理学方面的课程，比如'学习与指导（learning and guidance）'这门课程，现在它是一门基于现象的课程，但过去是一门关于教学法的课程，又比如'教育社会与变革（education society and change）'这门课程，也是基于现象的，过去是一门关于'教育的社会逻辑基础'方面的课程，再比如'学习的教学法和心理学基础（didactics and psychological basis of learning）'，再比如我们过去没有'科学思维（scientific thinking）'方面的课程，现在这也是基于现象的课程，因为我们有'定性定量的方法（qualitative and quantitative method）'这门课程。我们现在的针对课程的观念是，比如'学习与指导（learning and guidance）'这门课程，不再仅仅从心理学的角度来看待这门课程，而是从多个领域的角度，比如从社会的、历史的、政治的等角度。以前是根据领域的不同来划分课程，比如社会学，心理学，教学法。现在这些都是基于现象的，结合多个领域，这就是为什么最近我们组织小组，对这些现象进行多角度多领域的理解。这就意味着，在小组里，学习和指导不是单一的心理学方面的课程，而是具备社会学、教学法等其他方面的能力的课程。我们将会沿袭这种方式，我认为将来芬兰的其他大学也会使用我们的模式。并且我认为最近不会有太大的改变。基于现象的课程模式是一个巨大的改变，我们将会一直应用这个模式。（编号：J20170823C）

我很难定义以现象为基础这种观念，每个定义都有不同的方面，我们现在正尝试建立关于以现象为基础的一个普遍的理解，这种有条理的理解来源于试验性的课程。我们是从 2014 年开始的以现象为基础的课程和教学，然后沿袭这种想法。（编号：J20170912T）

首先，我们有教材，在学习过程中，学生应该发展他们自己的材料，不仅仅是跟着教材，对于课程的思考，不能仅局限于教材，还得从课程目标（可以从国家的基础教育课程大纲里找）这个角度。教材只是一种办法，我们鼓励并要求学生自主地完成教学材料的寻找工作，不能仅仅照搬教材，而是得根据国家的基础教育课程设置的目标去建立一些想法。学生得自主的思考和计划。比如，学生需要教某门课程，他会如何去做，会使用什么方法，应用哪些材料，当你的基础是关于国家基础教育课程的问询式的基础，当然得有你自己的思考，学生得计划，然后呈现给大学的以及中小学的指导老师，可能会做些修改，然后去学校教课。学生得训练反馈，在反馈中思考不同的教学方法，然后选择最合理的方法。当然他们可以使用教材，但是那不是关键点，如果某些人已经做了一些很好的教材材料，为什么不用呢？但是，学生在使用之前得对这个教材做评估，看它是不是好的材料，好在哪里，是如何促进课程目标的实现的。最重要的地方在于学生展示他们多视角的工作和计划。（编号：J20170815A）

在二十世纪七八十年代，我们知道我们的课程以及课程目标，我们也知道课程实施后的结果，这些都是固化的，没有什么变化和新意。那时我们没有认真思考我们的大脑里在想什么，学生的大脑里在想什么，课堂上正在发生着什么……我们现在集中注意力于教师和儿童之间的关系，课堂气氛是怎么样的，我们集中注意力于合作性的学习，相较于结果，我们更多地考虑过程，我们考虑很多学生个人的过程，如何让小孩子对学习更加有动力。为了使小学生以及在大学读书的学生（即小学教师教育项目的学生）更加有学习的动力，我们使用基于现象的学习，这也是基于理论方面的，那些已知的理论。（编号：J20170816B）

（二）"以现象为基础"的教学方式的基本思路

挪威生命科学大学的科学硕士课程是一个强大的案例研究，也是支持芬兰现象学习课程的前提。挪威生命科学大学开设了一个以现象为基础的农业生态学课程，学生们访问农民，了解农场的经济和社会现实，并在秋季学期评估农民的长期和短期目标。学生们随后采访了农民的主要客户，包括农业干部、当地的杂货店和市政食堂。学生将利益相关者信息与教学知识结合起来，就如何提高生产和效率展开头脑风暴以寻求解决方案。当地农民对学生获得经验知识和以行动为导向的解决方案的能力印象深刻。挪威生命科学大学从事该项目的许多毕业生由于能够解决复杂问题而获得农业高管职位。这些结果支持了芬兰对现象教育的希望，使得学生成为重要的思想家，并能够综合多种信息范式。[5]挪威生命科学大学的案例研究为于韦斯屈莱大学现象取向的课程与教学提供了启发。教育界和研究人员的兴趣点是在于：基于现象的教育课程是否能模仿挪威生命科学大学在农业生态学课程中的做法并取得成功。

一种现象指的是经验丰富的事物，或者在人类经历中表现出来的东西。生活经验先于我们的概念理解，我们与现象的关系是经验的而非智力的。如前文所述，"现象取向"的主要内核是让学生通过自己的经验，借助各种科学的理论和概念，在现实生活中研究复杂的教育现象。学生学习分析结构不良的现象并制定处理它们的行动计划。教育充满了难以理解的现象，因为它们本质上非常复杂。学生通常希望在教学或教学实践中有他们的行动的简单

---

5 Jackson, B. Phenomenon-based Teacher Education at the University of Jyväskylä（Finland）: Perceptions on Curriculum Implementation [D]. University of Jyväskylä, 2017:79-80.

指导，从学生的角度来看，能够控制课堂中所有事件的愿望是可以理解的，失去控制是一种可怕的可能性。更可持续的选择是学会理解课堂现实。这种理解往往预先假定个人参与这些现实。基于现象的学习的目的是帮助学生教师了解在其未来职业中遇到的复杂课堂现实。基于现象的教育包含以往教学方法的组成部分，如基于问题的学习、体验式学习和多学科教育，但重点是结合多种视角来解释现实生活现象。[6]

在教师教育中，学生应学会从各种角度分析复杂的实践现象。他们应该在这个分析中使用来自各种科学（心理学、社会学、哲学、教学法等）的理论，这将表明现象可以从许多观点来概念化并以多种方式进行解释。因此，学生应该学会就不同的解释进行谈判，并分析这些解释的优点和缺点。学生还应学会制定计划、决策并实施。毕竟，教学是一项非常实际的活动，学生必须学习实用的互动方式。人们不能认为对课堂现象的分析是学生需要学习成为一名技术娴熟的教师，但这是一个很好的基础，学生还必须学会评估他们的行为结果以及他们给出的解释背后的有效性。

关于现象取向的教学与课程的主要论点是：对一些教育现象的深入研究产生了对教育的广泛理解。因此，课程不必包含所有重要的理论或主题。这种想法与内容导向的学习观相冲突，根据该观点，实施现象教学的课程应包括与教学专业相关的所有主题。这种观点很容易导致课程中充斥着各种主题，学生们面临着从所有庞杂主题的各种内容，有时甚至是相互冲突的内容中建立一致认识的挑战。由于所研究的现象的复杂性，在"现象取向"的学习过程中必须采用协作学习方法。学生群体比单个学生具有更多的能力，这是从各种角度分析现象所必需的，并且需要协作以实现观点的整合。

（三）"以现象为基础"的教师教育课程

芬兰学者认为，"以现象为基础"的教师教育课程将增加学生对跨学科课程的理解，为学生解决 21 世纪多方面的社会和职业挑战做好准备，并促进整体和全纳性的学习环境，将同样的素质延伸到芬兰社会。通过第二章中对于韦斯屈莱大学教师教育系新、旧两份课程大纲进行分析可以发现，作为"现象教学"的先行者，于韦斯屈莱大学一直努力在基于现象和基于内容的课程

---

6 Jackson, B. Phenomenon-based Teacher Education at the University of Jyväskylä （Finland）: Perceptions on Curriculum Implementation [D]. University of Jyväskylä, 2017:14.

之间做出妥协，最终开始了从基于内容到基于现象的转变的一些步骤。

　　首先，于大给了学生很多可供自由选择的要研究的现象，但与此同时，又试图确保学生能够研究各种各样的现象。因此，课程大纲中列举并定义了学生必须学习的五个现象领域。这些领域也为小学教师教育课程提供了一个结构。它们是[7]：（1）互动和协作，（2）学习和指导，（3）教育、社会和变革，（4）知识和专业知识以及（5）科学思考和知识。其中，第四个领域对应于教学实践，第五个领域是定性和定量研究方法，包括学士和硕士论文。

　　在课程实施过程中，于大提供了另一种选择，其中教学实践和研究方法被包括在前三个现象中。根据这种替代结构，只有三个现象区域，这些区域的研究将包括理论研究和对某些现象的大规模研究。此外，教学实践将根据这些现象区域进行构建。

　　基于现象的学习理念在教师教育课程中有很多形式。这表明基于现象的学习被视为可以以多种方式实施的一般教学理念。下面笔者举两个在课程中实施基于现象的学习的例子（这两个例子出自于大一位已经退休两年的老教授，他的研究领域是"现象取向"的教师教育课程。编号：J20170912T）。"教育基础学习"首先简要介绍教育科学。传统的方法是向学生展示教育科学的主要领域和短期的教育思想。在基于现象的替代方案中，学生在教学思维中被呈现出一种模糊的现象，并有机会对其进行调查。我们寻求的现象可以表明教育理论与实践之间关系的复杂性。有几种可能性，其中关于全纳性教学的讨论似乎比较普遍。全纳性教学是一种教学理念，得到了很多支持，但也是怀疑的对象，特别是来自教师的怀疑。我们认为这些对于全纳性教学的矛盾态度可能是一种学生可以熟悉教育思想本质的现象。这个课程需要学生学习他们自己与全纳性教育相关的经验，并阅读科学文献和支持它的论据。通过这些材料，他们可以研究教育理论与实践之间的关系。在小组中，学生们分享了他们在自己的学校教育中如何对待不同学习者的经历，并且他们参加了关于教育学生多样性的社会学、心理学和哲学方面的讲座。学生们还阅读了一些赞成和反对全纳性教育的文章。基于所有这些数据，学生们分析了在全纳性教学中，日常思维和科学思维之间如何相互关联。我们希望学生们能

7　于韦斯屈莱大学 2014-2017 年教师教育课程（Teacher Education Curriculum 2014-2017）[EB/OL]. https://www.jyu.fi/edupsy/fi/laitokset/okl/en/curriculum/curriculum2014/view

够注意到这种关系的复杂性。

拥有更大的研究单位的另一个例子显示了如何在学习过程中进行研究和选择。在一个现象领域（如教育、社会和变革），学生将获得介绍性讲座和学术文献，以使他们适应现象领域。学生还应该在这方面有实践经验，并分享之。如果之前的经验有限，学生将有机会获得更多经验。

在这个方向之后，学生和他们的教师讨论并协商对一个大的现象进行研究。在这种情况下，它可能是教育民主、教师自治和合作或者其他。在选择大现象后，学生团体选择较大的研究区域。这一阶段还包括学生团体之间的谈判，以便构建一个有意义的整体，并且各组从各种不同的理论角度来研究这一现象。下一个阶段是学生团体在教师指导下进行的研究。研究结果将以便利的形式出版，并在研讨会上分享。研讨会的目的是建立对所研究现象的综合理解。这一例子表明学生需要大量时间来研究一种现象。因此，课程不应包含大量单独的学习单元。最好一次只研究一个大现象，但要深入研究它。

（四）受访者对"以现象为基础"的看法

自"以现象为基础"的教师教育实施以来，教师实践有一些改变，我们的想法也发生了一些改变。我们有些同事一辈子都是从事这些工作，比如，我的专业背景是早期儿童教育，基本上都是基于现象的，也会有一些是基于研究的。但是对于一些基于课程（subject based）的教师，比如说一些数学工作者，他们首先是在数学领域学习，然后才是教学法，但是现在他们不能仅仅思考数学方面的内容，他们必须得思考更广范围的，他们得放弃原来的旧风格，这对他们来说会有一点问题，但是现在我们是非常有激情的，我们非常喜欢以现象为基础和以研究为基础。（编号：J20170809X）

在学院这个层面的改变，我们把教育和心理组合在一起成为教育学院。我们的研究也有改变，我们现在有一些研究群体，由来自心理、教育、特殊教育、社会学和环境学习方面的研究者构成。我们运用基于现象的教学，我们也有研究群体来体现他们各自的想法。当然，我们必须得保持更新自己的研究领域，也得和不同的研究领域保持联系，参加世界各地的会议。这是非常必要的，也是对自己的专业的发展，当你使用基于研究的方法时。（编号：J20170809X）

现在，教师的工作是基于研究的长时间的学习，当我们听到或者遇到什么事情时，我们首先想到的是在哪里可以找到这个问题的答案，这个问题背后的理论是什么，并询问同事是怎么看待这个问题的，同事从哪个角度看待这个问题，我们对不同的现象有很多讨论。（编号：J20170816B）

我从 1984 年开始就是一名教师，这些改变是越来越好的，我所学习的那个年代，很多内容都是被分割开的，我们没有或者很少给儿童带来最有意义的东西，我们和同事之间没有太多的合作，这浪费了很多时间，浪费了很多知识。当我们把努力凝结在一起时，尝试产生一些新的想法，我们如何从不同的角度来分析，然后我们向前做了一个很大的迈步。我非常喜欢这些新的想法，现在这也不是非常新了，就像在我最开始说的，以现象为基础是一个正确的方向。（编号：J20170815A）

当被问及对芬兰未来小学教师教育发展与改革的构想，于韦斯屈莱大学教师教育系的科研主任说道：

必须增加课程形式、教师自由等。现在的教师相当自由，他们可以自主选择使用什么样的教材和教学法。但它与教育学文化有所不同，他们并没有那么快的改变。自二十世纪八九十年代开始，这种以研究为基础的思维方式是指教师能够自己做出选择。因此，他们不仅仅是按照课程进行教育，例如，在那些有强大测试系统的国家，教育是一种"问责制"。在芬兰，我们的基础教育没有国家级大规模测试系统。这意味着教师是被充分信赖的。因此，如果这些教师受过高等教育，也受到信任，并且如果他们被认为能够在教育学实践和教学材料方面建立自己的系统，这意味着他们拥有更多的自由，并且他们被称为专家。在'研究取向'的教师教育之前，情况有所不同。有评估人员来到学校，并提出有待改进或发展的内容或建议。我的意思是，芬兰教师应该有更多的反馈意见。我不认为这些测试系统是保持任何反馈的正确方法，因为它们更像是控制，增加竞争。我并不是说所有的竞争都是坏的，但是我不喜欢竞争支持更多的外在动机而不是内在动机。我认为学校的发展应该支持更多的内在动力。我们的反馈系统应该被开发，但不是由任何测试系统开发。我想现在的芬兰教师，他们得到的反馈太少了。之前，反馈更像是控制，控制是不会激励你发展为专家的。一个好的目标是，你想成为一名更好的教师，而不是在测试结果的框架内，在学习的框架内。让你的学生学得更好、更快乐，试图帮助他们找到在社会中的位置。（编号：J20170809K）

小结：

这一章分析的是"研究取向"的小学教师教育存在的问题（挑战）和改革趋势。传统的小学教师教育和"研究取向"的小学教师教育最大的区别在于研究性知识的获得以及学生教师是否在受教育过程中内化了研究的态度，即在未来的教学工作中像做研究一样进行教学。芬兰培养小学教师的理念是"研究取向"，这并不代表所有的小学教师都可以被培养成"研究取向"的小学教师，所以，如何帮助学生教师获得研究性知识是目前芬兰小学教师教育面临的重大挑战。"研究性知识"涉及个人发展、教师专业能力和研究能力三方面能力，未来的教师只有拥有这些能力，才能成为学生学习环境的设计者。

芬兰"研究取向"的小学教师教育坚持将小学教师培养成学校改革者、独立决策者、积极学习者和科学思想家。同时，根据 2014 年颁布、2016 年 8 月开始实施的《国家基础教育核心课程 2014》所做的调整，引入"现象取向"的教育教育课程。针对学生们反馈中提到课程太庞杂、没有学到足够的知识将教育理论与教学实践相结合等问题，"现象取向"作为对"研究取向"的一种进阶方式，强调教师专业情境的复杂性，鼓励学生教师通过自己的经验并借助各种科学的理论和概念来研究复杂的现实教育现象，将某些单一主题教学课程转变为多学科主题教学课程。将过去庞杂的课程体系化繁为简，将更多不同学科的知识内容囊括至一个大的教育现象，这有利于学生教师科学思维的形成。

第五章　结　语

在前面所做研究工作的基础之上，笔者运用新制度主义理论和利益相关者理论对第一至第四章每一章的主要内容及其相关结论进行分析，并得出本研究的几点主要研究结论。

一、分　析

（一）对制度形成的分析

历史制度主义学家如何定义制度？总体而言，他们把制度定义为嵌入政体或政治经济组织结构中的正式或非正式程序、制约、规范和惯例。历史制度主义有四个鲜明的特点：第一，历史制度主义者倾向于用相对宽泛的术语来概念化制度与个人行为之间的关系；第二，强调权力的均衡与制度的运行和发展相关联；第三，从制度发展的角度而言，强调路径依赖和意料之外的结果；第四，将制度分析与其他因素（如思想）对政治结果的贡献结合起来。[1]芬兰"研究取向"的小学教师教育初步形成于20世纪70年代，强调的是一种培养小学教师的程序、制约、规范和惯例。本研究以此时期为重要时间节点，将其形成过程分为四个部分，前两个部分呈现的是传统的小学教师教育的发展历程，后两个部分主要从"研究取向"的小学教师教育的提出背景、内涵要义与提出之后的变迁过程两方面对这一制度的形成与建立进行解析。

1　Hall, P., Taylor, R. Political Science and the Three New Institutionalisms [J].Political Studies, 1996, 44（5）, 938.

　　历史制度主义的主要观点之一是强调社会成员之间的权力关系会影响制度形态的差异。在小学教师教育的发展初期，关键社会成员乌尼.希涅斯提出的语言发展项目和借鉴德国"赫尔巴特-齐勒尔主义"教学模式的主张在很长一段历史时期影响了该制度的变迁，使小学教师教育的发展以历史学和哲学为基础，直至 20 世纪 50 年代被另一位关键人物马蒂.科斯肯涅米编写的以心理学为基础的教学教科书所取代。这说明在不同历史阶段发生转换时，关键人物影响了该制度的变迁过程。历史制度主义理论所包含的核心理论之一是"路径依赖"，对应的核心问题是"制度如何形成"，历史制度主义者主张最初的政策选择和由其衍生的制度化承诺，被认为决定着后来的决策。如果不能正确理解政策制定过程中的最初决定，就很难理解政策及整个制度的发展逻辑。历史制度主义研究各种制度因素对政策选择和政府表现的持久影响，"路径依赖"的基本观点是：一旦某项制度、某个政策形成，那么它们将通过影响个体偏好和策略的选择，通过影响个体之间的合作与冲突对未来的政策选择产生持续的和重要的影响。[2]芬兰传统的小学教师教育由在教师学院单一机构进行发展为在教师学院与教育学院双重机构进行，后又发展为在大学教育学院单一机构进行，其"路径"是小学教师培养机构由低层次到高层次的发展过程。历史制度主义在解释因果关系时重视多重因素的组合，也重视背景的作用。制度自身能够为政治行为提供背景，背景因素可能影响制度的运转及其特色。[3]"研究取向"的小学教师教育的提出背后包括特定历史时期所发生的社会转型、政治局势调整、经济形态转变等一系列重大调整和改革，此外，同属教育领域的综合学校改革和"教育实证研究"思潮的涌入，也大大刺激了"研究取向"小学教师教育的初步建立。正是在多重因素的共同作用之下，才产生了制度建立这一必然结果。此外，有些历史制度主义者也将历史事件的变化分成了持续时期和被某些"重要的关节点"打断的断裂时期，例如，当实质性的制度发生变迁时，就会由此产生出某种"关节点"，使得历史的发展走上某种新的道路。当然，这里的主要问题在于解释是何种因素导致了这种重要关节点的出现。而本研究详细分析了

2　魏姝，政策中的制度逻辑——美国高等教育政策的制度基础[M]，南京：南京大学出版社，2007：7-8。

3　薛晓源，陈家刚，全球化与新制度主义[M]，北京：社会科学文献出版社，2004：116。

导致芬兰"研究取向"的小学教师教育出现的各种因素。

（二）对实施路径的分析

如果说历史制度主义者在分析制度时使用的是归纳法，那么理性选择制度主义者则在很大程度上依赖于演绎法。理性选择制度主义集中关注制度的执行所发挥出的功能及其所带来的好处。这一途径真正的有力之处在于解释了为什么现存的制度会持续存在下去，因为制度的存续依赖于它所带来的好处。所以，理性选择制度主义常常是高度"功能主义"的，在很大程度上也是"目的主义"的。它也有四个特征：首先，理性选择制度主义者采用一系列特有的行为假设。一般而言，他们认为相关的参与者有一组固定的偏好或品味。其次，如果所有的思想流派都倾向于宣传政治的特征形象，即便是作为"权力斗争"、"社会学习的过程"等，理性选择制度主义者也会提供独特的政治形象，他们倾向于将政治视为一系列集体行动的困境。第三，理性选择制度主义的巨大贡献之一是强调战略互动在决定政治结果中的作用。最后，理性选择制度主义者也在解释制度起源的问题上形成了一种独特的方法。通常，他们首先使用演绎来得出制度执行的功能的程式化规范。然后，他们通过参考这些职能对受该制度影响的行为者的价值来解释该制度的存在。芬兰"研究取向"小学教师教育的实施路径从哲学基础、选拔制度、课程设置、教学实习四个方面进行阐述，揭示的中心问题是：芬兰"研究取向"的小学教师教育到底是怎么一回事以及究竟具体是怎么做的？其中，后三个方面很好地呈现了"研究取向"的小学教师教育所发挥出的功能及所带来的好处。"研究取向"的小学教师教育最终目的是培养具有独立教学思维（包括反思、批判性思维）的带着研究的态度投入教学工作的小学教师，根本性的变化及所带来的好处都发生在每位学生的头脑中。

在提出"制度是什么"这一问题之后，接下来的问题是"制度有什么用"。从这个角度来看，制度为解释和行动提供了道德或认知模板。教师在芬兰社会的地位很高，是社会关键的行业之一，教师作为国家的建设者，对芬兰的成立有着特殊的含义。教师这一职业是很自主化的，并且也越来越具有反思性，越来越注重合作，也越来越具有挑战性。通常，小学教师教育项目的申请者拥有很强烈的愿望去帮助年轻人成为合格的公民。芬兰"研究取向"的小学教师教育为解释上面的相关事实提供了道德或认知模板。

社会学制度主义主要出现在组织理论的子领域内，许多形式和程序应被视为具有文化特色的实践，类似于许多社会设计的神话和仪式，并被同化为组织。它有三个特征：首先，社会学制度主义者更广泛地定义制度，不仅包括正式规则、程序或规范，还包括符号系统、认知脚本和道德模板，它提供了指导人类行为的"意义框架"。这种定义打破了"制度"与"文化"之间的概念鸿沟，将文化理解为共同的态度或价值观。其次，这种方法倾向于将"文化"本身重新定义为"制度"。在这方面，它反映了社会学本身的"认知转向"，不是将文化专门与情感态度或价值联系起来的制度，而是将文化视为提供行为模板的惯例、符号或脚本。最后，社会学制度主义者也对解释制度实践如何起源和变化的问题采取了独特的方法，增强了组织或其参与者的社会合法性。[4]知识基础是以教学为导向的教育科学、目标意识是关键职业素质、以个人为中心、综合评估和客观评分这四点是芬兰小学教师工作崇尚的"四个真理"，学术研究是"研究取向"的小学教师教育最根本的特征。这些属于指导人类行为的"意义框架"。选拔优秀的学生并让他们准备得很好、入学机会人人平等并且极具吸引力是具有文化特色的实践。

（三）对实施影响的分析

任何制度分析的核心问题都是这样一个问题：制度如何影响个人的行为？毕竟，制度是通过影响个人行为才对结果产生影响的。[5]广义角度而言，新制度主义对这个问题提供了两种回答："计算途径（calculus approach）"和"文化途径（cultural approach）"。[6]制度对行为的影响主要通过行为者提供对其他行为者当前和未来行为的较大或较小程度的确定性。将此与处理此类问题的文化途径进行比较，后者强调行为不完全是战略性的，而是受个人世界观的限制。即在不否认人类行为是理性的或有目的的情况下，它强调个人为达到目的而转向既定的熟悉行为模式的程度，倾向于把个人视为满足者，而不是效用最大化者，并强调行动路线的选择在多大程度上取决于对形势的解释，而不是纯粹的工具计算。

"研究取向"的小学教师教育在芬兰教师教育委员会中被接受，因为它

4　Hall, P., Taylor, R. Political Science and the Three New Institutionalisms [J]. Political Studies, 1996, 44（5），947-948.

5　薛晓源，陈家刚，全球化与新制度主义[M]，北京：社会科学文献出版社，2004：196。

6　Hall, P., Taylor, R. Political Science and the Three New Institutionalisms [J]. Political Studies, 1996, 44（5），939.

被视为提高教育学科的学术地位的一种方式，而且芬兰当时新的大学法律只承认硕士学位。社会制度主义对制度与个体行为有着独特的理解，强调制度与个体行动之间的高度互动和同构性的特征。当按照社会惯例来展开行动时，个体会自然而然地将自己建构为社会行动者，参与有社会意义的行动，并不断地强化这一惯例。社会制度主义者认为，当面临某种情势时，个体必须找到一种方式来认识这种情势并做出相应的反应，而制度世界中所固有的剧本或模板提供了手段。个体与制度之间的互相关系是建立在某种"实践理性"基础之上的，个体以这种实践理性为基础展开行动，并在可能的情况下对制度模板进行修订以设计出某种行动过程，个体或组织寻求一种具有社会适应性的方式来界定并表达他们的身份。[7]芬兰"研究取向"的小学教师教育是一个经过精心设计的过程，这一过程强化了个人和群体之间的信任，为社会秩序提供了基础，并且促进、加深了社会团结和融合，从而形成了"信任文化"。由于学校变成了多个学科进行对话与融合的场所，学生和教师的行为也因此受到影响。小学生在教育环境中是自由和平等的，其自身的判断、选择和探索的能力得以充分发挥，同时也在学习中学会保持工作与生活的平衡。小学教师在教学中形成属于自己的不断发展的个人实践理论，自主权大大提升，能力已在传统的教学过程的水平（C1）和个人主导的日常计划水平（C2）基础之上，提升到程序开发（即课程制作）水平（C3）和集体反思水平（C4）。师生之间平等和民主，同事的经验和意见也对专业发展起到十分重要的作用。

老的社会学分析解决制度与个体行动问题的方式时将制度与"角色"联系起来，即制度赋予角色以"行为规范"。[8]个体在特定制度下的社会化过程即内化了与角色相连的制度规范，制度影响行为的方式是通过提供行为所必不可少的认知模板、范畴和模式。社会行动者的自我影响和身份认同被认为是由社会生活所提供的制度形式、印象和符号所赋予的。"研究取向"被理解为一种工作和思考的方式，使教师自身显示出对培养自己专业素质的全方位兴趣，也为其提供了一种批判性地思考他/她的工作的方式。"研究取向"

---

7 薛晓源，陈家刚，全球化与新制度主义[M]，北京：社会科学文献出版社，2004：206。

8 薛晓源，陈家刚，全球化与新制度主义[M]，北京：社会科学文献出版社，2004：205。

的小学教师教育提升了小学教师教育者的学术地位，改变了小学教师教育者的教学目标（在教学中传播理论，培养学生的反思和批判能力，发展多元化思维，最终培养出会质询的教师），也使得小学教师教育专业的学生不再是知识的被动接受者，而成为积极的学习者。小学教师教育中的研究范式由实证主义转为解释主义，研究人员与教师之间的关系发生了变化。小学教师的角色不再是研究人员创造的知识的被动接受者，而是个体经验的叙述者，研究的积极参与者和实施者。

（四）对相关利益主体评价的分析

小学教师教育体系作为一个组织，其目标的实现能够影响或被影响的团体或个人是小学教师教育专业的学生和教师，那么他们就是利益相关者。作为两大利益相关者，学生和教师之间不是彼此孤立的，两个团体各自及彼此的利害关系都是多层面的，只有找到协调他们之间的利益的方法才能有利于组织的运营与发展。针对每一个利益群体对自己所处的这一组织的满意度进行测试，有利于组织的发展与运行。同时，只有站在不同利益主体的角度去探寻制度实施之后的效果，才能充分认识到这一制度真实存在的问题是什么，进而把握其发展与改革的动向。

芬兰"研究取向"的小学教师教育实施至今已有近 50 年的历史，芬兰学者已经对这一制度实施的效果进行了一定规模的研究。在研读已有研究文献的基础之上，笔者对芬兰三所大学的教师教育系的教授、讲师、教师培训学校教师和几位在读学生进行了面对面访谈。通过对已有相关文献和访谈资料的处理与分析，得到以下结果：绝大部分学生对这一制度表示赞赏，认为"研究取向"的小学教师教育项目中的研究训练对他们独立的批判性思维的形成有一定帮助，反馈能力、合作能力以及沟通与交流方面的能力得以提升。学生的学习过程的成功是许多因素的总和，其中，参与度是一个基本因素，尽早开始方法论课程学习也很重要。通过一项学生学习满意度调查发现，学生在临近毕业时，他们中的大多数认为自己在特殊教育领域或者课堂上的多样性方面没有获得足够的知识和经验，近一半的学生认为自己在学校和社区合作方面的能力不足，而在计划和反思实践领域，则很少有学生抱怨获得的知识和经验不足。

我国有研究者提出教师教育的利益相关者要么受到教师教育的影响，要么有能力对教师教育施加影响，或者二者皆有，提出教师教育的治理模式应该是政府、教师、学生以及校外各方利益相关者共同参与的基于合作伙伴关系的多元化管理体制。[9]很明显，"研究取向"的小学教师教育模式是小学教师教育者与小学教师教育专业学生共同参与的基于合作伙伴关系的管理体制。芬兰大学教师教育系的讲师或教授认为自己在教学中使用的策略是基于研究（自己或他人的研究结果），旨在通过在自己的教学法中使用各种方法来培养反思和探究型教师。他们无权向学生推荐自己在大学里没有成功使用过的任何教学方法或策略，其榜样作用有助于影响未来教师的行为和思维。此外，他们中也有人会怀疑这种"研究取向"的态度和观点能在多大程度上被传递给学生。而另一类教师教育者，教师培训学校教师则担心自己太忙、工作量太大、工作要求太多，怀疑自己是否有足够的能力跟上正在产生的新事物，同时，非常注重发展自己的协作能力，并且认为学生在整个教师教育体系中是最重要的。

二、结 论

自 2000 年芬兰成为国际学生评估项目中得分最高的经合组织国家以来，世界各国的研究人员一直在涌入该国，研究所谓的"芬兰奇迹"。上世纪 80 年代，一个教育体系平庸的国家，是如何在短短几十年时间里一跃成为全球一流教育强国的？本研究着眼于芬兰如何培养出优秀的小学教学专业人才，并将其成功经验归纳如下，以期能为我国的基础教育师资培育提供有益借鉴。

（一）芬兰"研究取向"的小学教师教育的发展是一个不断学术化、科学化和专业化的过程。

芬兰小学教师的培养机构经历了教师学院、教师学院和教育学院双重培养体系和教育学院的转变，小学教师教育从无到有、从低层级到高层次、从基于手工艺的学徒制到基于专业和学术研究的大学硕士文凭。芬兰早期创立的学术杂志《教师》（*The Teacher*）因不具备教师资格的人员在学习执教而发出声明，教师群体并始意识到维护和捍卫自身教学专业性的重要性，加速了对学术化、科学化的追求。20 世纪 70 年代，当培养机构由教师培训班转移至大学，小学教师教育开始具备学术、科学、研究的性质。发展至今，虽然小学

---

9 胡子祥，高校利益相关者治理模式初探[J]，西南交通大学学报（社会科学版），2007（1），15-19。

教师学术地位合理化也面临许多挑战和质疑，但新于韦斯屈莱教育学院的设立明确了教师培训中教育科学的合理性，提升了教师培训候选人的形象和质量，小学教师的社会地位得以显著提高。芬兰小学教师培训朝着科学化、专业化大步迈进，并通过依靠教育研究的既定学术地位来使其逐渐成长的地位合理化，现代芬兰小学教师拥有其存在和发展的"四个真理"，"研究取向"的小学教师教育的本质是培养小学教师以做研究的态度对待教学工作。以下是芬兰小学教师教育发展史上重要节点和事件。

1863 年，路德教牧师乌尼·希涅斯（Uno Cygnaeus）在芬兰中部城市于韦斯屈莱创立了第一所培养小学教师的机构——于韦斯屈莱教师培训学院（The Jyväskylä Teacher Training College）。1906 年开始发行期刊《教师》（*The Teacher*）。1921 年生效的《义务教育法》（Compulsory Education Act）和 1922 年完成的《教师发展计划》（Teacher Development Programme），为新的教师培养体制的形成奠定了基础。1934 年将 1863 年成立的于韦斯屈莱教师培训学院更名为新于韦斯屈莱教育学院（New Jyväskylä College of Education），并授权授予博士学位。1965 年，芬兰教育部成立了教师培训改革委员会，并提出了教师培训的指导原则。1968 年，小学教师开始了基于大学入学考试的为期三年的培训项目。小学教师有机会进修学士学位，并提高他们的教学知识和技能。1969 年，小学教师双轨培养体系被废止，标志着芬兰教师培训专业化改革正式开启。1971 年，芬兰议会颁布《教师教育法》（Teacher Education Act），正式终止了教师学院和教育学院的传统两级培训体系，并将所有教师培训转移到了高等教育部门。1979 年，受这一法案影响，三年制学士学位的小学教师教育提升至五年制硕士学位水平。2005 年 8 月 1 日，芬兰大学修订了教师教育的学制和课程，形成了三年制学士和两年制硕士的两级学位系统。2006 年，芬兰成立了一个部级委员会，该委员会的工作是在当前正常运作的教师教育框架内概述其未来发展，并已将教师教育的发展蓝图勾勒至 2020 年。

（二）芬兰招募优秀学生获得"多专业学位"并帮助小学教师在教师培训学校为全科授课做好准备。

芬兰小学教师教育项目因其本身的优点（"是好的教育"）吸引了大批优秀高中毕业生申请。在选拔过程中，强调每个人都应该有相同的机会申请这个项目，致力于招募拥有良好从业动机的资优生并将他们准备得很好，最终成为最适合孩子的小学教师。此外，"研究取向"的小学教师教育课程相比传统的小学教师教育课程，由过去的庞杂繁琐、科目众多，转变为跨学科和多元化。教学是一种学术职业，教学实习是帮助学生接触"真实生活"的最佳途径，也是理论联系实践最重要的环节。三分之二甚至全部教学实习发生的场所——教师培训学校在小学教师培养的过程中发挥着重要作用，是学生学习和研究教与学的"教学实验基地"。

在芬兰，准备成为一名小学教师需要学习大量的课程，还包括进行大量的临床教学实验，旨在获得在实际教学实践中学习的长期机会。芬兰小学教师在职前教育过程中有三个阶段的教学实习。在这三个阶段中，有两个阶段是在大学教师教育项目有关的"教师培训学校"进行，这是芬兰小学教师教育重要而独特的"风景"。这些学校为大学所有，由大学教师教育系管理。教师培训学校是受国家课程和教学要求约束的公立学校，就像附近的任何一所市立学校一样。然而，教师培训学校在教学上和建筑上都设计特别，以支持学生和学生教师的学习。这些学校要求任教教师在教学和教育科学方面有良好的专业记录。教师培训学校作为大学的单位，由大学资助。教育和文化部会为每所教师培训学校设立一项单独的财政预算。近一个世纪以来，芬兰的教师培训学校一直是教师教育的一部分。

全芬兰 11 所教师培训学校虽然隶属于芬兰 8 所拥有教师教育系的大学，但在征聘教学人员和预算规划方面，实际上是相当独立的单位。受法律约束，教师培训学校必须组织课堂教学和实践教学，进行教学研究，并向学生传授教授芬兰综合学校学生所需的知识和技能。每一所教师培训学校都有自己的实践委员会（practical council），负责批准年度实践计划，监督实施，并对进一步发展课堂教学实践经验提出建议。教师培训学校的教师、其所属芬兰大学教师教育系的教师和学生教师都是委员会的成员。打算成为小学教师的学生教师，其在课堂教学中积累的第一次教学实践经验基本上是在第一年。

教师培训学校在确保理论、研究和实践之间的相互作用方面具有重要作用。课堂教学中使用的旧的反复试验的方法已经不再适合今天的目的和目标。在一个现代化、多元化、瞬息万变的世界里，教师职业需要多种特殊技能，必须进行系统地培养。在可控的和非常稳定的条件下，通过与学生的互动进行持续反馈的可能性，引起了学生教师和大学教师之间关于课堂教学技能的深入讨论。教学反思能力可以在优良的工作环境中培养。

教学实践更有效、更深入，因为所有的教师培训教师都对教学的内容和目的有全面的了解。然而，尽管有了长期的继续教育，教师培训学校的教师有时还是会遇到困难。如，当学生在教师培训学校之外的场所进行教学实习期间，教学督导教师对其进行监督，有时会遇到困难。学生在教学实习过程中得到的信息和实际知识可能与他们在学习过程中得到的建议不一致。这可能会对受训人员的态度产生不良影响。

芬兰的大多数教师培训学校都在非常现代化的建筑中，有教学技术和其他设备可供使用。他们煞费苦心地提供适当的创新教师培训的基本设备。通过高校教师培训部门与教师培训学校之间的紧密联系，使实际课堂教学环节更容易与相应的培训阶段衔接，也更容易达成协议。当然，当两个机构之间的距离为几公里时，如赫尔辛基的情况，可能会出现某些实际问题。

在教师培训学校工作的教师相较于"正常"的综合学校教师，明确地被寄予满足更严格的资格要求的期望。教师培训学校通常雇佣相对年轻的且拥有足够的课堂教学经验的教师。学生教师与教师培训指导教师在联合教学方面，积极主动地转变观念，积极开拓新思路。优势是双向的：年轻、有创造力和勤奋的学员为教师培训学校和教师培训导师带来了新的想法和实践；教师培训学校保持一种积极的氛围，与时俱进。

另一方面，也有人批评说，许多创新在教师培训学校确实是可能的，但在学校的日常生活中却不可能，例如在农村的小学校。因此，在这一背景下，反思"师范学校（normal school）"的意义是有意义的，"师范学校"最初的意思是设立规范的学校。如果要提高受训教师的反思水平，使他们将来继续积极参与学校的发展进程，就不能简单地教他们采用普通学校的现行做法和方法。

教学实践指导为未来的教师提供了一个讨论、分享经验、接收反馈以及参与有关其工作中重要问题的对话的论坛。芬兰主张教师教育应该提供更多与学校日常生活和实践的联系，辅导应该是支持教师专业发展的工具。重点在于新、老教师之间的合作伙伴关系，以及对教育理论和实践各方面的共同思考。未来芬兰小学教师教育的一个关键问题是如何更有效地整合职前培训和在职培训，以便在整个职业生涯中支持小学教师的专业发展。

（三）芬兰"研究取向"的小学教师教育坚持"以学生为中心"的教育理念并强调对教与学的研究和分析。

"研究取向"的小学教师教育强调"以学生为中心"的教育理念，使综合学校成为"多学科"相遇的场所，影响了学生与教师的行为，实现了平等的师生合作关系以及同行指导关系；不同利益主体对其赞赏多过贬损。此外，"研究取向"的小学教师教育所确立的"好教师"的标准是：成为永恒的学生。芬兰的教育体系希望为所有人提供学习的权利，无论其住所、经济、社会背景、性别、年龄或能力如何。事实上，芬兰学生在国际测评中的良好表现主要归功于良好的教师和教师培训体系。那么，在芬兰人眼中，什么样的教师是好教师？也许我们可以从中得到一些启发。

19 世纪 60 年代，芬兰"初等教育之父"乌尼. 希涅斯强调教师自身的存在，并指出教师的正派是教育愿望得以成功实现的最可靠保障。对学生的同情、爱和耐心等特征应该在教师的个性中具有显著的作用。后来，芬兰许多教育家强调了教师个性的重要性。其中，马蒂. 哈维奥（Martti Haavio）教授在 20 世纪 60 年代总结了教师的教学方式如何涉及谦逊、真实、快乐、责任感以及教学爱情和机智。

处于不同时代的人类，在关于一位好教师的理论、意识形态和观念方面都有自己的重点，因此任何理想的教师人格特质图片都不能被明显地描绘出来。所以，有很多方法可以成为一名优秀的教师：优秀的教师拥有不以某种机械方式表现的人格。幸运的是，好教师是不同的，因为学生也是不同的。教师的工作涉及很多情绪紧张的时刻，每位教师都会有感到沮丧的时候。无论他们针对问题做出什么样的解决方案，都会有遭遇失败的可能性。教师面对的问题和挑战没有任何现成的解决方案。

教师培训应该兼顾个性和教学技巧。教师工作的一个重要部分与学生、家长、同事以及包括商业伙伴在内的更广泛背景的互动有关。教师建立网络的能力，学校成为当地社区的一部分，这加强了学校的文化和社会任务。当前的趋势，如国际化和多元文化，要求教师承担新的社会责任和作为未来制造者的积极作用。

正如前面章节所述，教师的专业精神随着对学校科目的掌握而发展。教师必须知道他们教授的主题。尽管如此，这种掌握还不够，因为教师的热情和专业知识并不能保证学生的学习。优秀的教师可以激励各种学习者并帮助他们取得成功，因此，从学生的角度看待学校科目，支持学生，预见学习的关键点，以及为学生做出努力的意愿是一项重点。学生在取得成功后会变得热情，意识到他们取得了进步，并确信他们得到了帮助、理解和欣赏。优秀的教师可以优先考虑并在最小的成就中找到快乐。实际上，教师在现代学校中受到越来越多的信息的影响。学校当局、学生和他们的父母向教师提出了各种要求。教师应该积极应对，并保持工作中的动力。因此，教师需要良好的自我反思能力，以及面对现实的态度和对自己的教师和教学工作的欣赏。好教师并不完美，也不指望他们的学生完美，所以，他们对自己和学生都很人性化。

作为一种良好教学形式：教学爱，意味着对学生的学习以及他们的才能的不断信任。例如，在学生学习进展缓慢或纠结的情况下，一位有爱心的教师会注意学习者在受到挫折时不会失去对自己学习的信心。当教师相信学习者的能力时，教师会发现也更容易说服学习者。事实上，教育的目标必须超越学术能力的发展。在教学行业工作需要不断更新和继续教育。教师必须能够通过创新实验和基于研究的评估来更新和获得教学学科知识与技能，并寻求工作中的问题的答案。马蒂．哈维奥教授在 1954 年写道，教师可以成为永恒的学生。同样，在今天的教师培训中，我们将教师塑造为他们工作的研究者，而在过去的芬兰教师培训中，处理教师工作的研究的主要部分是由并非教师本身的学者进行的。

作为专业人士，教师需要无数的实用技能，使他们能够将内容传播给个人或团体，并共同构建知识。这种知识可以被描述为程序性知识。学术内容和实践技能都不能视为单独或排他性；它们在教学界始终是互补的。芬兰教师在完成教学专业的学习后需要如下能力[10]：（1）支持不同学习者（年龄、性别、文化背景、学习困难等）的能力，（2）与学校其他教师或其他教育环境中的人员进行合作的能力，（3）促进与利益相关者合作的能力，（4）发展和改善课程和学习环境的能力，（5）解决学校生活或教育机构中的问题的能力，以及（6）反映自己的职业身份的能力。

芬兰"研究取向"的小学教师教育的一个重要特点是强调对教与学的研究、探究和分析，包括研究方法的学习和硕士学位论文的撰写。这些能力被认为是教师专业发展的核心。这意味着所有的课程都整合了教育研究。对于

10 Aspfors, J., Eklund, G. Explicit and Implicit Perspectives on Research-based Teacher Education: Newly Qualified Teachers' Experiences in Finland [J] Journal of Education for Teaching, 2017, 43（4）, 401.
Uusiautti, S., Määttä, K. How to Train Good Teachers in Finnish Universities? Student Teachers' Study Process and Teacher Educators' Role in It[J]. European Journal of Educational Research, 2012, 1（4）, 348-349

小学教师而言，教育科学是他们的专业和五年学习的重点。这背后隐含的理念是：小学教师是自主的专业人士，他们在实践中是反思和系统的，并准备在他们的工作中使用基于研究的方法。教师准备工作搭配了一个相当强大和丰富的知识库的研究和实践，反过来又导致教学工作被视为一个整体来分析，以反映作为独立的实践者，承担研究性教学职责的教师重视他们自身的工作。此外，小学教师所从事的研究并不与学生的考试成绩挂钩，而是对学生的行为和思维进行的深入考察。

对于小学教师而言，他们必须在课程中使用研究方法和进行调查，包括定性方法和定量方法，还必须撰写学士和硕士论文。学士学位论文可能涉及学生感兴趣的任何话题，然而，硕士论文通常涉及与教学相关的主题，并且与学校和教室紧密相连。对教学问题进行研究的前提是学生阅读足够的儿童研究，学生的学科和教学实践是对教学工作不可或缺的理解基础。小学教师教育项目为硕士论文提供了相当大的支持：教师支持和监督由 3-7 名学生组成的小型研究小组，他们调查与教师的兴趣和专业知识密切相关的问题。赫尔辛基大学教师教育系小教专业的讲师阿努．莱恩（Anu Laine）为那些对数学教与学相关的课题感兴趣的学生举办研究会议。她解释说："我最近指导的学生的硕士论文是关于数学学习评估的……其中一个学生研究成绩优异的儿童。她从三年级一直跟着他们到六年级……看看是什么影响了学生就读六年级时的数学成绩。你能不能在三年级的时候就看到这些影响因素？这真的很有趣。（编号：H20170906C）"。她认为学习做研究的价值是告诉未来的教师如何看待他们作为教师的这份工作："我们希望他们既是教师又是自身工作的研究者，他们明白这一点，并进行这两种身份的结合，这样他们就会利用有用的研究更了解自己的工作和思考自己在做什么。（编号：H20170913C）"。

芬兰的小学教师群体有一个特别有趣又普遍的现象：那些已经获得了硕士学位的教师，不仅是合格的教师，还准备继续攻读博士学位。就像教师培训学校的教师一样，许多人也选择这样做。他们中的一些人选择去进行这样的研究，而且往往是在继续教学的同时，撰写侧重于教学和学习方面的论文。这些博士学位候选人完成的论文集中在一系列的主题上，如学生在学习某些科目的动机等。当然，博士学位也适用于那些教初中和高中的学生教师。准备在中学任教的教师同样需要进行广泛的教学准备。然而，与小学教师相比，中学教师不需要参加 VAKAVA 考试，他们也不需要在进入大学之前就决定进入教师的准备工作。

（四）芬兰"研究取向"的小学教师教育致力于培养能够分析复杂教育现象且具有独立教学思维的专业人士。

"研究取向"的字面意思是"做研究"，只是，此"研究"非彼"研究"，"研究"是工具不是目的。学术研究和芬兰小学教师所做的研究之间的区别在于：教师要通过研究来发展自己的工作，就要进行实践探究（practical inquiry），教师可以称为实践者（practitioners）。学术研究人员（academic researchers）和实践研究人员（practitioner researchers）都可以进行的正式研究反过来又增加了普通教育知识（general educational knowledge）。这种由教师进行的一般性研究被称为实践者研究（practitioner research）。[11]

在对一位小学教师教育者的访谈中，笔者提了关于如何选择合适方式开展课堂教学，如何理解小学教师教育的学术化、科学化，如何实现以研究为基础以及如何确保小学教师专注于教学等几个问题。具体对话内容如下：

问：您是怎么教授学生选择有效的工具去开展课堂教学的呢？

答：在我的教学中，我采用的是 problem-based learning、group work、cooperative learning、student-centered 等方法。我觉得学生们也可以把这些方法用到小学教学中，这些原则是一样的。

问：您在教学中是如何实现"以研究为基础"的呢？

答：我们给他们开设了研究方法的课程，他们会学习怎么开展访谈、怎么观察、怎么写报告、怎么分析数据等等。本科论文和硕士论文都是小型研究。它们都是基于理论、方法、数据分析以及报告的真实的研究。

问：这些主要针对论文。还有其他方式进行"研究"训练吗？

答：在其他教育学课程中，也是以研究为基础的，学生必须在学习过程中使用"研究"方法，比如阅读学术文章、讨论、写作等。在教学实践中，他们也需要写报告等。比如，去年的实践，学生就

---

[11] Jyrhämä, R., Kynäslahti, H., Krokfors, L., Byman, R., Maaranen, K., Toom, A., Kansanen, P. The Appreciation and Realisation of Research-based Teacher Education: Finnish Students' Experiences of Teacher Education[J]. European Journal of Teacher Education, 2008, 31（1），5.

在课堂上尝试去解释他们感兴趣的话题或者在学校、社区里发现的小问题。不止是在课堂上，他们也进行实际观察，并写出报告。我们就是这样把"研究"和实践结合起来。

问：听起来，"以研究为基础"是一种理论，它需要通过实践来实现。实现方式可能就是你上面提到的那些。那么我的下一个问题是：在没有监管、控制的情况下，是如何保证教师能专注于教学事业？同时，他们是如何实现研究和教学的平衡的？因为，教学工作本身就会花很多精力，比如去考虑如何帮助学生进步等问题，但教师们还要考虑怎么去做研究、了解最新的研究、并把研究运用到实际的教学中。

答：我可以给你一个例子。在中国，有一些教师同时开展教学工作和研究工作。但研究工作占去很大一部分时间，所以他们就没有更多精力关注教学。因为时间有限，平衡这两件事其实很难，芬兰的教师们是怎么做到的呢？他们做研究的方式和专业的调研者或者大学的学术研究不太一样，比如，他们的目的不是为了发表。作为一名"研究取向"的教师，是不同于专业的研究者本身的。"研究取向"的教师意味着教师要掌握观察、评价学生的详实能力，充分了解关于学生的各种知识。当他们发现问题的时候，知道如何去收集信息，如何用相关的知识去解释问题和解决问题。就是像做研究一样去对待教学。

（五）芬兰"研究取向"的小学教师教育受到学生和教师的广泛赞赏，同时也存在学生的研究意识参差不齐、理论不能总是与实践结合、课程繁杂分散等问题。

通过第三章第三节阐述的内容可以得知，大部分小学教师教育专业的学生和教师都对这一制度表示赞赏，学生认为"研究取向"的小学教师教育项目中的研究训练有利于他们的教学思维的形成，反馈、合作、沟通等多方面的能力得以提升。在芬兰学者做过的一项关于小教专业学生学习满意度的调查研究发现，学生在临近毕业时，他们中的大多数认为自己在特殊教育领域或者课堂上的多样性方面没有获得足够的知识和经验，近一半的学生认为自己在学校和社区合作方面的能力不足，而在计划和反思实践领域，几乎所有学生都认为自己获得了充足的知识和经验。换言之，并不是所有学生在毕业时都具备了研究意识、内化了研究态度,也不是每一位芬兰小学教师都是"研究取向"的。教师主体对这一全新的教师教育制度也基本上持积极态度,只是表示了这种"研究取向"的教学工作会给自己带来一定的压力,担心自己时间和精力有限,无法跟上新知识更新与发展的步伐。同时,如何在教学过程中运用有效的教学策略传播理论知识是一个挑战,相较从前的小学教师教育体系,"研究取向"的做法已经尽量帮助学生在教学实践中遇到并运用"理论"。由于学生的科学思维的形成是一个长期的过程,分散的课程不利于学生教学思维的培养,最近更新的芬兰"研究取向"的小学教师教育课程呈现出"化繁为简"的特点,引入"现象取向"的教学模块,让学生在个人学习路径方面有更多的选择和准备。

(六)芬兰"研究取向"的小学教师教育致力于实现多元文化主义下的全民优质教学。

虽然芬兰的人口相对单一,但情况正在改变。正如芬兰教育工会教育政策主任赫尔伽. 密苏卡(Helja Misukka)所指出的,每 100 名学生中有 10 名学生都是来自除芬兰之外的其他国家、种族或民族的学生。和许多其他国家一样,移民主要集中在芬兰的大城市。例如,在赫尔辛基的迈利普洛(Myllypuro)小学,大约 40%的学生是第一代或第二代移民。一段时间以来,充分和深思熟虑地对那些带来与芬兰本土学生不同的知识、经验和文化的学生做出反应一直是芬兰教育部规划的中心。新的 2016 年国家课程框架将"多元文化教学"纳入了 7 个总体目标。多元文化主义是小学教师教育项目以及已经在该领域工作的教师未来面临的主要问题之一。每位教师都需要意识到自己是一名语言教师(面向第一代和第二代学生的芬兰语教学)。如,教师应该能够为每一个学生将数学科目概念化成为可以理解的内容。这对教师的语言教学能力提出了新的要求。

此外,芬兰教育政策的一个重要功能是追求公平。对有特殊需要的儿童的教育在芬兰非常广泛和专业。与更传统的方法相比,芬兰的教育政策为有特殊需求的儿童提供了更具全纳性的方法,主要体现在必须提供适合"残疾"的儿童的教育机构。然而,全纳教育学者认为,设立"特殊教育(special education)"和"普通教育(general education)"这样的名称,使这些概念得以延续,助长了不平等的持续存在。

芬兰综合学校的发展是为了使每个学生都能在同一所学校就读,使用的一种办法是对有需要的学生实行"非全日制特殊教育"，这是芬兰自 1980 年代以来一直采用的战略。但最重要的是这种策略和框架意味着有特殊需要的儿童一样需要额外的支持或帮助，儿童是否有特定的和长期的挑战，儿童是否恰好在某个特定的概念上挣扎，比如乘法或者理解明喻。这一概念将有特殊需要的儿童界定为适应广泛和自然发生的变化连续体，而不是将有特殊需要的儿童界定为残疾。因此，儿童能力的发展是被支持的，而不是被标记和分类的。据不完全统计，大约 30%的芬兰 1-9 年级学生得到了某种形式的特殊支持，这无疑是某种非官方的"世界纪录"。但同样值得注意的是，在中学，被认为需要特殊支持的学生比较少。特殊教育学者格雷厄姆（Graham）和乔努凯恩（Jahnukainen）给出的一种解释是，研究表明芬兰特殊教育的重点是在早期的年级，意在作为一种预防措施。

自 2011 年以来，在有关支援有特殊需要儿童的《学前及基础教育课程（2004）》及《国家核心课程》的额外修订表格中，芬兰人一直强调以支持为基础的概念，如"支持学习和上学"，而不是医学或诊断术语，导致标签。这样一来，对儿童的支持范围变得更加广泛，新的三层系统将对儿童学习的支持概念化为在三个不断增强的强度和支持级别上提供的支持。第一层优质教育，包括差异化学习、灵活分组、合作教学，第二层以学习计划的形式提供更强化的支持，第三层是以个人教育计划的形式提供特殊支持。以上三层，只有第三层需要一个官方的决定。在实践中，有一套互相关联的策略，可协助制定这三层架构（并反映对公平教育的关注），范围包括将教师概念化为促进公平的关键角色、在课堂上使用额外的教师（"特别教师"）以及解决学习差异的团队方法。

芬兰关于公平政策的前线战略之一是将教师概念化，使其成为促进支持所有学生学习的关键角色。教师被认为是确保所有学生都能获得同样的资源和支持的关键，如果有必要，还需要额外的和有针对性的个人设计的支持，使他们能够学习和成长。教师在确定哪些儿童可能会落后时，甚至有一些小的挑战，比如识别在数学或阅读理解方面有困难的儿童，还有那些有长期挑战和特殊需要的孩子——所有这些都被认为是小学教师的职责范围，但这种努力并非要等到正式的评估和测试完成，或者年度考核结束后才会开始。相反，教师们把这些问题当成是当下需要解决的重要问题——对学生需求的即时回应。在课堂上，这意味着教师需要不断地重新安排学生群体，识别需要帮助的儿童，并特别关注有问题的学生。对于注意力滞后的学生来说，还需要进行更深刻的理解与分析。教师可能会经常和孩子们见面，课前或课后、午餐时间或白天其余的时间。学校的日常安排使得这些小组在需要的时候可以出现——所有这些支持将被认为是对所有儿童的一般的、一级的支持。

此外，这一政策的第二种实施方式是在芬兰学校设定的两个特定教师职位，即"特殊教师"和"兼职特殊教育教师"（"兼职"指的是他们在整个学校日中分配在各个教室的时间是零散的，这是一个全职职位）。大多数学校除了普通的小学教师之外，还有 1-2 位这样的"兼职特殊教育教师"。兼职特殊教育教师可以共同教学，或者为需要额外支持的孩子提供小组指导（主要是在第二个"强化支持"层面）。兼职特殊教师毕业于特殊教育教师教育项目，因此有五年的特殊教师培训。通常，一所学校可能有一个或两个兼职的特殊教育教师，他们在整个学校工作。这些教师通常在小学与一个由接受特别支助的学生组成的小组一起工作，这些学生通常在全职或兼职的小团体中获得特殊支持。另一方面，学校也可以有正规的特殊教师，他们首先接受小学教师的培训，然后再学习一年，致力于支持有特殊需要的儿童。赫尔辛基韦基教师培训学校小学部校长科默.科斯基宁（Kimmo Koskinen）指出，这两种类型的教师在帮助孩子们不断地融入课堂方面都很重要。这是一种全纳。全纳让更多学生走进教室，所以其他教师一直在帮助他们。

最后，虽然教师为学生的学习和发展负有责任，但他们也有一种更具有协作性的策略，可以应对更持久的挑战，或帮助需求更广泛或更持久的儿童。教师们在多学科的团队中共同工作，包括学科教师、小学教师、兼职特殊教育教师、学校辅导员，以及一些校外人士，如卫生服务的社会工作者、社区代表等，如有必要，为了试图解决任何问题，可能超出学校本身的直接权限。因此，教师可以随时利用各种手段和支持来帮助有需要的儿童。这意味着芬兰教师能够将他们的教学工作与更广泛的教学工作区分开来，直面社会、健康、经济问题，与此同时，他们能够合作解决这些关键问题，这些问题可以直接影响儿童学习成功的能力。这种对学习和儿童生活更广泛背景的融合的公开承认，使教师能够把注意力集中在他们的教学工作上，但也能仔细地吸收其他方面的知识。此外，这种做法可以帮助完善对儿童及其学习和发展的支持网络。例如，如果一名芬兰小学教师意识到一个孩子因为慢性健康问题不能上学，这是一个全面的健康系统的责任，学生拥有心理健康问题或家庭问题的资源（心理健康和社会福利系统），学生也可以享受公共住房照顾，以减少学生的流动性。教育、卫生和社会服务的综合类赠款被分配给负责一系列社会项目的市政当局，成为一种特殊的教育治理结构，多学科团队利用福利国家和教育系统资源来实现对儿童的各种支持。

芬兰以儿童为中心的文化传统，为芬兰制定和实施公平而优质的教育政策提供了有力的社会和文化支撑。从 20 世纪 30 年代开始，芬兰政府在新生儿出生时就向每位新生儿母亲提供一个纸箱，里面装着衣服、床单、玩具、尿布和其他必需品。盒子里甚至还包括一个小床垫，盒子实际上可以（对很多新生儿来说经常如此）充当一个简单的婴儿床。这么做的目的是确保芬兰所有儿童享有平等的起点，但它也象征着所有儿童在芬兰社会的中心地位。这一相当简单、直接的传统也说明了本研究中探讨芬兰小学教师培养问题的政策和社会背景：注重公平和强有力的早期起步教育，并以儿童为中心。此外，芬兰也为每一个儿童的教育提供了一个良好的开端：长时间的产假制度保证父母可以在家里陪伴孩子直至婴儿年满　岁；芬兰儿童有权享受由公共当局提供大量补贴的高质量和安全的幼儿教育项目；所有儿童必须在六岁接受为期一年的学前教育（每天有半天休假）。正因如此，芬兰 99% 的儿童完成了义务基础教育，94% 开始了高中学业，职业高中的完成率也接近 90%。芬兰因其高水平的教育成就，被认为是世界上识字率最高的国家之一。

在前文中，笔者曾论述芬兰为培养未来的小学教师拥有高质量教学能力的政策环境。乍一看，人们可能很快就会得出这样的结论：芬兰质优而公平的教育背景下所获得的优秀的国际学生测试结果，仅仅是培养出了顶尖教师的结果。或者，有些人可能会想，芬兰的国土面积小、相对同质性强，是否会是让所有儿童都更有可能达到他们的较高学业水平的天然条件。此外，大众可能也听说过芬兰对教师职业的尊重和认可："我们无法在美国或其他任何国家复制这一点，这是芬兰文化的一部分。"。

然而，笔者想阐述的是芬兰政府、教育和文化部、国家教育委员会等各级教育系统在短短几十年时间里，经过深思熟虑的、有意为之的决策，在芬兰创造了一个连贯的、公平的教育环境。反过来，这些政策的作用是在各级系统的多个层次上建立的，并需要持续的行动，以培养准备充分、尽职尽责、有反思精神和负责任的教师。芬兰将重点放在教师职业能力建设上的这项工作是经过仔细推敲和长时间的试点的，远非招募精英进入教学或"仅仅是文化"的结果。此外，芬兰的国土面积小和相对同质性并不意味着我们不能应用从芬兰学到的做法。当然，文化、社会和政治特性，是我们无法复制的，但我们可以学习芬兰有意的和深思熟虑的政策选择、强调彻底的准备和培训的教师、促进教师这类高质量劳动力群体的发展以及有目的的努力消除学生成绩的差异。

这些小心对齐的和一致的政策选择，包括开发强大的以学术为中心的"研究取向"的教师准备，以支持和促进教学工作，都是为了为所有芬兰儿童提供高质量的教学和教育，也为了解决多样性的问题，逐步为所有孩子建立一个连贯的、更具全纳性的教育系统。该体系成功地在国际测试中产生了优异的学生成绩，比如经合组织的国际学生评估项目（Program for International Student Assessment，简称 PISA）、国际教育成就评价协会的国际数学和科学评测趋势（Trends in International Mathematics and Science Study，简称 TIMSS）和国际阅读进展素养项目（The Progress in International Reading Literacy Study，简称 PIRLS）。这些强有力的成果的一个特别令人印象深刻的特点是：芬兰取得了显著的平等成就。

然而，同样重要的是，芬兰取得成功的意义远远超出 PISA 高分所反映的学习成果这一狭窄范围。芬兰在儿童福利测量中排名前四，最近一份调查成年人技能的报告发现，芬兰成年人拥有出色的读写和计算能力，芬兰成年人在科技发达的环境中解决问题的能力名列前茅。在联合国最近发起的一份报告中，芬兰在一些被认为对人类积极发展至关重要的特征方面名列前十，这些特征是衡量幸福的关键指标，包括安全、身心健康和经济。公平是区分芬兰、挪威和荷兰等在所有这些指标上得分高的国家的显著因素之一，得分较低的国家也有"由于不平等而丧失人类潜力"的迹象。

在这种环境下，教师不仅受到尊重和重视，而且教师队伍在高水平的专业精神下是有效和持续的。投资于高质量的教师也有积极的经济影响，整个教师行业在芬兰的保留率是高于在美国等国家的，芬兰语中没有"教师保留"这一术语，芬兰教师对其职业的承诺非常高：一项对 4500 名芬兰教师的全国性调查发现，只有约 10% 的芬兰教师离职。事实上，这项调查表明，四名教师中几乎有三名确信他们将继续任教直至退休。在同一项调查中，只有大约 20% 的教师曾考虑过离开教师岗位，从事另一种职业。小学教师教育项目的毕业生进入他们的全职教师岗位，重点在准备、公平、研究和协作上，这样教师在学校保持强烈的职业道德、对公平的承诺、对学生的学习负责，这是一种自治和目的。鉴于这些政策旨在促进公平、持续专业发展、作为一种专业的教学和整个教学队伍的承诺，其结果是在整个系统内继续保持高质量的教学队伍。

芬兰的教育系统不采用外部标准化的学业考试来推动学校的表现，它也没有采用严格的外部检查系统。芬兰和挪威等其他北欧国家一样，教育词汇中没有"问责制"一词。在芬兰，教师的关注点是一种"责任感"。芬兰的教育制度不是以考试为基础的问责制，而是依靠知识渊博、对学生尽心尽力的教师的专业知识和个人专业发展投资。对于习惯于将外部考试作为一种问责手段的美国人来说，这似乎有悖常识，但芬兰的教育官员指出，其课程中嵌入的基于学校、以学生为中心的开放式任务是该国在国际学生评估方面取得成功的一个重要原因。

如果没有一套旨在围绕高质量教学和践行公平的政策，芬兰目前在国际上的成功是不可能的。芬兰公开承认教师的价值，并相信他们在学校的专业判断。芬兰人认为教学是一种崇高的、享有盛誉的职业，类似于医学、法律或经济学，是一种由道德目的而非物质利益驱动的职业。但这不仅仅是招收最适合在公立学校进行教学的人的结果，也不是一种隐性的教学文化价值的结果。相反，尊重教师出现了持续的直接关系：决策者、教育者做出一系列的决定为连续的教师准备提供开发和支持，最终建立了高质量的教学队伍。2009年，教育部的文件重申了这一意图："芬兰教育政策的目标是一项连贯的政策，旨在促进教育公平，提高全体人口的教育水平。终身学习的原则是，每个人都有足够的学习技能的机会，在不同的学习环境中发展自己的知识和技能。"[12]本研究在一定程度上印证了该政策的一致性及其与教学质量的关系。

---

[12] Jyrhämä, R., Kynäslahti, H., Krokfors, L., Byman, R., Maaranen, K., Toom, A., Kansanen, P. The Appreciation and Realisation of Research-based Teacher Education: Finnish Students' Experiences of Teacher Education[J]. European Journal of Teacher Education, 2008, 31（1），16.

參考文獻

一、中文文獻

（一）譯 著

1. 〔芬〕奧斯莫．尤西拉，塞博．漢蒂萊，尤卡．奈瓦基維，芬蘭政治史
   （1809 年-1995 年）[M]，張衛華，譯，北京：中國經濟出版社，2001。

2. 〔美〕愛德華．弗里曼等著，利益相關者理論：現狀與展望[M]，盛亞等，
   譯，北京：知識產權出版社，2013。

3. 〔美〕B，蓋伊．彼得斯，政治科學中的制度理論："新制度主義"[M]，
   王向民等，譯，上海：上海人民出版社，2011。

4. 〔英〕大衛．科爾比，芬蘭史[M]，紀勝利等，譯，北京：商務印書館，
   2013。

5. 〔英〕賈斯廷．狄龍，梅格．馬圭爾，如何成為一名出色的教師[M]，郄
   海霞等，譯，北京：人民教育出版社，2009。

6. 〔英〕河連燮，制度分析：理論與爭議[M]，李秀峰等，譯，北京：中國
   人民大學出版社，2014。

7. 〔美〕帕梅拉．格羅斯曼，專業化的教師是怎樣煉成的[M]，李廣平等，
   譯，北京：人民教育出版社，2012。

8. 〔芬〕帕思．薩爾伯格，芬蘭道路：世界可以從芬蘭教育改革中學到什麼
   [M]，林曉欽，譯，南京：江蘇鳳凰科學技術出版社，2015。

9. 〔德〕伍威．弗克里，质性研究导引[M]，孙进，译，重庆：重庆大学出版社，2011。

10. 〔美〕W．理查德．斯科特，制度与组织——思想观念与物质利益（第3版）[M]，姚伟等，译，北京：中国人民大学出版社，2010。

11. 〔韩〕河连燮，制度分析：理论与争议[M]，北京：中国人民大学出版社，2014。

（二）专　著

1. 陈照雄，芬兰教育制度：培育高品质之国民，建立平等、安全、福利之社会[M]，台北：心理出版社，2007。

2. 陈照雄，北欧五国教育制度之比较[M]，台北：心理出版社，2011。

3. 顾明远，中国教育发展报告——变革中的教师与教师教育[M]，北京：北京师范大学出版社，2004。

4. 靳希斌，教师教育模式研究[M]，北京：北京师范大学出版社，2009。

5. 教育部师范教育司，教育专业化的理论与实践[M]，北京：人民教育出版社，2001。

6. 柯政，理解困境：课程改革实施行为的新制度主义分析[M]，北京：教育科学出版社，2011。

7. 孙河川，教师评价指标体系的国际比较研究[M]，北京：商务印书馆，2011。

8. 肖甦，转型与提升：教师教育的改革与发展[M]，济南：山东教育出版社，2015。

9. 薛晓源，陈家刚，全球化与新制度主义[M]，北京：社会科学文献出版社，2004。

10. 叶澜，教师角色与教师发展新探[M]，北京：教育科学出版社，2001。

11. 周钧，美国教师教育理论与实践[M]，北京：北京师范大学出版社，2015。

12. 朱旭东等编著，中国教师培养机构发展研究[M]，北京：北京师范大学出版社，2016。

13. 朱旭东，胡艳，中国教育改革30年：教师教育卷[M]，北京：北京师范大学出版社，2009。

14. 赵广俊，冯少杰，当今芬兰教育概览[M]，郑州：河南教育出版社，1994。

（三）期刊论文

1. 陈翠荣，对培养专家型教师的思考[J]，集美大学学报，2013（6）：64-66。

2. 陈海燕，浅谈职前教师教育专业情感的培养[J]，中国成人教育，2010（24）：54-55。

3. 陈娴，奥尔兰职前教师教育课程探析——以利默瑞克大学为例[J]，外国中小学教育，2017（7）：43-45。

4. 杜晓利，富有生命力的文献研究法[J]，上海教育科研，2013（10）：1-4。

5. 傅建明，余海燕，职前教师多元文化技能的培养——日本和芬兰的经验及启示[J]，外国中小学教育，2014（6）：51-55。

6. 范秀辉，申仁洪，美国教师职前全纳教育能力的培养与启示[J]，外国教育研究，2011（6）：61-65。

7. 何倩，芬兰中小学教师职前培养制度的特点及启示——以赫尔辛基大学为例[J]，外国教育研究，2009（10）：45-49。

8. 何蕾，去情境化的教师知识：芬兰教师教育课程的演进[J]，中国大学教学，2014（8）：94-96。

9. 胡旭红，基于"研究"的教学实践模式——芬兰小学教师职前教育的经验[J]外国中小学教育，2012（5）：30-35。

10. 贺慧敏，芬兰中小学教师的职业状况[J]，中国教师，2009（82）：53-54。

11. 季旭峰，教师绩效评估：芬兰经验[J]，外国中小学教育，2013（3）：38-42。

12. JouniVälijärvi，陆璟编译，芬兰研究型教师教育述评[J]，上海教育科研，2009（1）：21-25。

13. 康震，陶群英，付谧，以专家型教师为目标——谈免费师范生的培养理念与质量保障[J]，中国大学教学，2013（6）：17-19。

14. 赖小琴，芬兰中小学教师职前教育的特点及启示[J]，广西教育学院学报，2011（1）：27-31。

15. 李俐，陈时见，芬兰中小学教师的在职培训及启示[J]，当代教育科学，2013（8）：45-48。

16. 李利，实践共同体与职前教师实践性知识发展——基于教育实习的叙事研究[J]，教师教育研究，2014（1）：96-98。

17. 李姗泽，蒋华青，孙亚娟，芬兰"合作行动计划"教师学习模式探析——基于扩展学习理论的实践探索[J]，外国中小学教育，2016（8）：46-51。

18. 李佳丽，芬兰"研究为本"的教师教育课程设置探析[J]，比较教育研究，2018（6）：52-58。

19. 刘涛，陶媛，芬兰中小学教师教育硕士化制度探析[J]，教育探索，2012（12）：148-150。

20. 廖容辰，芬兰（小学）师资培育改革之发展[J]，师资培育与教师专业发展期刊，2011，4（1）：51-66。

21. 倪小敏，实践取向：职前教师教育模式的重构[J]，教师教育研究，2010（1）：22-27。

22. 曲铁华，霍东娇，改革开放以来我国中学教师职前培养模式的变迁与发展趋势[J]，四川师范大学学报（社会科学版），2017（3）：102-105。

23. 慕春霞，刘萍，促进小学教师专业成长的重要环节之一——美国职前教育实习[J]，比较教育研究，2009（6）：82-85。

24. 饶从满，李广平，芬兰研究本位教师教育模式：历史考察与特征解析[J]，外国教育研究，2016（12）：3-20。

25. 孙德芳，芬兰教师教育课程结构、内容与设计原则[J]，世界教育信息，2011（1）：46-48。

26. 石佳巍，芬兰教师职业吸引力探析[J]，西北成人教育学院学报，2016（2）：86-90。

27. 谌启标，芬兰教师教育大学化的传统与变革[J]，外国中小学教育，2007（3）：10-13。

28. 陶青，卢俊勇，免费定向农村小学全科教师培养的必要性分析[J]，教师教育研究，2014（6）：11-13。

29. 汪波，ITT：芬兰教师在职培训计划述评——以物理教师为例[J]，外国中小学教育，2013（5）：37-41。

30. 王丽云，徐铭璟，芬兰师资培育制度特色及对台湾师资培育之启示[J]，教育 实践与研究，2015（1）：167-206。

31. 王钰巧，方征，从TALIS（2013）解密芬兰教师教育一体化的经验有启示[J]，外国中小学教育，2016（5）：44-48。

32. 王莉颖，国外双语教师在职培训模式探析——美国、加拿大、芬兰案例[J]，教育发展研究，2005（11）：81-83。

33. 王金红，案例研究法及其相关学术规范[J]，同济大学学报（社会科学版），2007（3）：87-95。

34. 谢晓宇，博洛尼亚进程中的芬兰中小学教师教育改革：现状与动向[J]，外国教育研究，2010（12）：70-76。

35. 徐辉，师范教育与专家型教师的培养[J]，教育科学研究，2003（4）：9-11。

36. 夏正江，中学教师职前培养的课程逻辑[J]，教育研究，2014（6）：91-94。

37. 席梅红，力求卓越：芬兰教师教育经验借鉴[J]，高教探索，2018（4）：52-56。

38. 俞婷婕，造就研究型专业人员：教师教育课程设置的芬兰经验[J]，教师教育 研究，2015（6）：99-106。

39. 虞伟庚，合作行动计划——芬兰在职教师教育实践模式[J]，外国中小学教育，2011（5）：17-18。

40. 虞庚伟，芬兰小学教师全纳教育课程审视[J]，外国中小学教育，2013（3）：33-37。

41. 元英斯，柏毅，芬兰科学教师培养模式探析——以赫尔辛基大学为例[J]，江苏第二师范学院学报（社会科学），2014（6）：53-55。

42. 姚玉环，教师教育一体化视野下"研究型"教师的职前培养[J]，中国高等教育，2009（9）：22-24。

43. 杨春红，郑友奇，博洛尼亚进程中的芬兰教师教育改革及其启示[J]，高教探索，2011（1）：82-83。

44. 曾鸣，许明，英国职前教师教育新政策探析——聚焦《教学的在重要性》

和《培训下一代卓越教师》[J]，外国教育研究，2012（8）：114-116。

45. 周钧，公辰，培养反思—探究型教师：芬兰研究取向教师教育探析[J]，比较教育研究，2016（11）：34-39。

46. 赵士果，培养研究型教师——芬兰以研究为基础的教师教育探析[J]，全球教育展望，2011（11）：31-36。

47. 赵俊峰，李英歌，芬兰教育改革与发展中公平观的演变[J]，外国教育研究，2008（1）：40-44。

48. 赵洁，梅岚，公平. 效率. 合作：全球化进程中芬兰教育的核心价值[J]，教育科学，2016（4）：90-96。

49. 赵萍，我国师范学院的机构转型与教师培养——对三所师范学院的个案考察[J]，教师教育研究，2017（1）：93-101。

50. 张传燧，教师专业化: 传统智慧与现代实践[J]，教师教育研究，2005（1）：16-20。

51. 张晓光，研究取向的中小学教师职前教育探析——以芬兰为例[J]，教育研究，2016（10）：143-149。

52. 张妮妮，赵慧君，刘仲丽，芬兰学前师资培养课程的理念与实践[J]，外国教育研究，2015（4）：45-54。

53. 朱永新，杨树兵，部分发达国家师范生教育课程设置述析——兼谈我国师范教育课程设置存在的问题[J]，苏州大学学报（哲学社会科学版），2001（3）：130。

54. 朱小虎，张民选，教师专业发展的可能路径——基于 TALIS 2013 上海和芬兰的比较分析[J]，中国教育学刊，2017（9）：7-9。

（四）学位论文

1. 陈蓉，中国与芬兰教师教育课程设置比较研究[D]，华东师范大学，2012。

2. 曹雪，芬兰"以研究为基础的"小学教师培养模式研究[D]，东北师范大学，2017。

3. 高士兴，21 世纪初芬兰中小学教师教育政策价值分析[D]，西北师范大学，2013。

4. 韩冬，芬兰教师职前教育研究[D]，淮北师范大学，2015。

5. 何倩，芬兰中等职业学科教师培养模式研究[D]，华中师范大学，2010。

6. 李庆伟，芬兰中小学教师教学方式变革研究[D]，西南大学，2011。

7. 苗学杰，融合的教师教育——教师职前教育中理论与实践关系研究[D]，东北师范大学，2012。

8. 郏海霞，教师教育大学化研究—— 美国的经验和启示[D]，北京师范大学，2004。

9. 饶武，美国教师教育课程演进及其对我国的启示[D]，江西师范大学，2006。

10. 张淑萍，教师组织的角色研究——基于对芬兰、美国、加拿大教师组织的典型案例分析[D]，华东师范大学，2016。

11. 郑秀英，职业教育教师专业化问题研究[D]，天津大学，2010。

（五）其　它

1. 北京教育科学研究院，芬兰教育体制与基础教育课程改革概况[Z]，北京: 北京教育出版社，2003。

2. 谢维和，我国教师培养模式的制度改革——兼评当前高等师范院校的改革与转型[N]，中国教育报，2002。

二、英文文献

（一）专著

1. Eduardo, Andere M. Teachers' Perspectives on Finnish School Education: Creating Learning Environments [M]. Springer International Publishing, 2014.

2. Harnack, R. The Teacher: Decision Maker and Curriculum Planner [M]. International Textbook Company,1968.

3. Heikkinen, H., Jokinen, H., Tynjälä, P. Peer-Group Mentoring for Teacher Development [M]. Routledge, 2012.

4. Hammerness, K., Ahtiainen, R., Sahlberg, P. Empowered Educators in Finland: How High Performing Systems Shape Teaching Quality [M]. John Wiley & Sons, 2017.

5. Haikari, J., Kotilainen, S. Opettajuuden Mallia: Jyväskylän normaalikoulu 1864-2015（Teacher Model: Normal School of Jyväskylä 1864-2015）[M]. Jyväskylän normaalikoulun julkaisuja 15, Jyväskylän normaalikoulu, Jyväskylän Yliopisto, 2016.

6. Jakku-Sihvonen, R., Niemi, H. Research-based Teacher Education in Finland-Reflections by Finnish Teacher Educators [M]. Finnish Educational Research Association, Painosalama Oy, 2006.

7. Jakku-sihvonen, R., Niemi, H. Education as a Societal Contributor: Reflections by Finnish Educationalists [M]. Frankfurt am Main, 2007.

8. Koskenniemi, M. Twenty-Two Years After Becoming a Teacher [M]. Suomalainen Tiedeakatemia, 1982.

9. Kansanen, P., Tirri, K., Meri, M., Krokfors, L., Husu, J., Jyrhama, R. Teachers' Pedagogical Thinking: Theoretical Landscapes, Practical Challenges [M]. Peter Lang Publishing, 2000.

10. Kontoniemi, M., Salo, O. Educating Teachers in the PISA Paradise: Perspectives on Teacher Education at a Finnish University [M]. Jyväskylän normaalikoulun julkaisuja 12, Saarijärven Offset Oy, Saarijärvi, 2011.

11. Kimonen, E., Nevalainen, R. Reforming Teaching and Teacher Education: Bright Prospects for Active School [M]. Sense Publishers, 2017.

12. Moom, B., Vlasceanu, L., Barrows, L. Institutional Approaches to Teacher Education within Higher Education in Europe: Current Models and New Developments [M]. Studies on Higher Education, UNESCO, 2003.

13. Niemi, H., Toom, A., Kallioniemi, A. Miracle of Education: The Principles and Practices of Teaching and Learning in Finnish Schools[M].Sense Publishers, 2016.

14. Pusztai, G., Ceglédi, T. Professional Calling in Higher Education: Challenges of Teacher Education in the Carpathian Basin[M] Partium Press, Nagyvárad-Budapest, 2015.

15. Paksuniemi, M. The Historical Background of School System and Teacher

Image in Finland [M]. Peter Lang Edition, 2013.

16. Paksuniemi, M., Uusiautti, S., Määttä, K. What Are Finnish Teachers Made of? A Glance at Teacher Education in Finland Yesterday and Today[M]. New York, Nova Science Publishers, 2013.

17. Rantala, J., Rautiainen, M. Salonkikelpoiseksi maisterikoulutukseksi: Luokanopettaja-ja opinto-ohjaajakoulutusten akatemisoitumiskenhitys 1970-luvulta 2010-luvulle（For a Master's Degree: The Academic Admission of Class Teachers and Study Instructors from the 1970s to the 2010s）[M].Suomen Kasvatustieteellinen, Kasvatusalan tutkimuksia 64, Taittopalvelu Yliveto Oy, 2013.

18. Ritva Jakku-Sihvonen, Hannele Niemi. Research-based Teacher Education in Finland-Reflections by Finnish Teacher Educators[M]. Finnish Educational Research Association, Turku, Painosalama Oy, 2006.

19. Simola, H., Kauko, J., Varjo, J., Kalalahti, M., Sahlström, F. Dynamics in Education Politics: Understanding and Explaining the Finnish Case [M]. Routledge, 2017.

20. Simola, H. The Finnish Education Mystery: History and Sociological Essays on Schooling in Finland [M]. Routledge Chapman and Hall, 2014.

21. Tella, S. Teacher Education in Finland Present and Future Trends and Challenges [M]. Studia Paedagogica 11, Hakapaino Oy, 1996.

22. Zuljan, V., Vogrinc, J., Pavel, Z. European Dimensions of Teacher Education-Similarities and Differences [M]. Ljubljana: Faculty of Education; Kranj: The National School of Leadership and Education, 2011.

（二）期刊论文

1. Ahonen, E., Pyhältö, K., Pietarinen, J., Soini, T. Teachers' Professional Beliefs about Their Roles and the Pupils' Roles in the School [J]. *Teacher Development*, 2014, 18（2）, 177-197.

2. Ahonen, E., Pyhältö, K., Pietarinen, J., Soini, T. Becoming a Teacher-Student Teachers' Learning Patterns in Teacher Education [J]. *Journal of Education*

and Training Studies, 2015, 3（5）, 89-101.

3. Aspfors, J., Hansén, E., Ray, J. Stability, Structure and Development. Features Constituting Finnish Teacher Education[J] *Scuola Democratica-Learning for Democracy*,2013, 3,1-12.

4. Aspfors, J., Eklund, G. Explicit and Implicit Perspectives on Research-based Teacher Education: Newly Qualified Teachers' Experiences in Finland [J] *Journal of Education for Teaching*, 2017, 43（4）, 400-413.

5. Alanko, A. Preparing Pre-service Teachers for Home-school Cooperation: Exploring Finnish Teacher Education Programmes [J]. *Journal of Education for Teaching*, 2018, 44（3）, 321-332.

6. Byman, R., Krokfors, L., Toom, A., Maaranen, K., Jyrhämä, R., Kynäslahti, H., Kansanen, P. Educating Inquiry-oriented Teachers: Students' Attitudes and Experiences Towards Research-based Teacher Education [J]. *Educational Research and Evaluation*, 2009, 15（1）, 79-92.

7. Chung, J. The （mis）use of the Finnish Teacher Education Model: 'policy-based evidence-making'? [J]. *Educational Research*, 2016, 58（2）, 208-209.

8. Dervin, F. Towards Post-intercultural Teacher Education: Analysing 'extreme' Intercultural Dialogue to Reconstruct Interculturality [J]. *European Journal of Teacher Education*, 2015, 38（1）, 71-86.

9. Eteläpelto, A., Vähäsantanen, K., Hökkä, P. How do Novice Teachers in Finland Perceive Their Professional Agency? [J]. *Teachers and Teaching*, 2015, 21（6）, 660-680.

10. Eklund, G. Student Teachers' Experiences of Research-based Teacher Education and Its Relationship to their Future Profession-A Finnish Case [J]. *Nordisk Tidskrift för Allmän Didaktik*, 2018, 4（1）, 3-17.

11. Franco, A. The Reality of Research Based Practices in Finnish Elementary Teacher Education Programs[J]. *Curriculum and Teaching Dialogue*, 2017, 19（1&2）, 87-101.

12. Hall, P., Taylor, R. Political Science and the Three New Institutionalisms

[J].Political Studies, 1996, 44（5）, 936-957.

13. Hansen, E. Preparing Student Teachers for Curriculum-making [J]. *Journal of Curriculum Studies*, 1998, 30（2）, 165-179.

14. Heikkilä, A., Lonka, K., Nieminen, J., Niemivirta, M. Relations between Teacher Students' Approaches to Learning, Cognitive and Attributional Strategies, Well-being, and Study Success [J]. *Higher Education*, 2012, 64（4）, 455-471.

15. Hansén, S., Forsman, L., Aspfors, J., Bendtsen, M. Visions for Teacher Education-Experiences from Finland [J]. *Acta Didactica Norge*, 2011, 6（1）, 1-17.

16. Hohti, R. Time, Things, Teacher, Pupil: Engaging with What Matters [J]. *International Journal of Qualitative Studies in Education*, 2016, 29（9）, 1148-1160.

17. Häkkinen, P., Järvelä, S., Siegl, K., Ahonen, A., Näykki, P., Valtonen, T. Preparing Teacher-students for Twenty-first Century Learning Practices（PREP 21）: A Framework for Enhancing Collaborative Problem-solving and Strategic Learning Skills [J]. *Teachers and Teaching*, 2017, 23（1）, 25-41.

18. Hummelstedt-Djedou, I., Zilliacus, H., Holm, G. Diverging Discourses on Multicultural Education in Finnish Teacher Education Programme Policies: Implications for Teaching [J]. *Multicultural Education Review*, 2018, 10（3）, 184-202.

19. Hyytinen, H., Toom, A., Postareff, L. Unraveling the Complex Relationship in Critical Thinking, Approaches to Learning and Self-effiacy Beliefs among First-year Educational Science Students[J]. *Learning and Individual Differences*, 2018, 67, 132-142.

20. Jokikokko, K., Uitto, M. The Significance of Emotions in Finnish Teachers' Stories about Their Intercultural Learning[J]. *Pedagogy, Culture and Society*, 2017, 25（1）, 15-29.

21. Juuti, K., Christophersen, K., Elstad, E., Solhaug, T., Turmo, A. Finnish

Teacher Education and Its Contributions to Pre-service Teachers' Instructional Self-efficacy [J]. *Issues in Educational Research*, 2018, 28（2）, 422-437.

22. Jenset, I., Klette, K., Hammerness, K. Grounding Teacher Education in Practice Around the World: An Examination of Teacher Education Coursework in Teacher Education Programs in Finland, Norway, and the United States[J]. *Journal of Teacher Education*,2018, 69（2）, 184-197.

23. Jyrhämä, R., Kynäslahti, H., Krokfors, L., Byman, R., Maaranen, K., Toom, A., Kansanen, P. The Appreciation and Realisation of Research-based Teacher Education: Finnish Students' Experiences of Teacher Education[J]. *European Journal of Teacher Education*, 2008, 31（1）, 1-16.

24. Kaasila, R., Lauriala, A. How do Pre-service Teachers' Reflective Processes Differ in Relation to Different Contexts? [J]. *European Journal of Teacher Education*, 2012, 35（1）, 77-89.

25. Krokfors, L., Kynäslahti, H., Stenberg, K., Toom, A., Maaranen, K., Jyrhämä, R., Byman, R., Kansanen, P. Investigating Finnish Teacher Educators' Views on Research-based Teacher Education [J]. *Teaching Education*, 2011, 22（1）, 1-13.

26. Koponen, M., Asikainen, M., Viholainen, A., Hirvonen, P. Teachers and their Educators-Views on Contents and their Development Needs in Mathematics Teacher Education[J].*The Mathematics Enthusiast*,2016,13（1）,149-170.

27. Korhonen, H., Heikkinen, H., Kiviniemi, U., Tynjälä, P. Student Teachers' Experiences of Participating in Mixed Peer Mentoring Groups of In-service and Pre-service Teachers in Finland[J]. *Teaching and Teacher Education*, 2017, 61,153-163.

28. Kosunen, T., Mikkola, A. Building a Science of Teaching: How Objectives and Reality Meet in Finnish Teacher Education [J]. *European Journal of Teacher Education*, 2002, 25（2-3）, 135-150.

29. Kuusisto, E., Kuusisto, A., Rissanen, I., Holm, K., Tirri, K. Finnish Teachers' and Students' Intercultural Sensitivity [J]. *Journal of Religious Education*, 2016, 63（2-3）, 1-13.

30. Kivinen, O., Rinne, R. The Thirst for Learning, or Protecting One's Niche? The Shaping of Teacher Training in Finland during the 19th and 20th Centuries [J] *British Journal of Sociology of Education*, 15,（4）, 1994:515-527.

31. Lauriala, A. Changes in Research Paradigms and their Impact on Teachers and Teacher Education: A Finnish Case [J]. *Teacher Thinking to Teachers and Teaching*, 2013, 19,569-595.

32. Lanas, M., Kiilakoski, T. Growing Pains: Teacher becoming A Transformative Agent [J]. *Pedagogy, Culture & Society*, 2013, 21（3）, 343-360.

33. Lanas, M., Kelchtermans, G. "This has more to do with who I am than with my skills"-Student Teacher Subjectification in Finnish Teacher Education [J]. *Teaching and Teacher Education*, 2015,（47）, 22-29.

34. Laine, S., Kuusisto, E., Tirri, K. Finnish Teachers' Conceptions of Giftedness [J]. *Journal for the Education of the Gifted*, 2016, 39（2）, 151-167.

35. Laine, S., Tirri, K. How Finnish Elementary School Teachers Meet the Needs of Their Gifted Students [J]. *High Ability Studies*, 2016, 27（2）, 149-164.

36. Lakkala, S., Uusiautti, S., Määttä, K. How to Make the Neighbourhood School a School for all? Finnish Teachers' Perceptions of Educational Reform Aiming Towards Inclusion[J]. *Journal of Research in Special Educational Needs*, 2016, 16（1）, 46-56.

37. Lassila, E., Jokikokko, K., Uitto, M., Estola, E. The Challenges to Discussing Emotionally Loaded Stories in Finnish Teacher Education [J].*European Journal of Teacher Education*, 2017, 40（3）, 379-393.

38. Loukomies, A., Petersen, N., Lavonen, J. A Finnish Model of Teacher Education informs a South African One: A Teaching School as a Pedagogical Laboratory[J]. *South African Journal of Childhood Education*, 2018, 8（1）, 1-11.

39. Malinen, O., Väisänen, P., Savolainen, H. Teacher Education in Finland: A Review of a National Effort for Preparing Teachers for the Future [J]. *The Curriculum Journal*, 2012, 23（4）, 567-584.

40. Maaranen, K. Teacher Students' MA Theses—A Gateway to Analytic Thinking about Teaching? A Case Study of Finnish Primary School Teachers[J]. *Scandinavian Journal of Educational Research*, 2010, 54（5）, 487-500.

41. Maaranen, K., Kynäslahti, H., Byman, R., Sintonen, S., Jyrhämä, R. 'Do you mean besides researching and studying?' Finnish Teacher Educators' Views on their Professional Development [J]. *Professional Development in Education*, 2018, 13（1）, 1-14.

42. Maaranen, K., Kynäslahti, H., Byman, R., Jyrhämä, R., Sintonen, S. Teacher Education Matters: Finnish Teacher Educators' Concerns, Beliefs, and Values [J]. *European Journal of Teacher Education*, 2019, 21（1）, 1-17.

43. Naukkarinen, A. From Discrete to Transformed? Developing Inclusive Primary School Teacher Education in A Finnish Teacher Education Department[J]. *Journal of Research in Special Educational Needs*, 2010, 10（1）, 185-196.

44. Niemi, H. Educating Student Teachers to become High Quality Professionals-A Finnish Case [J]. *C-E-P-S Journal*, 2011, 1（1）, 43-66.

45. Niemi H, Jakku-Sihvonen R. In the front of the Bologna Process: Thirty Years of Research-based Teacher Education in Finland[J]. *Izvirni znanstveni prispevek*, 2006, 50-69.

46. Niemi, H. Active Learning-A Cultural Change Needed in Teacher Education and Schools [J]. *Teaching and Teacher Education*, 2002, 18,763-780.

47. Niemi, H., Nevgi, A., Aksit, F. Active Learning Promoting Student Teachers' Professional Competences in Finland and Turkey[J].*European Journal of Teacher Education*,2016, 39（4）, 471-490.

48. Niemi, H. Teacher Professional Development in Finland: Towards a More Holistic Approach [J]. *Psychology, Society and Education*, 2015, 7（3）, 278-294.

49. Paksuniemi, M., Uusiautti, S., Määttä, K. Teacher Education in Finland during the War Years, 1939-45 [J] *War & Society*, 2014,33（1）,12-25.

50. Paksuniemi, M., Niemisalo, S. Societal Changes Affecting Primary School Education After the Second World War in Finland [J] *Education and Society*, 2016,34（1）,75-86.

51. Pitkäniemi, H., Karlsson, L., Stenberg, K. The Relationship between Finnish Student Teachers' Practical Theories, Sources, and Teacher Education[J] *International Journal of Higher Education*, 2014,3（4）,129-141.

52. Puustinen, M., Säntti, J., Koski, A., Tammi, T. Teaching: A Practical or Research-based Profession? Teacher Candidates' Approaches to Research-based Teacher Education[J]. *Teaching and Teacher Education*, 2018, 74, 170-179.

53. Rissanen, I., Kuusisto, E., Kuusisto, A. Developing Teachers' Intercultural Sensitivity: Case Study on a Pilot Course in Finnish Teacher Education [J]. *Teaching and Teacher Education*, 2016, 59,446-456.

54. Rissanen, I., Kuusisto, E., Tuominen, M., Tirri, K. In Search of a Growth Mindset Pedagogy: A Case Study of One Teacher's Classroom Practice in A Finnish Elemenraty School[J]. *Teaching and Teacher Education*, 2019, 77,204-213.

55. Rautiainen, M., Mäensivu, M., Nikkola, T.Becoming Interested during Teacher Education [J] *European Journal of Teacher Education*, 2018, 41（4）, 418-432.

56. Rosemary, W., Vulliamy, G., Hämäläinen, S., Sarja, A., Kimonen, E., Nevalainen, R. A Comparative Analysis of Primary Teacher Professionalism in England and Finland[J].*Comparative Education*, 2004, 40（1）:83-107.

57. Reimer, D., Dorf, H. Teacher Recruitment in Context: Differences between Danish and Finnish Beginning Teacher Education Students [J]. *Scandinavian Journal of Educational Research*, 2014, 58（6）, 659-677.

58. Sunnari, V. Training Women for the Role of 'Responsible Other' in Primary Teacher Education in Finland [J]. *European Journal of Teacher Education*, 2003, 26（2）, 217-227.

59. Sipilä, K. Educational Use of Information and Communications Technology:

Teachers' Perspective [J]. *Technology, Pedagogy and Education*, 2014, 23（2），225-241.

60. Säntti, J., Rantala, J., Salminen, J. Bowing to Science: Finnish Teacher Education Turns its Back on Practical Schoolwork [J]. *Educational Practice and Theory*, 2014, 36（1），45-66.

61. Säntti, J., Puustinen, M., Salminen, J. Theory and Practice in Finnish Teacher Education: A Rhetorical Analysis of Changing Values from the 1960s to the Present Day [J]. *Teachers and Teaching*, 2018, 24（1），5-21.

62. Saariaho, E., Pyhältö, K., Toom, A., Pietarinen, J., Soini, T. Student Teachers' Self- and Co-regulation of Learning during Teacher Education[J].*Learning: Research and Practice*, 2016, 2（1），44-63.

63. Simola, H., Kivinen, O., Rinne, R. Didactic Closure: Professionalization and Pedagogic Knowledge in Finnish Teacher Education [J].*Teaching and Teacher Education*, 1997, 13（8），877-891.

64. Simola, H. Decontextualizing Teacher's Knowledge：Finnish Didactics and Teacher Education Curricula during the 1980s and 1990s [J].*Scandinavian Journal of Education Research*, 1998, 42（4），325-338.

65. Simola, H. The Finnish Miracle of PISA: Historical and Sociological Remarks on Teaching and Teacher education [J]. *Comparative Education*, 2005, 41（4），455-470.

66. Savolainen, H., Engelbrecht, P., Nel, M., Malinen, O. Understanding Teachers' Attitudes and Self-efficacy in Inclusive Education: Implications for Pre-service and In-service Teacher Education [J]. *European Journal of Special Needs Education*, 2012, 27（1），51-68.

67. Sothayapetch, P., Lavonen, J., Juuti, K. Primary School Teachers' Interviews Regarding Pedagogical Content Knowledge （PCK）and General Pedagogical Knowledge （GPK） European[J]. *Journal of Science and Mathematics Education*, 2013, 1（2），84-105.

68. Sahlberg, P. The Professional Educator: Lessons from Finland [J]. *American Educator*, 35（2），2011:34-38.

69. Sahlberg, P. Education Policies for Raising Student Learning: The Finnish Approach [J]. *Journal of Education Policy*, 2017, 22（2）, 147-171.

70 Saloviita, T., Schaffus, T. Teacher Attitudes towards Inclusive Education in Finland and Brandenburg, Germany and the Issue of Extra Work [J]. *European Journal of Special Needs Education*, 2016, 31（4）, 458-471.

71. Saloviita, T., Tolvanen, A. Outcomes of Primary Teacher Education in Finland: An Exit Survey [J]. *Teaching Education*, 2017, 28（2）, 211-225.

72. Soini, T., Pyhältö, K., Pietarinen, J. Pedagogical Well-being: Reflecting Learning and Well-being in Teachers' Work [J]. *Teachers and Teaching: theory and practice*, 2010, 16（6）, 735-751.

73. Soini, T., Pietarinen, J., Toom, A., Pyhältö, K. What Contributes to First-year Student Teachers' Sense of Professional Agency in the Classroom? [J]. *Teachers and Teaching*, 2015, 21（6）, 641-659.

74. Sabrin, M.Elementary Teacher Education in the Top Performing European TIMSS Countries: A Comparative Study [J]. *International Education Studies*, 2018, 11（4）, 152-162.

75. Toom, A., Pietarinen, J., Soini, T., Pyhältö, K. How does the Learning Environment in Teacher Education Cultivate First Year Student Teachers' Sense of Professional Agency in the Professional Community? [J]. *Teaching and Teacher Education*, 2017, 63, 126-136.

76. Toom, A., Kynäslahti, H., Krokfors, L., Jyrhämä, R., Byman, R., Stenberg, K., Maaranen, K., Kansanen, P. Experiences of A Research-based Approach to Teacher Education: Suggestions for Future Policies [J]. *European Journal of Education*, 2010, 45（2）, 331-344.

77. Tryggvason, M. Why is Finnish Teacher Education Successful? Some Goals Finnish Teacher Educators Have for Their Teaching[J]. *European Journal of Teacher Education*, 2009, 32（4）, 369-382.

78. Tynjälä, P., Virtanen, A., Klemola, U., Kostiainen, E., Rasku-Puttonen, H. Developing Social Competence and Other Generic Skills in Teacher Education: Applying the Model of Integrative Pedagogy [J]. *European*

Journal of Teacher Education, 2016, 39（3）, 368-387.

79. Tainio, L., Laine, A. Emotion Work and Affective Stance in the Mathematics Classroom: The Case of IRE Sequences in Finnish Classroom Interaction [J]. *Educ Stud Math*, 2015, 89, 67-87.

80. Tirri, K. The Last 40 Years in Finnish Teacher Education [J].*Journal of Education for Teaching*, 2014, 40（5）, 600-609.

81. Tirri, K., Kuusisto, E. Finnish Student Teachers' Perceptions on the Role of Purpose in Teaching [J]. *Journal of Education for Teaching*, 2016, 42（5）, 532-540.

82. Uitto, M., Kaunisto, S., Syrjälä, L., Estola, E. Silenced Truths: Relational and Emotional Dimensions of a Beginning Teacher's Identity as Part of the Micropolitical Context of School [J]. *Scandinavian Journal of Educational Research*, 2015, 59（2）, 162-176.

83. Uitto, M., Jokikokko, K., Estola, E. Virtual Special Issue on Teachers and Emotions in Teaching and Teacher Education（TATE）in 1985-2014[J]. *Teaching and Teacher Education*, 2015, 50,124-135.

84. Uusiautti, S., Paksuniemi, M., Määttä, K. At the Roots of Finnish Elementary Education-How were Children Raised in the First Finnish Elementary Schools? [J]. *International Electronic Journal of Elementary Education*, 2013, 5（2）, 171-184.

85. Uusiautti, S., Määttä, K. How to Train Good Teachers in Finnish Universities? Student Teachers' Study Process and Teacher Educators' Role in It[J]. *European Journal of Educational Research*, 2012, 1（4）, 339-352.

86. Uusiautti, S., Määttä, K. Significant Trends in the Development of Finnish Teacher Education Programs （1860-2010）[J]. *Education Policy Analysis Archives*, 2013, 21（59）, 1-22.

87. Ubani, M. What Characterises the Competent RE Teacher? Finnish Student Teachers' Perceptions at the Beginning of their Pedagogical Training[J]. *British Journal of Religious Education*, 2012, 34（1）, 35-50.

88. Ubani, M., Kallioniemi, A., Poulter, S. Finnish Class Student Teachers' Perceptions of Religious Education [J]. *Nordidactica-Journal of Humanities and Social Science Education*, 2015, 24（2）, 74-93.

89. Väisänen, S., Pietarinen, J., Pyhältö, K., Toom, A., Soini, T. Social Support as a Contributor to Student Teachers' Experienced Well-being [J]. *Research Papers in Education*, 2017, 32（1）, 41-55.

90. Westbury, I., Hansén, S., Kansanen, P., Björkvist, O. Teacher Education for Research-based Practice in Expanded Roles: Finland's Experience [J]. *Scandinavian Journal of Educational Research*, 2005, 49（5）, 475-485.

91. Webb, R., Vulliamy, G., Hämäläinen, S., Sarja, A., Kimonen, E., Nevalainen, R. A Comparative Analysis of Primary Teacher Professionalism in England and Finland [J]. *Comparative Education*, 2004, 40（1）, 83-107.

92. Wolff, A., Sjöblom, P., Hofman-Bergholm, M., Palmberg, I. High Performance Education Fails in Sustainability? -A Reflection on Finnish Primary Teacher Education [J]. *Education Sciences*, 2017, 32（7）, 1-22.

（三）学位论文

1. Aglgren, A. EFL Teachers' Attitudes towards using Teaching Materials in Finland [D]. University of Jyväskylä, 2018.

2. Eschler, B. Finnish Teacher Collaboration: The Behaviors, Learning, and Formality of Teacher ollaboration [D]. Brigham Young University, 2016.

3. Hökkä, P. Teacher Educators amid Conflicting Demands: Tensions between Individual and Organizational Development [D]. University of Jyväskylä, 2012.

4. Jauhiainen, J. Effects of an In-service Training Program on Physics Teachers' Pedagogical Content Knowledge [D]. University of Helsinki, 2013.

5. Jaatinen, R. Student Teachers as Co-developers in Foreign Language Class—A Case Study of Research-based Teacher Education in Finland [D]. Naruto University of Education, 2015.

6. Jormanainen, E. Teacher's Experiences and Expectations in Inclusive

Education [D]. University of Helsinki, 2017.

7. Jackson, B. Phenomenon-based Teacher Education at the University of Jyväskylä（Finland）: Perceptions on Curriculum Implementation [D]. University of Jyväskylä, 2017.

8. Krzywacki, H. Becoming a Teacher: Emerging Teacher Identity in Mathematics Teacher Education [D]. University of Helsinki, 2009.

9. Koljonen, T. Finnish Teacher Guides in Mathematics Resources for Primary School Teachers in Designing Teaching [D]. Mälardalen University, 2014.

10. Mcevoy, E. Professional Journeys and Research Lives of Physical Education Teacher Educators [D]. University of Jyväskylä, 2019.

11. Parviainen, J. "If you think that if there were no trainees, that would be a while empty"-Teacher Students' Training Experiences in Teacher Training School [D]. University of Jyväskylä, 2014.

12. Riisla, K. From Individual to Collective Knowledge: Teachers' Knowledge Creation in a School Organization [D]. University of Helsinki, 2016.

13. Sitomaniemi-sanf, J. Fabricating the Teacher as Researcher: A Genealogy of Academic Teacher Education in Finland [D]. University of Oulu, 2015.

14. Sjöblom, S. Teacher Experiences of Supporting Bilingual Pupils and Bilingual Learning in Finnish and English Mainstream School Contexts [D]. University of Jyväskylä, 2017.

15. Suhao Peng. Novice Teachers' Voices on Professional Agency and Professional Identity in Finland and China [D]. Stockgolm University, 2018.

16. Tan, S.Life Skills Education: Teachers' Perceptions in Primary School Classrooms in Finland and Singapore [D]. University of Jyväskylä, 2018.

17. Wiksten, S. Teacher Training in Finland: A Case Study [D]. University of California Los Angeles, 2018.

（四）报　告

1. Aho, E., Pitkanen K., Sahlberg P. *Policy Development and Reform Principles of Basic and Secondary Education in Finland since 1968* [R]. Education

Working Paper Series Number 2, Human Development Network Education, 2006.

2. Beatty, A., Ferreras, A. Supporting Mathematics Teachers in the United States and Finland: Proceedings of a Workshop（2018）[R]. Washington, DC: The National Academics Press,2018.

3. Martin, A., Pennanen, M. *Mobility and Transition of Pedagogical Expertise in Finland* [R]. Finnish Institute for Educational Research, Reports 51, 2015.

4. Maunonen-eskelinen, I., Leppänen, T. *Open and Distance Learning: Developing Learning Opportunities in the Teacher Education in Nepal* [R]. Publications of JAMK University of Applied Science, 2015.

5. Opetusministeriö（Ministry of Education）. *Opettajankoulutus2020（Teacher Training 2020）* [R]. Opetusministeriön työryhmämuistioita ja selvityksiä （Ministry of Education Working Group Memos and Surveys）, 2007.

三、网络资源

1. 中华人民共和国教育部政府门户网站:
   http://www.moe.edu.cn/

2. 国家中长期教育改革和发展规划纲要（2010-2020 年）
   [EB/OL]. http://www.moe.edu.cn/srcsite/A01/s7048/201007/t20100729_171904.html.

3. 教育部关于实施卓越教师培养计划的意见
   [EB/OL]. http://old.moe.gov.cn//publicfiles/business/htmlfiles/moe/s7011/201408/174307.

4. 做党和人民满意的好老师——同北京师范大学师生代表座谈时的讲话
   [EB/OL]. http://www.gov.cn/xinwen/2014-09/10/content_2747765.htm.

5. 芬兰国家教育局（Finnish National Agency for Education）
   [EB/OL]. http://www.oph.fi/

6. 芬兰教育与文化部（Ministry of Education and Culture）
   [EB/OL]. http://minedu.fi/

7. 芬兰教师培训学校（Finnish Teacher Training Schools）

[EB/OL]. http://www.enorssi.fi/ftts

8. 2014 芬兰国家核心课程大纲（Finnish National Core Curriculum 2014）[EB/OL].http://www.oph.fi/english/curricula_and_qualifications/basic_education/curricula_2014

9. Basic Education Act 628/1998. Amendments up to 1136/2010. Downloaded January 21, 2015 from: http://www.finlex.fi/en/laki/kaannokset/1998/en19980628.pdf.

10. Finnish National Board of Education. (2014a). Opettajat suomessa [Teachers in Finland.. Koulutuksen seurantaraportit 8. Helsinki: National Board of Education.

11. Finnish National Board of Education. (2014b). Perusopetuksen perusteluonnokset. [Draft for the new national core curriculum]. Retrieved June 25, 2014, from

    http://www.oph.fi/ops2016/perusteluonnokset/perusopetus.

12. Ministry of Education and Culture, Finland.(August 10, 2013). Press release, "Basic skills of Finnish adults one of the best in the OECD countries." http://www.minedu.fi/OPM/Tiedotteet/2013/10/piaac2013.html?lang=en.

13. OECD. (2014c). Talis 2013 Results: an international perspective on teaching and learning, OECD Publishing.

    http://dx.doi.org/10.1787/9789264196261-en.

14. University of Helsinki Teachers' Academy （Homepage）. (2014). Viewed January 30, 2014. Available at:

    http://www.helsinki.fi/opettajienakatemia/eng/.

15. University of Helsinki, Vakava. （2014）. VAKAVA. The National Selection Cooperation Network in the Field of Education. Accessed January 30, 2014. For information on the Vakava, see:

    http://www.helsinki.fi/vakava/english/index.htm.

附 录

附录 1：访谈邀请信

（一）Invitation Letter for teacher educator（教师教育者）：

Dear Professor XX,

My name is Lingyi Zheng, a doctoral student from Faculty of Behavioural Sciences of University of Helsinki and Faculty of Education of Beijing Normal University. My supervisor is Prof. Sari Lindblom-Ylänne, she gave me a precious chance to study in Helsinki for two years.

I am very interested in the teacher education of Finland especially the teacher training system, and my doctoral thesis topic is "A Study on 'Research-based Class Teacher Training System in Finland". I have some questions about the training of Finnish class teachers, and you are an expert of this field. I would like to ask if you will be in Helsinki/ Jyväskylä /Tampere and available for an interview in Auguest/September?

In the end, I want to emphasize that you do not have to worry about anything else I have attempted, the content of the interview is only used as research purposes, your personal information will be properly hidden and if there is any form of disclosure I will ask for your consent firstly.

I am sorry for taking up your working time, and really hope you have a nice day.

Best wishes,

Lingyi Zheng

Lingyi Zheng | Doctoral Student

Institute of Behavioural Sciences | Faculty of Behavioural Sciences | University of Helsinki

Institute of International and Comparative Education | Faculty of Education | Beijing Normal University

（二）Invitation Letter for teacher students（学生教师）：

Hello,

Good XX.

My name is Lingyi Zheng, a doctoral student from Faculty of Education of Beijing Normal University. I am very interested in the teacher educaion of Finland, especially the teacher training system, and my doctoral thesis topic is "A Study on the 'Research-based' Class Teacher Training System in Finland".

Teacher students' learning experience is a very important part of my study. I send you this mail to ask if you can answer my questions on the Finnish class teacher training, your learning experience and also your own opinion on this training system.

Thank you very much.

Best wishes,

Lingyi Zheng

Lingyi Zheng, Doctoral Student.

Institute of International and Comparative Education （IICE）

Faculty of Education, Beijing Normal University

附录 2：访谈提纲

（一）Interview Questions for teacher educators（教师教育者）：

1. How did the research-based teacher education be presented? Why this teacher training model was presented and used to educate teachers at that time? What is the underlying concept that supports this "research-based" model?

2. Is there any policy from the government to support the "research-based" teacher training? What is the process of introducing these policies?

3. In your opinion, what is the difference between the research-based teacher education and the traditional teacher education?

4. Could you please explain what the so-called "research-based" model is? In practice, how do you do that and what kind of objectives do you want to achieve?

5. I know the teacher students need to go to training school to do teaching practice for credits, could you please describe that how they are practicing?

6. After the implementation of research-based teacher education, what has changed in Finnish teacher education? Please take anything you want to take as an example.

7. Do you agree with that the teacher education program attracts the best Finnish high school graduates to apply? If yes, in your opinion, why the program can attract them? Or maybe you can tell me the reasons why you choose teacher education program at your application period.

8. As we know, the teacher education program is five years, at each stage, how do you teach and how do you help the student to obtain the necessary skills required as qualified primary and secondary school teachers? For example, how do you guide the students to do both the teaching and research? How do you advise the students to choose the text books by themselves? How do you advise the students to apply different teaching methods accordingly?

9. How do you give students the professional autonomy in teacher education programs? What methods do you apply to enable students to do research actively, together with the teaching duty?

10. After the students finish the five years' program, do you still apply the "research-based" mode to their internship period and the future professional work

period? If yes, how do you do that? Could you please say some details about that, especially from the perspective of teaching methods?

11. Could you tell me the relationship between the teachers in training schools and the lecturers in universities? How do you divide the teaching or training job?

12. What is the influence of the latest national core curriculum on the course setting of the teacher education program?

13. In your opinion, after the transformation of teacher training model, compared to before what is the essential change in primary school in Finland? And what impact did this change have on the development of Finnish society and the economy?

14. After the transformation in last century, what does this new teacher training model effect on the child? Is there any influence on the educational equality? Does it make a difference on the training objectives of the university and training school?

15. Could you please give some comments on this "research-based" teacher education? What are the advantages and disadvantages of it? How do you think of its future development and change? And what challenges will it face?

16. Does the "research-based" teacher education cause any controversy or debate? If yes, what's the key point that people focus on? And what is your point of view on it? Do you have any suggestion on this training model?

17. Do you have anything else to add, apart from what we have been discussing?

（二）Interview Questions for teacher students（学生教师）：

1. Could you describe the reasons why you choose the teacher education program when you applied for university? What are the specific motivations that make you do this choice?

2. Could you please describe the social status of the class teacher in the society?

3. In this program entrance exam, what kinds of exercises did you do? Do you still remember some impressive questions from the teachers during the oral exam?

4. What did you study in each year of the program, for example, the courses in different periods, what is your learning and studying experience in the teacher

education department or teacher training school? I mean, what is your feeling on the study of this program?

5. What progress have you made from the study in the teacher education program? And what kinds of specific skills have you achieved?

6. Which courses or activities do you think have played an important role in helping you become a teacher in the future?

7. Could you tell me more details about the correlation between what you have learned in the university and what you will teach in the school in the future?

8. Can you tell me your daily learning behavior and learning habits?

9. Please give some comments on training in this program that you have now. What is your understanding on the training program, what are the advantages and disadvantages of it?

10. Can you describe the degree of satisfaction with this training program? Do you have any suggestion for its future devclopment?

11. Actually the key question is "what did you experience, and then you become a qualified teacher?" Do you have anything else to add, apart from what we have mentioned? Maybe you can share me some interesting things in the university or training school.

附录 3：访谈记录列表

城市	日 期	地 点	访谈对象（职位）	性别	次数	时长	编 号
J市（11人）	2017.08.09	J大教师教育系1号会客室	J大教师教育系系主任	男	1	01:31	J20170809X
	2017.08.09	J大教师教育系1号会客室	J大教师教育系科研教授	女	1	01:28	J20170809K
	2017.08.10 2017.12.02	J大教师教育系副系主任办公室北京某酒店一楼咖啡厅	J大教师教育系副系主任	女	2	01:02 00:43	J20170810F J20171202F
	2017.08.10	J市市中心一家汉堡店	J大教育教育系在读硕士生（特教专业）	女	1	00:34	J20170810S
	2017.08.15	J大教师教育系2号会客室	J大教师教育系a讲师	女	1	01:10	J20170815A
	2017.08.16	J大教师教育系2号会客室	J大教师教育系b讲师	女	1	01:12	J20170816B
	2017.08.18 2017.09.12	J大教育学院大楼一楼大厅	J大教师教育系在读本科生（小教专业）	男	2	01:02 00:36	J20170818B J20170912B
	2017.08.23	J大教师教育系2号会客室	J大教师教育系c讲师	女	1	01:00	J20170823C
	2017.09.11	J大教师培训学校教师休息室	J大教师培训学校a教师	女	1	01:00	J20170911A
	2017.09.11	J大教师培训学校教师休息室	J大教师培训学校b教师	女	1	00:45	J20170911B
	2017.09.12	J大某教学楼一楼咖啡馆	J大教师教育系退休教授	男	1	01:15	J20170912T
T市（6人）	2017.08.25 2017.09.07	T大教师教育系a讲师办公室	T大教师教育系a讲师	男	2	01:00 00:41	T20170825A T20170907A
	2017.08.25	T大教师教育系b讲师办公室	T大教师教育系b讲师	女	1	00:57	T20170825B

	2017.08.28	T大教师教育系c讲师办公室	T大教师教育系c讲师	女	1	00:51	T20170828C
	2017.08.29	T大教师教育系d讲师办公室	T大教师教育系d讲师	女	1	01:06	T20170829D
	2017.08.31	T大教师教育系系主任办公室	T大教师教育系系主任	女	1	01:07	T20170831X
	2017.12.02	北京某酒店一楼咖啡厅	T市幼教与基础教育服务部协调员	男	1	00:26	T20171202Y
H市（14人）	2017.09.01	H大教师培训学校高中部校长办公室	H大教师培训学校高中部校长	女	1	00:50	H20170901G
	2017.09.04	H大高等教育研究中心主任办公室	H大高等教育研究中心主任	女	1	00:36	H20170904G
	2017.09.05	H大教师教育系a讲师办公室	H大教师教育系a讲师	男	1	00:45	H20170905A
	2017.09.05	H大教师培训学校初中部校长办公室	H大教师培训学校初中部校长	男	1	01:21	H20170905C
	2017.09.06	H大教师教育系b讲师办公室	H大教师教育系b讲师	男	1	01:08	H20170906B
	2017.09.06 2017.09.13	H大教师教育系c讲师办公室	H大教师教育系c讲师	女	2	01:13 00:52	H20170906C H20170913C
	2017.09.12	H大教师培训学校小学部校长办公室	H大教师培训学校小学部校长	男	1	00:49	H20170912X
	2017.09.13	H大教师教育系d讲师办公室	H大教师教育系d讲师	男	1	00:47	H20170913D
	2017.09.14	H大教师教育系副系主任办公室	H大教师教育系副系主任	男	1	00:36	H20170914F
	2017.09.14	H大教师培训学校学生教师休息室	H大教师教育系在读硕士生（小教专业）	女	1	00:30	H20170914S
	2017.09.15	H大教师教育系系主任办公室	H大教师教育系系主任	男	1	00:46	H20170915X

2017.09.15	H 大教师培训学校三楼课间休息区	H大教师教育系 a 在读硕士生（小教专业）	女	1	00:45	H20170915A
2017.09.15	H 大教师培训学校三楼课间休息区	H大教师教育系 b 在读硕士生（小教专业）	女	1	00:40	H20170915B
2017.09.20	H 大图书馆一楼大厅	H大教师培训学校小学部教师	女	1	01:02	H20170920P

附录4：重要机构和组织汉英对照表[1]

中文名称	英文全称	缩写
芬兰教育与文化部	Ministryof Education and Culture	MOEC
芬兰国家教育局	Finnish National Agency for Education	EDUFI
芬兰教育工会	The Trade Union of Education in Finland	OAJ
芬兰国家教育委员会 芬兰教育评估中心	Finnish National Board of Education The Finnish Education Evaluation Centre	FNBE FIHEEC
芬兰教师培训学校	Finnish Teacher Training Schools	FTTS

---

[1] 芬兰有三个国家机构在地方学校系统中发挥规范和管理作用。首先，教育和文化部（Ministry of Education and Culture，简称MOEC）是芬兰政府的一部分，负责芬兰的所有教育以及文化、青年和体育。由两名部长组成的教育部在其教育职权范围内负有三项广泛的责任:协助议会制定立法框架，制定国家教育政策，并保证在国家年度预算范围内提供充足的预算，以及如何将预算分配到教育系统的各个方面。第二，芬兰国家教育委员会（Finnish National Board of Education,简称FNBE）作为一个半独立的行政机构，协助教育部的任务，并支持市政府和学校的工作。委员会在全国范围内还负有三项主要责任，即为所有学校类型制定国家课程框架，评价教育质量，并向包括综合学校和高中在内的大约3000所学校的教师提供支助服务。第三，芬兰教育评价中心（Finnish Education Evaluation Centre，简称FINEEC）进行有关教育的评价，包括从幼儿教育到高等教育的教育提供者的业务。该中心由一个评价委员会、一个高等教育评价委员会和评价普通教育、职业教育和培训以及高等教育的单位三部分组成。此外，芬兰教育工会（The Trade Union of Education in Finland,简称OAJ）是教师的专业协会，不仅在合同谈判等领域发挥着重要作用，而且在教育问题上也发挥着公众声音的作用，95%的芬兰教师属于OAJ。

附录 5: 芬兰小学教师工作时间安排样表（教学督导 S 的课程表）

Kello	Maanantai	Tiistai	Keskiviikko	Torstai	Perjantai
Time period	[Mon]	[Tues]	[Weds]	[Thurs]	[Fri]
8.00-8.45				Music	
9.00-9.45	Language arts		Math	Music	Math
9.45-10.30	Language arts	Math	Music	Music	Language arts
11.15-12.00	Language arts	Living Environments	Arts	Music	Math
12.00-12.45	Math	Living Environments	Arts	Language arts	Language arts
13.15-14.00	Music			Language arts	
14.00-14.45	Play or relax time				

致　谢

从读硕士开始，我就很喜欢阅读别的同学的学位论文的致谢，尤其是博士论文的致谢。也许通过阅读博士论文正文能对一名博士候选人的专业能力有一个初步的判断，但通过阅读致谢，可以了解到的是这名候选人的博士求学生活究竟是如何度过的。相比个人的学术水平与成就，这一部分才是我更感兴趣的内容。今天，轮到自己提笔写下这一段求学生活，我感到一种释然：细细品味走过的路，内心平静且充实。怀着这样的心情，我想感谢出现在我生命最丰富、最美好的这一段旅程中的人与事。

2013 年于我而言，是人生发生转折的一年。我还记得与我同届的 9 名高等教育学专业的硕士生在二年级结束的时候，就剩我一人留在学校。我在昌大生命科学学院的一间本科生考研教室里朝八晚九地上了大半年的自习，只为获得一个继续求学的机会。我想最先感谢给予我这一宝贵学习机会的人：我的博士导师——王英杰老师。六年多以来，我拥有两个"无比幸福时刻"，一个是 2013 年 4 月 27 日接到北师大研究生院的一通电话被告知"你被录取了"的那一刻，另一个是 2019 年 3 月 6 日我把博士论文初稿发给王老师的那一刻。我想，这两个时刻本质上都是因您而产生。感谢您把我收入门下，在我论文写作的各个环节中给予帮助与意见；感谢您六年来不仅关心我的学业，也关心我的生活，包容我的缺点与不足的同时，从未忽略过我身上的优点；感谢您一直陪伴在逆境中的我，并且从来没有放弃过我。也许毕业以后，我不能时常听到您用抑扬顿挫的语调对论文或时事进行犀利的点评、感受到您的风趣、体会到您的爱护，但在学期间我所吸收的，会一直留存在心间。

感谢在我博士求学期间给予我交流与互助平台并在关键时候帮扶过我的

人——刘宝存老师。虽然刘老师在严格意义上并不是我的论文指导老师，但在我申请联合培养、开题、预答辩、文章投稿等多个求学环节中，刘老师都给予了无私的帮助与指导。2017 年 8 月我在芬调研期间，恰逢刘老师访问坦佩雷大学，我能够在坦佩雷大学顺利获取 6 个访谈样本，归功于刘老师的积极引荐。能拥有刘老师这么一位胜似导师的引路人，我感到很幸运。感谢参加我学位论文开题汇报会和预答辩汇报会并给出论文写作与修改意见的谷贤林老师、马健生老师、高益民老师、林杰老师和肖甦老师。此外，我还要感谢学部教师教育研究所的李琼老师、首师大初等教育学院的王智秋老师抽出宝贵时间接受我的采访，为我的博士论文写作提供了基本且重要的本土视域。感谢在英东教育楼二楼办公的赵娜老师和鲁妩媚老师，她们在我求学期间给予了生活和学习上的帮助与支持。

感谢我在芬兰的合作导师：Sari Lindblom-Ylänne。感谢我的研究对象——博士论文中的 31 位受访者，其中特别感谢于韦斯屈莱大学教师教育系主任 Sirpa Eskelä-Haaoanen 的赠书并积极地将她的同事推荐给我的举动。在芬的学习经历和这些鲜活的资料为我打开了一扇窗，原来这个世界上有一个发达的小国家十分重视"少"并崇尚"小而美"；这个国家的教育真的做到了"全纳"，始终关照和支持学习困难学生；这个国家的小学教师的教学专业性十分突出。

感谢我在芬兰度过的两年时光。虽然孤独且伴随着焦虑，但是自由、纯粹。芬兰春寒料峭，夏、冬两季分别有极昼、极夜现象。两次四季轮回中，与夏天的蓝天厚云、红蓝浆果，冬日的纯净白雪、绚烂极光相比，我更爱赫尔辛基短秋里那满眼由绿变红再由红变黄的树叶，宁静淡然。在芬期间，我每天到 Main Library 的第一件事情是脱下鞋子和外套，还是惯常的那个靠近落地大窗可以抬眼望到墨绿色 Tram 缓缓驶过和有着 FINNKINO 字样的商店招牌的座位。即便去过多次 EPFL 的 Rolex Learning Center，我还是更喜欢设计独特的 UH 的 Main Library。曾经，我总是抱怨一年十二个月中八个月的冬天太漫长，也会对着每天能够烹饪的为数不多的蔬菜品种皱起眉头。但现在想来，其实最幸福的事情是可以经常坐免费的邮轮去 Suomenlinna 盼日出、追日落，光着脚丫坐在最靠近大海的那块礁石上面静静倾听海浪拍打和海鸥鸣叫的声音。偶尔也会有两、三个滑翔伞飘在上空，同时传来非常空灵且友善的问候："Moi Ga"。日常生活中，不论穿梭于哪个地点，我都能有意无意地瞥见脸蛋能捏出水的穿着连体防寒服挂着反光牌的芬兰儿童。我每天从家乘坐火车 K/P/I/N 都可以到市中心火车站，十几分钟的车程里经常可以看到两位女教师领着大概 20 个儿童去市区博物馆参观，儿童们两两一组手牵着手上车，落座后就开始叽叽喳喳各种鬼脸，这时候那一双一双蓝绿色的眼睛充满了好奇，十几分钟过后又自觉排好小队伍慢慢下车，先下车的儿童自觉等在不远处等待最后下车的老师，画面既美好又温馨……。此外，作为欧洲最负盛名的设计之都之一，赫尔辛基全年免费的设计展览、画展和摄影展更是让我大开眼界。诚实地讲，我有点怀念那段当时不觉得美好但现在意识到无比美好的时光。

　　谢谢我硕士阶段的好友周欣，此时我还清楚地记得 2013 年 9 月 14 日我拖着两个巨型行李箱出了北京站正搞不清楚东西南北时，你蹦出来接过了我的一部分行李，带着我坐上了学校迎新生的免费班车。谢谢 2013 级博士班同学恒耀、卢盈、郑璐、爱玲、尊伟、向旭、许易、聪环，博士一年级《质性研究方法》课程"六个核桃"小组成员其实从未分开。谢谢学而书院西贴建（现在的学 18 楼）507 室的室友佳妮和潘帅，遗憾的是，那一年里三人一起出行的机会着实太少。另外，还十分感谢善良热情的一翔 2016 年暑假将自己的铺盖挪到别人宿舍，把床位及门禁卡借予我使用，使我有机会结识睿智机敏的耿超和贤淑可人的焦楠。之后随着谢瑶、武欣、文雯、阿习的加入，我们的"队伍"一步步壮大并取名为"搞饭天团"。延期三年期间，倘若没有你们的陪伴，我很难"修成正果"。谢谢同门师姐函颖、王轶、桂敏，师兄占军、章靖，师弟王铄、理想、亚伦，师妹苏洋、梦琦、金明。如果可以，我愿意再做那个跟在师姐身后的"小跟班"，再带上师弟师妹们，一起过一个吃吃喝喝、没心没肺的儿童节。谢谢师姐孙琪、翟月、张惠，师兄廖健、陈玥，师妹宋佳、吴冬、瑞芳、田京、李洋、云菲，师弟玉峰、瑞常、世飞。特别感谢翟月师姐在我准备开题、预答辩、答辩和面试工作时，给予的关心和鼓励。谢谢学 16 楼 1016 室的三位小师妹：滕越、汪蒙和"霄姐"，学 18 楼 510 室的两位小师妹：子雯和小琼。谢谢 UH 小伙伴艳玲、杨东、许燕、玉龙、王航、杨磊、王岩、翟曌和雪丽。尤其谢谢许燕在我无资助赴芬调研期间为我提供住宿上的便利，并且教会我如何从食品科学的专业角度进行食物烹饪。谢谢居住在坦佩雷的小伙伴亚楠、倩婷，曾居住在于韦斯屈莱的唐鑫、文丹夫妇。

　　感谢我的父母：郑明智先生和冷任群女士，一直在我背后默默地无私地支持我的学业；更为重要的是，长久以来，在温暖的家庭环境中为我树立了良善与爱的榜样。我想能有更多的时间可以陪伴你们。感谢我的先生：蒲飞，不知不觉我们已经异国四年，由 1 个小时的时差变为 6-7 个小时再到现在的 14-15 个小时的时差。如果不是你的坚持、乐天和体贴，我想我很难及时处理好因学业困境和异国恋情所产生的双重负面能量，最终成为你的"北师姑娘"。谢谢你对我的尊重、理解和鼓励，并让我看到你眼中的那个最独特的我。

最后，我想感谢虽然愚笨、纠结、拖延但仍然乐观、对未知充满热情和好奇心并且理想主义的自己。我并不是一个非常有学习天赋的人，也没有成为能够进行自主判断与选择的聪明人，所以读博期间，好几次未能走向自己最好的选择。提交三次延期申请并最终完成学位论文的这个过程十分不易，临近尾声，我才发觉自己收获颇多，也更加了解自己。感谢自己坚持了下来，走到了最后。希望未来的自己可以发掘自身的更多可能性，更加自信、更加理性地看待这个世界，努力、踏实地过好每一天。

2019 年初夏 写于北师大图书馆库本阅览室